基金来源：
西安翻译学院科研团队建设项目资助（XFU20KYTDD01）
西安翻译学院2020年省财政专项资金资助
西安翻译学院2021年学术著作出版资助

国际中文教育
70年发展之路与未来展望

高丽娟 著

中华工商联合出版社

图书在版编目（CIP）数据

国际中文教育70年发展之路与未来展望 / 高丽娟著.
—北京：中华工商联合出版社，2022.3
ISBN 978-7-5158-3330-9

Ⅰ.①国… Ⅱ.①高… Ⅲ.①汉语—对外汉语教学—教育史—研究 Ⅳ.①H195

中国版本图书馆CIP数据核字（2022）第036501号

国际中文教育70年发展之路与未来展望

作　　者：	高丽娟
出 品 人：	李　梁
责任编辑：	胡小英
装帧设计：	姚舒恒
排版设计：	金书堂
责任审读：	李　征
责任印制：	迈致红
出版发行：	中华工商联合出版社有限责任公司
印　　刷：	北京毅峰迅捷印刷有限公司
版　　次：	2022年3月第1版
印　　次：	2022年3月第1次印刷
开　　本：	710mm×1020mm　1/16
字　　数：	240千字
印　　张：	13.25
书　　号：	ISBN 978-7-5158-3330-9
定　　价：	68.00元

服务热线：010-58301130-0（前台）
销售热线：010-58302977（网店部）
　　　　　010-58302166（门店部）
　　　　　010-58302837（馆配部、新媒体部）
　　　　　010-58302813（团购部）
地址邮编：北京市西城区西环广场A座
　　　　　19—20层，100044
http://www.chgslcbs.cn
投稿热线：010-58302907（总编室）
投稿邮箱：1621239583@qq.com

工商联版图书
版权所有　侵权必究

凡本社图书出现印装质量问题，请与印务部联系。
联系电话：010-58302915

前 言 Introduction

　　语言是文化的载体，语言的传播就是文化的传播。1950 年 1 月中旬，以清华大学东欧交换生中国语文专修班 5 名罗马尼亚籍留学生最早报到为标志，新中国开启了对外国人的汉语教学。从 1950 年到 2020 年，70 年来，对外汉语教学由少数试点到规模质量发展，并于 20 世纪 80 年代成立专门机构，组织选派汉语教师、志愿者及必要资源支援各国需求，由"请进来"来华留学拓展到"走出去"中外合作办学。总结 70 年来的对外汉语教学经验、学科建设、教学成就等，对海内外汉语教学事业的发展和学科建设都具有重要的现实意义。

　　世界汉语教学学会副会长赵杨教授回顾新中国对外汉语教学发展历史时提出，"汉语教学具有工作、学科和事业三重属性，自改革开放以来，在学科建设和事业发展两个方面都取得了巨大成绩，为第二语言教学学科做出了贡献。"常务理事李泉教授谈到，"发展汉语教学事业，不仅是中国国家和民族的事业，也是促进世界和平发展的国际事业。总结 70 年来对外汉语教学经验和学科建设成就，探索新时代对外汉语教学的新发展和新功能，对海内外汉语教学的发展和学科建设都具有重要的现实意义。"世界汉语教学学会会长、天津师范大学校长钟英华教授指出，"世界人民命运与共、心心相印，追求和平、共同发展、合作共赢，是不可阻挡的历史大势。人类命运共同体日渐深入人心，让我们有足够的理由相信，中文是世界的刚需，是时代的语言，是不可或缺的工具。中文与千千万万民众的职业发展息息相关，是拥有未来竞争力的标志。时代召唤有识之士投身到国际中文教育事业中来，最大限度地满足各国民众学中文、用中文的需求，尊重使用中文的权利，讲好国际中文课，讲好国际中文故事"。

　　历经 70 年，新中国对外汉语教学从积累经验到科学施教，专业、学科和事业不断发展壮大，培养和储备了大批汉语师资和国际化人才，开发了海量学习资源，有力推动了中国和世界其他国家及地区的交流与合作。本书可以帮助我们梳理和厘清中国对外汉语教学发展的大致脉络，了解对外汉语教学事业初期，先驱们如何筚路蓝缕，艰苦奋斗，开创了对外汉语教学事业和各项建设；了解对外汉语教学重大研究成果的形成过程，学术团体和管理机构、机制的形成过程等等。这对于我们知晓、理解今天对外汉语教学的教学理念和教学模式、教材内容和体例、汉语测试的实施和研究、学科建设的思路和途径、管理机构和方式，从不同方面吸取经验、教训，建立对对外汉语教学的宏观认识，激发对本学科传承和发展的使命感和责任感，都大有裨益。

  本书进一步对跨文化传播的重要实践——对外汉语教学的开展进行有针对性的探讨。我们选择对外汉语文化教学、词汇教学、口语教学作为讨论的重点，结合第二语言习得教学理论，尝试对这三类教学的开展提出具体的建议，包括教学原则的遵循、教学策略与教学内容的设计与实施、跨文化教学语境的创建等。本书的教学内容力求贯彻"基础宽厚，重点突出"的原则，注重基本理论、基本知识和基本技能，既要加强基础理论的教学，更要加强实践能力的培养。对实践性教学环节应有明确、具体的要求，并有较强的可操作性。本书也全面显示了汉语作为第二语言，外语教学的性质、特点和规律，为汉语国际传播培养外向型、复合型的人才。

  因编者水平所限，错误或不妥之处难免，敬请专家、读者批评指正。由于时间仓促和编者水平有限，书中难免有疏漏和错误之处，敬请广大同仁及读者不吝批评指正。

目 录 Contents

第一章　对外汉语教学理论基础研究　1

第一节　对外汉语教学理论研究的基本框架 …… 1
第二节　第二语言能力结构研究 …… 2
第三节　对外汉语教学的途径和方式问题 …… 6

第二章　对外汉语教学事业的发展　12

第一节　初创阶段：20世纪50年代~60年代初 …… 12
第二节　恢复阶段：20世纪70年代初期~70年代后期 …… 13
第三节　蓬勃发展阶段：20世纪70年代末~90年代末 …… 14
第四节　成绩斐然阶段：21世纪 …… 22

第三章　对外汉语教学法的发展　23

第一节　初创阶段：20世纪50年代~60年代初 …… 23
第二节　探索阶段：20世纪70年代初~80年代初 …… 26
第三节　改革阶段：20世纪80年代初~90年代末 …… 34
第四节　发展新阶段：21世纪 …… 55

第四章　对外汉语教学模式研究　56

第一节　汉语教学模式化研究概述 …… 56
第二节　语文分开，集中识字 …… 58
第三节　词汇集中强化教学模式 …… 62
第四节　基础汉语教学模式的改革 …… 66
第五节　汉语教学新模式设计 …… 70

| 第六节 | 汉语短期教学的新模式 | 76 |

第五章　汉语本体研究与对外汉语教学　　83

第一节	汉语语音与语音教学	83
第二节	汉语词汇与词汇教学	93
第三节	汉语语法与语法教学	104
第四节	汉字与汉字教学	112

第六章　第二语言习得研究　　122

第一节	第二语言习得过程研究	123
第二节	学习者的个体因素	137
第三节	语言学习环境	151

第七章　基于跨文化适应性的对外汉语词汇教学与口语教学　　157

| 第一节 | 对外汉语词汇教学中的教学策略 | 157 |
| 第二节 | 对外汉语口语教学中的教学策略 | 161 |

第八章　国际中文教师信息素养与汉语国际教育学科建设　　170

第一节	信息素养的由来及内涵	170
第二节	对外汉语教师信息素养的主要内容	174
第三节	信息素养与教师教育	178
第四节	对外汉语教学研究方法	181
第五节	对外汉语教学学科建设的任务	189
第六节	对外汉语教学前景展望	192

参考文献　　199

第一章

对外汉语教学理论基础研究

第一节 对外汉语教学理论研究的基本框架

一、对外汉语教学的学科定位

对外汉语教学是不是一个独立的学科，以及它的归属问题，在这个问题上学界和管理者都存在着一些模糊认识，也存在着一些争论。

崔希亮教授于 2015 年曾发表一篇题为《关于汉语国际教育的学科定位问题》的文章，文中比较清晰地梳理和阐述了大家的各种看法。崔教授把这个问题分成了两个阶段。

第一个阶段是"对外汉语"或者"对外汉语教学"阶段。有人认为"对外汉语教学"的学科归属应该归入教育学（刘珣，2000、2005：12-24），有人认为"对外汉语教学"应该归属于语言学学科下面的"应用语言学"（杨庆华，1995；金立鑫，2002）；有人认为"对外汉语教学"是一门独立的学科（赵金铭，2004：5-10）；也有人认为"对外汉语教学"应该归属于国际上通行的"第二语言教学"学科，这个学科又是综合运用多种学科理论的"新兴的边缘交叉学科"（崔永华，1997）。

第二个阶段是"汉语国际教育"阶段。从"对外汉语"或"对外汉语教学"到"汉语国际教育"不仅仅是名称的改变，学科的内涵也发生了变化，这是毫无疑问的。但是"汉语国际教育"的学科内涵到底边界在哪里？是不是什么内容都可以放进来？我们发现在这个问题上看法是很不统一的。除了传统的汉语言文字学、语言学及应用语言学的内涵之外，有人把"汉语国际教育"放在传播学的框架内进行研究（吴应辉、牟玲，2011；刘毓民，2012）。也有人提出："汉语国际教育"不仅仅是语言教育，还应该把文化传承和传播作为主要任务（郑通涛，2013）；也有学者更进一步把"汉语国际教育"的目标扩大为"国际理解教育"，可以影响"情感地缘政治"（胡范铸、刘毓民、胡玉华，2014）。2012 年教育部发布的"普通高等学校本科专业目录"中"汉语国际教育"（代码 050103），归属于文学门类（代码 50）下位的中国语言文学类（代码0501）。

因此，目前招收汉语国际教育专业方向博士的学习，有的学校把这个专业归属于教育学，有的学校把这个专业归属于语言学学科下面的"应用语言学"。

我认为，对外汉语教学是否被看作是一个独立的学科并不重要，重要的是找准自己的位置，把握住自己的学术方向，以便寻求准确的研究切入点，切实地进行基础研究与应用研究，使对外汉语教学的学科水平得以真正的提高。对外汉语教学是语言教学的一种，是应用语言学的一个分支学科，这已成为对外汉语教学界大多数人的共识，本文的总体思路，就是基于这样一种共识而展开的。

回顾历史，19世纪初，语言理论方面的研究与语言应用方面的研究开始分化。那时，作为应用语言学一个分支的语言教学同当时着重探讨历史问题的语言学分了手。

从事对外汉语教学，自然要对教学中的各种现象进行研究，严格讲来，这并非学科建设。作为学科的对外汉语研究，是要探讨对外汉语教学中"有可能严格体系化的那个部分"。

二、对外汉语研究的基本框架

对外汉语研究的主要目标是要解决"怎样教"这个核心问题。而要解决这个核心问题，首先必须明确"教什么"和弄清学生"如何学"这两个基本问题。

第一层面——本体论：从事汉语本体研究，其理论基础为语言学。

第二层面——认识论：从事汉语习得与认识研究，其理论基础是心理学。

第三层面——方法论：从事教学理论与方法研究，其理论基础是教育学。

第四层面——技术论：从事现代科技手段如何应用于教学与学习的研究，其理论基础为计算语言学和现代教育技术。

从四个层面研究相结合的系统研究格局，研究思路与研究视野应有开拓性、原创性。

第二节 第二语言能力结构研究

北京语言学院汉语水平考试中心在向海外推行汉语水平考试（以下简称HSK）时，经常会遇到一些汉语教师问到这样的问题：获取HSK各级证书的考生，其汉语能力分别相当于以汉语为母语者的哪级水平？遗憾的是，我们已往并没有作过这方面的比较，因为从实证的角度看，这一类的研究至少不是单靠HSK这一类测量手段所能完成的。在一般的意义上，作为一种语言能力的测量工具，HSK 的外部影响因素不可能伸张得那么大。

一、语言能力结构——语言能力研究的基本框架

国外语言学领域对语言能力的研究始于乔姆斯基。乔姆斯基假设儿童生而具有一种适于语言习得的语言习得机制。他认为学习语言就是要掌握、内化这些语言规则。人的语言能力与生俱来，人具有天生的"语言习得机制"（LAD），每个人的头脑中都有一部普遍语法，在后天与某种语言的接触过程中，通过普遍语法和外在语言的磨合，慢慢学会该种语言。学习语言绝不是简单的刺激—反应过程，而是充分发挥人的思维能力和天生语言能力的过程，是靠不断根据输入的语言材料，对语言规则提出假设与验证，对这些规则进行内化和运用的过程。因此乔姆斯基认为：①语言学研究的内容是语言能力，即语言知识，或称为语言使用者已经掌握的潜在的规则系统，而不是语言行为；②语言有表层和深层结构之分，语言使用者的话语，只是语言的表层现象；③语言具有生成性，一套数量相当有限的语法规则可以产生出数量无限的句子，一个语言使用者不必事先在头脑中储存大量现成的语句，它只需要运用规则去创造、去理解；④语言有差异，更有共同之处，所以语言学应着力研究不同语言之间的共同之处，以揭示语言的共同规律和本质。

在批判乔姆斯基理论的基础上，海姆斯（Hymes）首次提出了"交际能力"的概念。在他看来，交际能力是一个复杂的概念，涉及语言、修辞、社会、文化、心理等多种因素，包括一个人运用语言手段（口头语或书面语）和副语言手段（身势语）来达到某一特定交际目的的能力。无论是语言的或是其他形式的交际，主要包括两方面的内容：一是语法性，即合乎语法规则；二是可接受性，即指在文化上是可行的，在一定的情景中是得体的，并实现了交际的目的。

二、中介语连续体——语言能力结构研究的新视角

中介语是不同于母语和目的语，具有独立的、完整的、系统的连续体。其连续体的研究属于对语言能力的形成过程进行历史的、纵向的研究。"中介语"这一术语是由 Selinker 首次提出的。它指的是第二语言学习者对这种语言的知识和能力体系。无论从语言学、社会语言学还是心理语言学的意义上说，这种语言都独立于学习者的母语和目的语。根据 Rod Ellis 以及其他一些学者的观点，中介语实际包含了两个相互联系而又相互区别的概念。第一，中介语反映了语言学习者在其语言发展的任一阶段所建立的静态的结构系统。第二，中介语反映了那种随着学习的进展，作为语言习得重

要特征的动态的、渐进的、成系列的连锁系统,正是这种连锁系统构成了语言学习者"固有大纲"的"中介语连续体"。

中介语理论起初把中介语连续体看作是一个从第二语言学习者的母语延展到目的语的"重构"连续体。按照这种看法,所谓重构,就是学习者逐步以目的语的部件替代其母语的部件。

Seiinker 则认为,第二语言学习很可能以两种不同的方式进行。一种需要利用与母语习得同样的心理机制,另一种则很可能需要利用某种替代物,即人类负责语言习得以外的其他种类学习的心理机制。由于这种替代机制的作用,第二语言习得表现为一种"创生过程"。而中介语的实质是一种"再生连续体"。

在有关中介语连续体的性质的观点由"重构"向"再生"转变的过程中,国外一些学者试图进一步论证第二语言学习遵循着一条"自然发展的道路",并为此进行了一系列着眼于学习者语言行为的实证研究。其成果在促成上述转变方面起到了重要作用。这些学者的研究提出了以下问题:(1)是不是所有的第二语言学习者都遵循着同一条发展道路,即中介语连续体是否带有普遍性?(2)如果这种中介语连续体在学习者个体之间存在差异,其主要表现是什么?根源在哪里?(3)既然第二语言学习和母语习得同样被视为创造性的发现过程,它们在多大程度上具有共同性?

在横向研究方面,Dulay 和 Burt 等学者在 20 世纪 70 年代进行了一系列语素分析方面的研究。这些研究有一个共同假设,即第二语言学习遵循着一种不变的次序。表面看来,他们的研究结果似乎表明,尽管被试的母语背景、年龄等个人特征不同,但所有的第二语言学习者似乎都以一种非常相似的方式发展他们的中介语连续体,因为各种语法功能项目的习得次序大体是一致的。他们认为这种现象证实了"固有大纲"的存在。同时他们也发现,第二语言学习者的习得次序不同于以往第一语言习得研究中发现的儿童习得语素的次序,而这一现象很可能归因于上面提到的第二语言学习与母语习得的心理机制不同。

对通过自然发展的道路再生成中介语连续体的理论,最有力的支持来自纵向研究学者所提供的大量实证性依据。与横向研究相比较,这些研究的一个显著优点在于其数据取自习得过程中的不同时间,因而能够提供对这一过程得更为可靠的描述。Ellis 认为,这种中介语连续体在其发展的各个阶段都有着既不同于母语也不同于目的语的结构方面的特征。尽管学习者的母语有所不同,但有证据表明他们习得语法分支系统的过程具有很大的相似性,这对说明中介语连续体的再生有其自然的发展程序的观点无疑是有利的。然而,中介语连续体不仅具有一定的普遍意义,还因学习者母语及学习偏好等个体差异表现出个体发展的某些特殊性。Ellis 在这里使用了两个相互区别的概念：习得程序（Sequence of Acquisition）和习得次序（Order of Acquisition），并进一步解释说，习得程序指的是中介语连续体的全部创生过程及这种过程的产物。每一个第二语言学习者都要经过若干个过渡性、发展性的阶段，所有语法项目的习得都有一个基本程序。这一点具有普遍性。然而，在中介语自然发展的程序内部，习得次序又具有某种灵活性和不确定性，亦即每一个具体的语法项目何时习得，或是否在某一特定的时间习得因人而异。研究同时也证明，习得程序的普遍性和习得次序的特殊性不仅适用于第二语言学习，而且也适用于母语习得。这是迄今能够确认的两者之间唯一的共同性。

中介语连续体方面的研究发展到现在已经有40多年了，但有关第二语言与母语是否有着相同的习得过程的讨论仍然很难形成共识。同时这种研究也暴露出其理论与方法上的一些局限。总而言之，在这种研究中，语言习得实际上还仅仅被理解为获得某种语言学意义上的能力，因而对语言能力结构系统的研究主要还局限于语法领域，横向研究更是仅限于单个或少数几个语法项目，这样中介语的研究就把自己局限在一个历史的单维的过程中，而没有注意或是有意忽略了一个事实（而有关这一事实的理论和研究本应成为中介语连续体研究的基础），即语言能力首先是一种共时的、多维的体系，这个体系的发展实质就在于其内部结构不断发生的比例上甚或是质上的变化。因此中介语研究的深入有待于纠正这种思想方法的片面性，而纠正这种片面性首先就要回答语言能力结构这样一个基本的问题。语言能力研究必须以对其结构和动态发展的综合考虑为基础。只有这样，我们才有可能在语言教学和语言测试工作以及这些领域的相关研究中对中介语能力的本质认识得更自觉、更全面、更有深度，也更具预见性。

三、交际能力训练模式探索

课堂上的教学输入应保证充足、可靠、易接受，难度以略微超过学习者的现有水平为宜，即符合克拉申提出的"i+1"原则。

学生做这种练习时不需要考虑语言环境、文化习俗和交际功能。他们学会的可能是正确的但却是孤立的句子，很难在实际交际中恰当地运用。

第三节 对外汉语教学的途径和方式问题

一、什么是教学路子

第二语言教学的路子，跟第二语言教学的目的和内容有关。

要通过知识传授和技能训练来帮助学生完成由知识向技能的转化，就必须设计出进行知识传授和技能训练的途径和方式。这样的途径和方式就是教学路子。例如，把各种知识的传授和各项技能的训练放在同一门课中进行，就叫作"综合教学"；通过开设听力、口语、阅读、写作等专项技能课分别训练不同的技能，并围绕不同技能的训练进行相关知识的教学，就叫作"分技能教学"；既开设综合课，又开设专项技能课，就叫作"综合教学与分技能教学相结合"。

二、中高级阶段对外汉语教学的理论探索

我国的中高级对外汉语教学是从20世纪50年代初起步的。但是，真正就中高级对外汉语教学进行较大规模的实践和系统探索，还是近十几年的事情。与初级阶段的教学相比，中高级阶段的教学还缺乏理论总结与建树。教学呼唤理论。科学理论总结将推动中高级对外汉语教学进入一个新阶段、新格局。本文试图以十几年群体性的教学实践和探索为基点，生发开去，提出中高级阶段对外汉语教学四论，以便抛砖引玉。

（一）定性定量论

定性分析必须建立在定量分析的基础上，这是当今科学研究的一项基本原理。我们提出定性定量论，就是要改变过去中高级对外汉语教学长期没有统一标准的状况，进一步明确它的性质、目的，科学地规定质与量的等级和指标。

1. 定性，即明确界定中高级阶段对外汉语教学的性质和目的

李扬同志在国家对外汉语教学领导小组办公室教学业务部召开的"中高级阶段对外汉语教学研讨会"上提出："中高级阶段的对外汉语教学，以培养学生的交际能力为目的，以技能训练为核心。"我们基本同意这一观点，但又主张在这句话的前后各加半句话，即中高级阶段对外汉语教学的性质和目的应该这样表述："中高级阶段的对外汉语教学的性质是当代实用汉语教学，它以培养学生的语言交际能力为目的，以语言技能训练为核心，以交际文化导入为特征。"

以培养学生的语言交际能力为目的。中高级阶段的对外汉语教学是初级阶段的对外汉语教学的继续和发展，它必须保持与初级阶段的连贯性和协调性，必须在初级阶段的基础上，继续强调和强化语言交际能力的培养。

以语言技能训练为核心。所谓语言技能，即我们通常说的听、说、读、写四种语言能力，中高级阶段的汉语教学仍要以此为核心展开，同时又要逐步增加"译"的技能训练和培养。

以交际文化导入为特征。

2. 定量，即明确界定中高级阶段对外汉语教学内容的等级、数量和指标

这种界定不是随意性的，它必须源于对外汉语教学，又高于对外汉语教学。它应该以我国四年制对外汉语教学系列为总的参照系。

初级阶段，即一年级。年学时不少于800，与《汉语水平等级标准和等级大纲》（简称《标准和大纲》）一书中的一、二级相对应。应掌握词语3028个，汉字1624个。

中级阶段，即二年级。年学时不少于800，一、二年级共计1600学时。与《标准和大纲》中的三级相对应。应掌握词语5168个（含一年级的3028个），汉字2181个（含一年级的1624个）。中级阶段，又可称为"基础后阶段"。

高级阶段，即三、四年级。年学时不少于700，两年共计1400学时，四年共计3000学时。与即将制订的《标准和大纲》中的四、五级相对应。应掌握词语8500个左右（含一、二年级的5168个），汉字2700~2800个左右（含一、二年级的2181个）。

（二）序列共核论

序列共核论是在总结我国对外汉语教学正反两个方面经验的基础上提出来的，是逐步形成的。

1. 等级课程共核

（1）统一课程等级内容共核

①初级阶段平行课的课程共核

主要是指初级阶段系列课程教材编写及对应的教学中的共核内容——语音、词汇、汉字、语法及功能项目等的共核内容。这种共核又有小共核和大共核之分，所谓小共核是指各种平行课（即一个小循环之内的读写课、听力课、说话课等）之间的共核内容；所谓大共核是指各种平行课程的学年的总量共核内容。

②中级和高级阶段必修课的课程共核

对这些必修课的教学内容必须有一个基本统一的要求，逐步改变过去你编你的、

我编我的，各自为政的教学方式，这是使中、高级对外汉语教学科学化、规范化和标准化的必由之路。

与初级阶段相比，中、高级阶段必修课的共核内容比例要小一些，宽泛一些，这也是一种规律。

（2）选修课程等级内容共核

与必修课相比，这种共核比例要更小一些，更活泛一些。这主要表现在，作为基本的统一共核，它比必修课程的共核内容比例要小，但是，作为针对特有的教学对象（如外贸班、旅游班等等），则又允许有一定的特殊共核（或称"次共核"）。这一点，是不容忽视的，也是不能强求统一的。

如果这一观点成立的话，那么在"中高级阶段对外汉语教学研讨会"上争论不休的名家名篇能否进入教材的问题，也就容易解决了。

2. 等级大纲共核和水平考试共核

这是等级课程和编教共核理论的发展和深化。其主要标志是由初级阶段的系列课程共核逐步上升为教学等级标准共核。这种等级共核既是《汉语水平等级标准和等级大纲》中所规定的教学内容，也是汉语水平考试所依据、限定的考试内容。可以这样说，《标准和大纲》其实质就是一种全国统一的对外汉语教学共核内容。

但是，等级大纲共核与汉语水平考试共核又有不同之处。前者，在总体设计、教材编写和课堂教学实践中，允许有一定的浮动幅度。而后者，其所有共核内容均在考试范围之内，但又允许小比例的超出。前者的"浮动"与后者的"超出"，其内涵与外延都是不同的。

3. 技能训练共核

技能训练共核是与设置的课程及其内容密切相关的。中、高级阶段的必修课最好设置"（当代）汉语教程""听力课"和"口语课"等密切配合的复合课程。第二语言教学的长期实践证明，这种复合课程对全面的语言技能训练是较为有效的。

（三）循环递进论

循环递进论是针对过去中、高级对外汉语教学内容的随意性和无针对性提出来的，同时也是中、高级对外汉语教学规范化和科学化的重要规律。

1. 不同形式产生的相同或不同等级和层次上的叠加或循环递进

（1）汉字由独体字到合体字的叠加递进

初级阶段可先教笔画简单的、常用的独体字，如"人、山、水、日、月、女、手、木"等，然后再教笔画较多而又不能分解的独体字，如"身、页"等。

现在使用的汉字，大多数是合体字。合体字中有些是从会意字演化而来的，如"林、休、明、从"等；合体字中的大多数是形声字，如"清、请"，"板、椅"，"湖、海"，等等。

汉字的这些特有规律，要在编教和教学中加以利用。

（2）词汇的叠加循环递进

①熟字、新词、新义的叠加现象，比如：

生活，生日；天气，生气。

生产，产生；工人，人工。

②同义词和近义词的循环递进，比如：

同义词：曾、曾经，常、常常；美丽、漂亮，保卫、捍卫；式样、样式。

近义词：手段、方法，成果、结果，修建、建设，改造、改革。

③"衍生词"的叠加递进

"衍生词"是为便于教学和理解，先看下面的例子：

身体、高度—身高；木头、椅子—木椅，这类衍生词，容易理解，不必作为生词列出。身体、重量—体重；空气、温度—气温，这类衍生词，不易理解，最好作为新词列出。

2. 同一等级的汉字经重新组合而产生的相同或不同等级和层次的循环递进

（1）同一等级汉字构成的叠加递进

比如，1011个甲级词中含甲级字793个，这793个汉字经重新组合叠加，形成许多新的词，我们称这些词为同一等级汉字构成的新的词汇。这些新的词汇对于词语教学是十分重要的。

（2）不同等级汉字构成的叠加递进

甲级词中含有的甲级字为793个，2017个乙级词中含乙级字为831个。这两级汉字经重新组合后，可以形成众多的新的词汇，我们称这些词为不同等级汉字构成的新的词汇。这种研究，对教学也是十分有益的。

（四）文化导入论

1. 文化导入的必然性

所谓文化导入，有两层意思。第一层意思是将有关的文化因素直接引入相关的教材，大家都认识到，没有提供足够文化因素信息的教材，将文化导入教学仍然是十分困难的；第二层意思是将有关的文化因素直接引入以语言技能运用为核心的语言训练体系。

2. 文化导入的规定性

（1）文化的范围

这里说的文化，是指对外汉语教学中直接涉及地体现在语言教学中的内涵，即语言学习和运用中直接影响理解和交际的文化因素。我们认为，对外汉语教学中的交际文化至少可分为三类：语俗文化、语感文化、语境文化。

（2）交际文化的代表性

我们在对外汉语教学中要教给学生的交际文化是有普遍意义的、有一定文化教养的中国人之间反映出来的较为典型的交际文化现象。

（3）交际文化的时代性

交际文化不是凝固不变的，它将随着时间的推移，显现出不同的时代特点和风貌。我们在对外汉语教学中介绍的交际文化，应该是当代"活"的交际文化，应该避免那些过了时的交际文化现象。当然，作为中国历史文化知识的介绍，另当别论。

（4）交际文化的语体差异性

交际文化在不同的场合、不同的背景、反映在不同层次的人身上，会出现不同的形态和语体，最常见的将是"家常语体""社交语体"和"典雅语体"三种。

3. 文化导入的阶段性

一定的交际文化项目是与一定范围的语言要素（语音、词汇、语法等）相适应的，这就决定了交际文化的导入也要有比较分明的阶段性。

文化导入是有规律可循的，它的基本规律是，其数量和难度在由初级到中级、中级到高级的循环发展中，将呈现逐步增大的趋势。这就决定了，到了中、高级阶段，交际文化的比重将大大增加，它对教学水平的提高将具有越来越大的制约作用。

三、高级阶段的汉语教学研究

（一）高级阶段汉语教学研究的重要性与紧迫性

一种语言在其他国家造成影响，主要不只是靠掌握一般语言的人，还要靠那些具有高度语言水平甚至达到"专家"程度的人。他们不仅能够出色地使用这种语言，传播这种语言的文化，而且还有能力成为本国这种语言的教师。这些人的活动与成果以及他们的声望、地位，能使某种外语在一片陌生的土地上落地生根。而这样的汉语人才只有通过高级阶段的教育才能培养。我们不能只满足初、中级阶段的教学，这也是为什么要专门建立汉语言专业（对外）的原因之一。要使汉语在世界上产生更大的影响，就要在留学生中努力培养出一大批高水平的语言人才来。这样就必须对高级阶段语言教学的历史、现状、理论与规律进行深入研究，以期用更短的时间使学生更好地掌握汉语，更多地了解汉语所负载的中华文化。

（二）高级阶段汉语教学面临的问题

汉语言专业本科教育正式建立二十多年以来，高级阶段的教学改革取得了很大成绩，这是有目共睹的。但是由于在第一个十年里，三、四年级学生的人数一直较少，四年级的平行班长期只有两个，三年级也仅三四个；即使到现在，第二个十年已经过去的时候，平行班较多的也只是北京语言文化大学等几所学校，其他二十多所大学高年级要么初办，要么每个年级只有一两个班。和初级、中级阶段相比，实践与试验的机会相对少得多。因此实践没有为理论建设提供如初级与中级阶段那么多的机会与材料。再者，高级阶段教学的某些问题不完全是这个时期产生的，而是以往积累下来，到了"成品阶段"才暴露出来。还有一些问题是由于留学生来源复杂多样造成的。不少三、四年级学生是从本国来华直接插班的，前两年或三年没有在中国的大学受过严格的汉语训练。

（三）关于高级阶段的语言运用能力

解决高级阶段汉语教学问题，首先要认识清楚高级阶段的语言运用能力，从定性与定量上进一步科学化。

《汉语水平等级标准与语法等级大纲》已经有了重要突破，使能力培养第一次有了一个比较科学、完整、具体且便于操作的指导性依据。这部大纲的《标准》部分的基本框架是三等、五级、三要素。即：

初等水平（相当于汉语言专业一年级）含一、二级标准

中等水平（相当于汉语言专业二年级）含三级标准

高等水平（相当于汉语言专业三四年级）含四、五级标准

三要素是：每一级标准都由话题内容、语言范围和言语能力构成。

应当说，这个"三要素"已经朝着语言运用能力标准的立体化方向迈出了重要的一步。

第二章

对外汉语教学事业的发展

从 1950 年到 2020 年，中国对外汉语教学已走过 70 年的历程。这 70 年的历史可以分为四个发展阶段。

第一节　初创阶段：20 世纪 50 年代～60 年代初

1950 年，捷克斯洛伐克和波兰政府分别向中国政府提出交换留学生的建议。当年 6 月，周恩来总理召开会议研究此事，最后决定除了与捷克斯洛伐克和波兰各交换 5 名留学生外，再主动向罗马尼亚、匈牙利、保加利亚、朝鲜等国提出，也各交换 5 名留学生。

1950 年 7 月，在清华大学成立了东欧交换生中国语文专修班，1951 年 1 月正式开班，共有来自捷克斯洛伐克、波兰等国家的 33 名留学生。这是中国第一个从事对外汉语教学的专门机构。该班 1951 年初正式开班上课，第一年共接收 33 名东欧留学生。当时只有 6 名教师，其中讲师 2 名，助教 4 名。

为了就近培养大批越南留学生，1953 年 9 月在广西桂林开办了越南留学生中国语文专修班，当年共接收越南留学生 257 名。该班 1954 年改名为中国语文专修学校，同时接收了一批朝鲜留学生。

1952 年在中国广西南宁创办了一所育才学校。该校附设中文学校，有 30 名左右中国教师在这所中文学校任教。这也应算作中国对外汉语教学事业的一个组成部分。这所中文学校于 1956 年停办，在该校任教的中国教师一部分调到北京大学外国留学生中国语文专修班，一部分调到桂林中国语文专修学校。

50 年代末和 60 年代初，一些获得民族解放斗争胜利的非洲国家相继与中国建交，并纷纷要求向中国派遣留学生。

不少国家不但向中国派遣留学生，还在本国开设了中文课程，并要求中国政府派中文教师前去任教。50年代中国曾向越南、匈牙利、保加利亚等国派遣汉语教师。进入60年代以后，要求中国派遣汉语教师的国家越来越多。

到国外教授汉语除了要有较高的专业水平以外，还必须有较高的外语水平。从1961年开始，高教部从一部分大学中文系挑选优秀应届毕业生，作为储备出国汉语师资，派到北京外国语学院和北京大学，分别进修英语、法语、西班牙语（在北京外国语学院）和阿拉伯语（在北京大学），进修期限为三年。这是中国培养对外汉语师资的最初模式。

综上所述，从50年代初到60年代初，中国对外汉语教学事业属于初创阶段。这一阶段的主要特点是：从无到有，建立了专门的教学机构；形成了一支相对稳定的专职对外汉语教师队伍，并着手专门培养有一定外语水平的对外汉语师资；对驻华外交人员的汉语教学、刊授和函授汉语教学以及向国外派遣汉语教师等各项工作也已开始。存在的问题是：教学机构还不够稳定；教学类型比较单一，主要是汉语预备教育；相对说来教学规模还很小。

第二节 恢复阶段：20世纪70年代初期～70年代后期

70年代初，随着世界政治形势的变化，中国在外交上取得了一系列重大胜利。1971年，中国在联合国的合法席位得到恢复。1972年，有40多个国家通过外交途径正式要求向中国派遣留学生。恢复接收外国留学生势在必行。

1972年6月，北京交通大学接收了200名坦桑尼亚和赞比亚留学生，为中国援建的坦赞铁路培养专业技术人员。为了对这批留学生进行汉语预备教育，北京交通大学成立了汉语培训班。

1972年10月，周恩来总理亲自批示同意恢复北京语言学院。这是中国为适应新的国际形势的发展而采取的一项重要措施。北京语言学院恢复后，经过半年多的紧张筹备，于1973年秋季开始招生，当年共接收了42个国家的留学生383名。为了加强教材建设和研究工作，该院复校时成立了编辑研究部。这是中国第一个编写对外汉语教材和研究对外汉语教学的专门机构。

1974年9月9日，毛泽东主席为北京语言学院题写了校名，体现了他对中国对外汉语教学事业的关心，为这项事业的发展增加了新的动力。

但是当时仍然面临着许多一时难以克服的困难。高等学校长期停办以后，校舍破旧，设备不足；教师大量散失，青黄不接；后勤队伍在数量和思想作风上受到的破坏更为惨重；原有的管理制度被破除了，新制度一时难以建立。因此，各院校接收外国留学生的能力极其有限，特别是理工科专业。

从1972年到1977年的5年间，中国共接收留学生2266名。1977年在校留学生总数为1217人。其中学习文科专业的日本和欧、美、澳留学生比例明显上升。

进入70年代，其他形式的对外汉语教学也开始恢复或得到了进一步发展。1971年，北京外交人员服务局的汉语教师增加到20多名。中国国际广播电台的"汉语讲座"和"学中国话"节目先后于1973年和1976年恢复。

第三节 蓬勃发展阶段：20世纪70年代末～90年代末

许多国家的政府、经济界、学术界以及友好团体等，都希望更多地了解中国，加强同中国的联系，在各个领域发展与中国的交流与合作。因此，很多人都需要懂汉语，各种机构都需要汉语人才，要求学习汉语的人越来越多。这样，"中国热"又引起了"汉语热"。许多国家的汉语教学得到了迅速发展，并因此对中国的对外汉语教学提出了更多的要求。例如：要求向中国派遣更多的留学生，包括培养高级汉语人才；要求向他们派遣更多的汉语教师，并帮助他们培养自己的汉语教师；要求提供更多、更适用的汉语教材，特别是音像教材；要求提供理论指导，或合作开展理论研究。要满足这些要求，就必须加快发展中国的对外汉语教学事业。

这时中国高等学校承担对外汉语教学任务的能力有所增强。经过前几年的恢复，各高等学校的办学条件有所改善；对外汉语教师得到了补充，经过培训或教学实践的锻炼，业务素质也有了一定程度的提高。改革开放政策为中国对外汉语教学事业的发展进一步创造了良好的内部条件。为了发展对外经济技术交流与合作，不但要继续通过政府协议交换留学生，而且要支持高等学校直接与国外发展人员和学术交流。与国外的交流与合作，不但拓宽了招生渠道，而且使我们开阔了眼界，扩大了视野。

从1978年开始，中国对外汉语教学事业的面貌发生了重大变化，形成了许多新的特点。

一、逐渐形成了多渠道、多层次的教学体制，教学规模迅速扩大，出现了新的教学类型

1978年，北京语言学院正式创办了四年制的现代汉语本科专业（1975年开始试办），以培养汉语教师、翻译和汉语研究人员为主要目标。此后若干年每年有数十名汉语专门人才从这里毕业。

同年，北京语言学院又根据国外的要求创办了短期汉语进修班。从1980年开始，这种学习期限长短不一（一般最短4周，最长16周）、汉语程度高低不同（一般分四种程度编班）、教学与旅游相结合的短期汉语班迅速发展到了全国。不少院校主要通过校际交流的形式接收短期生。

有些院校根据国外的要求，接收一些国家的大学中文系或中文专业的学生前来进修。

1978年后，北京、广州、集美三所华侨补习学校得以陆续恢复。这三所学校的主要任务是为华侨学生补习文化；复校后，入学的新一代华侨、华人子女汉语水平普遍较低或者根本不懂汉语，这样，他们的主要任务就改为教授汉语，校名也随之改为中国语言文化学校（原校名仍保留）。

1950～1977年，27年间总共接收留学生不足万人（1950～1965年3312人，1966年3736人，1973～1977年2066人）；而1978～1987年9年间，仅从政府渠道就接收了来自近百个国家的1万多名长期留学生，另有各高校每年自行招收的大量短期进修生，如1984年全国接收短期留学生就达13000余人；9年间，全国有63所高校恢复和开始接受留学生，40所高校成立了对外汉语教学机构，并且大部分由"留学生部""留学生教研室"发展成"中心""学院"建制（程裕祯2005：43～81）。来华留学生由改革开放前的预科教育为主，转变为以长短期语言进修为主。90年代中后期，一些院校开始招收汉语言专业外国留学生本科生，有些院校同时招收各专业的本科、硕士和博士留学生，本科及以上学历留学生的高级汉语课由相关院校的对外汉语教学单位承担。

以上情况说明，中国对外汉语教学已形成了以北京语言学院等院校为基地、教学点遍布全国并且各具特色的，以学校教育为主的多渠道招生和多层次教学的新体制，结束了只通过政府渠道招生和基本上仅限于汉语预备教育的历史。这正是改革开放在对外汉语教学事业上的体现。

改革开放、搞活的政策也使中国接收留学生的规模得以迅速扩大。从1978年到1988年，中国共接收130多个国家的长期留学生（即学习一年以上的留学生）13126名，短期留学生33812名（均不包括校际交流数）。这一阶段仅国家计划内的长期生数就相当于前三个阶段留学生总数的1.4倍。1988年在校长期生5245名（也不包括校际交流数），是1977年在校生数的4.3倍，是1965年在校生数的1.6倍。这一阶段通过校际交流渠道接收的留学生人数也相当可观，据不完全统计，仅1986年至1988年接收的长期生就达4500人，短期生人数更多。

到1988年为止，在校长期留学生总数达到100人以上（包括学习专业的人数）的高等院校有：北京语言学院、北京大学、清华大学、北京外国语学院、北京师范大学、南开大学、山东大学、南京大学、复旦大学、同济大学、华东师范大学、中山大学、厦门大学等。除了教学规模最大的北京语言学院和北京大学以外，中国人民大学、北京师范大学、北京外国语学院、山东大学、复旦大学、上海外国语学院、暨南大学、厦门大学、陕西师范大学、东北师范大学等院校也都成立了系一级的对外汉语教学机构，接收外国留学生的其他院校多半也成立了教研室一级的机构。

其他形式的对外汉语教学也有了很大的发展。1980年，厦门大学海外函授部恢复，并更名为海外函授学院。学生人数逐年增加，1987年达到3900多人。同年，北京市外国企业服务总公司成立了教学部，负责驻京的外国和港澳企业代表机构人员及其家属的汉语教学。时有学员600人，专职教师20人，兼职教师100多人。1981年，北京外交人员服务局将汉语教研组改为汉语教研室，1984年又发展成为汉语教学中心，教学对象除各国驻京外交人员和记者以外，还有联合国驻华机构人员以及上述各类人员的家属。时有学员650人，专职教师70多人，兼职教师40多人。上海等地也已开始对驻当地的外国和港澳机构人员进行汉语教学。中国国际广播电台除了继续在日语和英语节目中进行汉语教学以外，1986年以来，又先后在泰语、波斯语、老挝语、波兰语、朝鲜语、德语、俄语等语种的广播中开办了汉语教学节目。从1985年开始，英文台还专门为在北京地区的外国人开办了"每日一句中国话"节目。刊授教学除了《中国建设》继续开设"中文月课"以外，《人民中国》杂志于1986年和1988年先后开辟了《旅游会话》和《一分钟小说》栏目。以上各种形式的对外汉语教学与各类学校的校内教学互相补充，形成了一个比较完整的对外汉语教学网络。

二、通过派遣教师、提供教材、建立教学点等多种方式支持国外的汉语教学

早在50年代，中国政府就根据协议派教师到国外教授汉语。1978年以来，随着世界汉语教学的发展和对汉语教师需求量的增加，中国派出汉语教师的数量也逐渐增加。近年来，有越来越多的汉语专家应聘到国外担任政府汉语教学顾问，帮助设计汉语课程和制订汉语教学大纲，主持或参加教材编写工作等。支持国外发展汉语教学，还提供品种齐全、数量充足、质量较高、针对性较强的汉语教材。80年代以来，除了国内使用的汉语教材继续对外发行以外，教育、侨务部门与有关院校和学术团体互相配合，组织编写了一批专供国外使用的汉语教学教材，有的是与国外合作编写的。这些教材有的在国内出版，在国内外发行，有的直接在国外出版发行，有的由国内外合

作出版发行。此阶段的对外汉语教材在当前适用于国外的教材很少的情况下，尤其要考虑国外的需要。而且要看到几年后必然会出现的新的需要，要远近兼顾。从1987年开始，国家拨出专款资助对外汉语教材建设。

支持国外汉语教学的另一种形式是直接在国外开设汉语教学点。1988年，中国在毛里求斯开设了"中国文化中心"，汉语教学是这个中心日常活动的重要内容。这是中国直接在国外开设的第一个汉语教学点，这可以看作是中国对外汉语教学网络在国外的延伸。

三、把对外汉语教学作为一门专门的学科来建设

在过去相当长的一个时期内，许多人不了解对外汉语教学的性质和特点，因此不重视理论研究，课程设计、教材编写、课堂教学和测试等基本上是凭经验办事，教师队伍建设也没有明确的标准和方向。之所以要把对外汉语教学作为一个专门的学科，是因为如果要使它得到健康的发展，就必须对它的特点和规律进行研究，就必须在教学、理论、队伍等方面加强建设，而它的研究范围和建设内容是其他任何一个学科都不能包括或代替的。

（一）创办了专业刊物，成立了专业出版社和专门的研究机构

1977年，这时虽然还没有提出对外汉语教学是一门学科，但这项工作实际上是学科建设的一部分。根据国内外读者的要求和建议，1979年9月季刊《语言教学与研究》在国内外公开发行。主要内容是：汉语作为第二语言或外语教学的教学理论和教学方法研究；针对外国人学习的特点和难点开展的汉语研究；外语和外语教学研究；汉语和其他语言的对比研究；语言学著作、汉语教材和工具书的评介等。已发行25个国家和地区。1984年初，对外汉语教学研究会创办了会刊《对外汉语教学》（内部印行），后因编辑力量不足而停刊，共出版8期。1987年3月，对外汉语教学研究会与北京语言学院语言教学研究所共同创办了《世界汉语教学》，出版两期预刊后，于同年9月转为世界汉语教学学会会刊（季刊）。该刊设有汉语研究、汉外对比、教学法论坛、课程和教材、课堂教学、书刊评介、现代语言学、学术动态等栏目，是发展国内外学术交流的重要园地。1987年8月，北京语言学院又创办了《学汉语》杂志（月刊）。该刊主要的读者对象是学习汉语的学生和汉语自学者，一部分内容对汉语教师也有参考价值。

北京语言学院出版社的主要任务是出版各种对外汉语教材、教学辅助材料、教学参考书、工具书；兼顾出版外语教学用书、工具书、注释读物、对照读物；还出版语

言学、语言教学、中外文化以及与语言教学有关的其他学科的著作和译作；同时出版与上述图书配合的音像制品。1986年1月，成立了另一家对外汉语教学的专业出版社——华语教学出版社。该社出版供外国人和海外华侨、华人学习汉语用的多种教科书及有声教材，包括各类成套课本、练习册、辅助读物、教师用书、工具书及语言学专门著作等。语文出版社、江苏人民出版社、现代出版社以及许多大学出版社等也已开始重视对外汉语教材的出版工作。

为了更好地适应对外汉语教学学科建设的需要，经教育部批准，北京语言学院于1984年11月在编辑研究部的基础上成立了语言教学研究所，工作重点由以教材编写为主转向以研究工作为主。其主要任务包括：针对外国人学习汉语的特点和难点开展的汉语语言学研究；汉语和外语的对比研究；语言教学理论和教学方法研究；重要教材和工具书的编写；语言学和语言教学方面图书资料的收集、整理和介绍。1987年6月，北京语言学院成立了语言信息处理研究所，其主要任务是开展语言信息处理技术方面的基础理论和应用研究，包括计算机辅助对外汉语教学研究。此外，中国社会科学院和国家语言文字工作委员会所属语言文字应用研究所也把对外汉语教学列为研究任务之一。

（二）成立了专门的学术团体和学术机构，努力发展对内对外的学术交流

1983年6月成立了中国教育学会对外汉语教学研究会。该会成立以来，在发展国内外的学术交流方面做了大量的工作。1983年6月和1986年8月、1989年1月举行了首届、第二届和第三届学术讨论会；每年还举行若干次地区性和专题性学术讨论会。1983年7月，受教育部委托，组织中国汉语教师代表团与来访的美国汉语教师代表团举行学术讨论会。1984年和1986年派代表团分别访问了美国和德意志联邦共和国，出席在两国举办的学术讨论会。1985年和1987年，与北京语言学院联合主办了第一届和第二届国际汉语教学讨论会。

为了更好地进行学科建设和发展学术交流，国家教委于1989年5月正式批准在北京语言学院成立世界汉语教学交流中心。该中心下设六个部，由国家对外汉语教学领导小组办公室和北京语言学院共同领导。

世界汉语教学交流中心的成立，为各国汉语教师参加培训和从事研究工作建立了稳定的基地，也为各国汉语教学工作者全面开展学术交流增加了新的渠道。这不但是加强对外汉语教学学科建设的一项重要措施，而且也是发展国内外学术交流、支持世界各国发展汉语教学的一项重要措施。

（三）努力加强教材建设

教材建设是学科建设的一项重要内容。80年代以来，这项工作受到了教育主管部

门、各有关院校和广大对外汉语教学工作者的普遍重视,编写、出版的教材数量和品种空前增加,不少教材的针对性和适用性也有所加强。一批用新的教学路子和教学方法编写的教材陆续问世。

为了解决教材编写和使用中存在的一些问题,对外汉语教学研究会受国家教委的委托,聘请北京大学、北京师范大学、北京语言学院、南开大学、南京大学、复旦大学、华东师范大学、上海外国语学院、中山大学等9所院校的专家,于1986年10月组成了全国对外汉语教材研究小组,对1950年以来编写的对外汉语教材进行了全面研究。研究小组经过近3个月的紧张工作,于1987年1月写出了《建国以来对外汉语教材研究报告》,并从200多种教材中筛选出33种,作为第一批适用教材向国内外推荐,同时提出了制订对外汉语教材发展规划的建议。

(四) 加强对外汉语教师的培养和培训工作,努力提高对外汉语教师的素质

随着对外汉语教学的发展,人们对这项工作的性质和特点的了解逐渐加深,因此也逐渐认识到,对外汉语教师应当具备特定的知识结构和能力结构。这样的教师必须经过专门培养,但不能以一部分中文专业课程和一部分外语专业课程相组合的方式进行培养,因为这两类课程的组合不可能完全形成对外汉语教学所需要的知识结构和能力结构。

北京大学和北京语言学院从1986年开始培养以对外汉语教学为专业方向的硕士研究生,南开大学、南京大学、四川大学、华东师范大学等院校也已开始招收以对外汉语教学为专业方向的硕士研究生。这样,对外汉语教师不但有了稳定的来源,而且基本素质可以得到保证。

中国现有的对外汉语教师,除了少数新近补充的对外汉语教学专业本科毕业生和以对外汉语教学为专业方向的毕业研究生以外,原有的专业背景多半是中文或外语,或中文加外语。他们虽然各有自己的专业特长,但原有的知识结构和能力结构不能完全适应对外汉语教学的需要。主要的缺陷是:多数人缺少语言教学理论知识、语言教学法知识和从事对外汉语教学的基本技能;非汉语专业出身的教师,多数人语言学理论知识不够,汉语知识也不够全面;非外语专业出身的教师,多数人外语水平不高。有些教师通过长期的教学实践积累了丰富的经验,也有些教师通过业余自学掌握了所缺的知识,但是与语言教学密切相关的语言学、心理学、教育学和语言教学理论总是在不断发展,新的教学思想和教学方法不断出现。所以即使是教学经验丰富、知识结构和能力结构比较合理的教师,也需要继续补充新知识。为了帮助对外汉语教师完善知识结构和能力结构以及补充新知识,教育主管部门和许多院校积极创造条件,为他

们提供在职培训的机会。

　　大规模培训较为有效和可行的方式是举办教师培训班。北京语言学院于1983年9月邀请美国俄亥俄州立大学东亚语言文学系主任黎天睦教授到该院讲学，黎天睦教授除了为北京语言学院外语系学生开设英语方面的课程外，还专门为该院对外汉语教师开设了语言教学法课程。这是中国第一次请专家为对外汉语教师系统讲授语言教学法课程。黎天睦教授的讲稿经整理后定名为《现代外语教学法理论与实践》，由北京语言学院出版社于1987年出版。此书是中国出版的第一部结合对外汉语教学系统论述教学理论和教学方法的著作。黎天睦教授长期从事对中国人的英语教学和对美国人的汉语教学，同时致力于汉语和语言教学理论的研究，积累了丰富的经验。他在该书中以自己的亲身经验和生动有趣的实例，深入浅出地叙述了近年来国外较为流行的语言教学理论和实践情况，涉及结构主义语言学、转换—生成语法、社会语言学、心理学等研究中的许多问题。该书持论公允，见解独特，对于开阔眼界，启发思路，具有较高的实用价值。

　　1984年暑期，对外汉语教学研究会在北京语言学院举办了为期一个月的对外汉语教师培训班，来自全国23所院校的50名年轻教师参加了培训。开设的主要课程有：教材编写、课堂教学、语音教学、语法教学。1986年暑期，北京语言学院和美国俄亥俄州立大学在北京语言学院联合举办了为期一个月的中美汉语教师培训班，开设的主要课程有：语言教学法和教材编写、汉语语法分析、中美文化对比，由中美双方教授主讲。除讲课外，还组织课堂讨论、教学见习（听课）和教学演习（学员模拟教课）。此外，还聘请了一些著名学者和专家到培训班讲课、座谈。黎天睦教授是这期培训班的主要发起人和美方负责人。1987年春天，对外汉语教学研究会和北京大学对外汉语教学中心在北京大学联合举办了教学法培训班，由美国达慕思大学罗立言教授讲课，近40名对外汉语教师参加了培训。1988年暑期和秋季，筹建中的世界汉语教学交流中心教师研修部在北京语言学院先后举办了为期4周和3个月的汉语教师培训班。此外，还开设了若干专题讲座。除了举办培训班以外，各院校还结合本校的具体情况，通过开设专题讲座、选派教师进修本科生或研究生的部分课程或出国进修等形式，提高对外汉语教师的业务素质、研究能力和教学水平。在出国进修或念学位的教师中，已有一些语言学、心理语言学、语言教学理论以及"比较文化"等基础学科和新兴学科的高级专门人才成长起来，他们在对外汉语教学的学科建设中将发挥越来越大的作用。

　　资格证书制度正式推行后，出国教授汉语的教师将只能从具有资格证书者中选派。这项制度的建立，有助于促进对外汉语教师队伍素质的提高。

上述种种情况说明，加强对外汉语教学学科建设的条件已相当齐备。只要充分利用这些条件，就可以加快对外汉语教学学科的发展，中国对外汉语教学事业也必将继续得到健康的发展。

四、成立了专门的领导机构，加强领导和协调

作为一项国家和民族的事业，对外汉语教学不但跟教育部门有关，而且跟文化、侨务、新闻、出版、外交等部门有关。领导小组由国家教育委员会副主任何东昌任组长，国家教委专职委员黄辛白和国家教委副主任滕藤先后任常务副组长，国务院侨务办公室副主任李星浩任副组长。领导小组成员还有国务院外事办公室、外交部、广播电影电视部、文化和旅游部、新闻出版署、国家语言文字工作委员会以及北京语言学院的有关领导人。国家对外汉语教学领导小组的成立，反映了国家对发展对外汉语教学事业的重视。

国家对外汉语教学领导小组成立后，中国对外汉语教学事业走上了更加有计划、有组织的发展道路。

1987年12月，评议组召开了第一次会议，讨论通过了163个申报项目，由国家对外汉语教学领导小组办公室作为第一批项目列入了《1988~1990年对外汉语教材规划》。1989年4月，评议组召开了第二次会议，又讨论通过了19个项目，作为第二批项目列入了规划。

领导小组办公室在广泛征求意见的基础上，于1988年6月制订了《1988~1990年对外汉语教学科研课题指南》。1989年4月召开了"对外汉语教学科研课题评议组"第一次会议，讨论通过了44个申报项目，正式列入了《1988~1990年对外汉语教学科研规划》。

1988年9月，国家教委和国家对外汉语教学领导小组召开了全国对外汉语教学工作会议。出席这次会议的有国务院有关部委的负责人、部分省市教育和侨务部门负责人、部分高等院校校院长、部分驻外使领馆教育处或文化处负责人以及有关的专家学者等共120多人。这是新中国成立以来第一次专门研究对外汉语教学工作的全国性会议。滕藤在《主动适应国际社会的需要，加快对外汉语教学事业的发展》的报告中，对发展对外汉语教学事业的意义、对外汉语教学面临的形势和当前的任务以及发展对外汉语教学事业的指导思想、方针政策和措施等问题进行了全面论述。这个报告是中国发展对外汉语教学事业的第一个纲领性文件。[①] 与会者经过热烈讨论，在关于加强

---

① 吕必松著. 对外汉语教学发展史上 [M]. 2017。

对外汉语教学工作的一些原则性问题上基本上统一了认识。这次会议对推动中国对外汉语教学事业的发展将发挥积极作用，在中国对外汉语教学史上具有重大意义。

第四节 成绩斐然阶段：21世纪

21世纪以来，国内的对外汉语教学虽然有被边缘化的倾向，缺乏目标和方向感，但业界前辈和同人，仍能秉持初心，不忘使命，在学科发展和建设的低潮期，做出了新的成绩。

第一，在探索适合汉语汉字特点的对外汉语教学学科理论、教学理论和教学法方面，取得了一些新进展，提出了一些新建议，讨论了一些新问题。如赵金铭《汉语作为第二语言教学：理念与模式》（2008）、《对外汉语教学法回视与再认识》（2010）、《初级汉语教学的有效途径——"先语后文"辩证》（2011）、史有为《最小语言平台与思维功能习得——兼议CEFR欧洲框架》（2009）、冯胜利《论语二语教学的独立性》（2013）、李泉《国际汉语教学的语言文字标准问题》（2015）等。

第二，汉语教材数量和种类大量增加，质量不断提高。如《快乐汉语》（2003）、《当代中文》（2003）、《发展汉语》（第1版2005，第2版2011）、《博雅汉语》（第1版2005，第2版2013）、《体验汉语》（2009）、《新概念汉语》（2012）等。

第三，2006年，商务印书馆出版了《对外汉语教学专题研究书系》共22本，包括学科理论和教学理论、教材研究、课程大纲与教学模式、听力和口语研究、阅读与写作研究、综合课研究、文化教学研究、语言要素及其教学研究学习者语言系统和习得过程研究、汉语水平考试（HSK）研究、语言测试理论汉语测试研究、计算机辅助教学的理论和实践研究、教师素质与教师培训研究、课堂教学技巧研究等。该书系不仅全面总结了对外汉语教学在各个领域的代表性成果，也完整地体现了对外汉语教学学科体系的内容。

第四，21世纪以来对外汉语教学的学术期刊有所增加，为学术研究提供了新的发表平台。主要有《海外文教育》（2000年创刊）、《华文教学与研究》（2001年创刊）、《云南师范大学学报（对外汉语教学研究版）》（2003年创刊）、《国际汉语教育》（2016年创刊），此外还有诸多种发表对外汉语教学研究成果的书刊。

第五，对外汉语教学研究的省部级和国家级（国家社科基金）项目数量比以往大为增多，表明学科学术地位的提升以及在国家学术体系中的存在。

第三章

对外汉语教学法的发展

从教学方法发展的角度考察，中国对外汉语教学的发展也可以分为四个阶段。大体上说，从 20 世纪 50 年代初到 60 年代初是初创阶段，从 60 年代初到 70 年代初是改进阶段，从 70 年代初到 80 年代初是探索阶段，80 年代初以来是改革阶段。由于教学方法的发展有其自身的规律，跟教学事业的发展不一定完全同步，所以教学方法发展的四个阶段跟教学事业发展的四个阶段在时间上不是一一对应的。

第二语言和外语教学虽然已经走过了漫长的道路，并且创造了从最古老的语法翻译法到新兴的功能法等许许多多的教学法，但是人们对它的效率和成功率仍然不满意。世界各国的第二语言和外语教学仍都处于探索过程，在理论和方法上都面临着许多共同的问题。在教学方法上普遍关心的问题至少有以下几点：
（1）如何处理语言知识的传授与语言技能训练的关系；（2）如何处理目的语跟学生的母语和媒介语的关系；（3）如何处理听说训练和读写训练以及听和说、读和写的训练的关系；（4）如何处理语言的结构、意义和功能的关系；（5）如何处理语言和文化的关系。

随着语言学、心理学和其他相关科学的发展，人们对上述种种问题的认识和处理方法一直在不断发生变化。对外汉语教学方法的发展，也主要体现为对这些问题的认识在逐渐加深，处理方法在逐步改进。这些变化也就是划分对外汉语教学法发展阶段的依据。

第一节 初创阶段：20 世纪 50 年代～60 年代初

一、20 世纪 50 年代是中国语言学大发展的时期

其主要特点是：

（一）对外汉语教学始于 50 年代，即中华人民共和国成立之初，社会发展的需要，使语言学成了一项重要的事业

1950 年 5 月 21 日，《人民日报》发表了《请大家注意文法》的短评，提出："应当努力用正确无误的语言文字来表达正确无误的思想，应当把文法上的一切错误，从我们所发表的文字中逐步地、最后地彻底消灭掉。"1951 年 6 月 6 日，《人民日报》开始连载吕叔湘、朱德熙合著的《语法修辞讲话》，并为此发表了《正确地使用祖国的语言，为语言的纯洁和健康而斗争！》的社论。社论严肃地批评了当时的报刊及机关文件中存在的许多不能容忍的语言混乱现象，指出："这种语言混乱现象的继续存在，在政治上是对于人民利益的损害，对于祖国的语言也是一种不可容忍的破坏。每一个人都有责任纠正这种现象，以建立正确地运用语言的严肃的文风。"1956 年 1 月 28 日国务院决议公布了《汉字简化方案》。1958 年 2 月 11 日第一届全国人民代表大会第五次会议批准了《汉语拼音方案》。

（二）汉语研究为普及汉语知识、改进汉语教学、实现汉语规范化服务

50 年代出版的语法著作有 200 多种，其中一半以上是为普及语法知识而写的通俗读物。为了改进中学的汉语教学，人民教育出版社于 1954 年成立了中学汉语编辑室，组织了一批语言学家，由张志公担任主编，编写出版了《暂拟汉语教学语法系统》和中学《汉语》课本。教师们边编写边使用单篇式的教材，直至 1958 年，基于多年的教学实践，并在吸收结构主义语法，特别是"暂拟汉语教学语法系统"（1956）的基础上，才正式出版了国内第一部对外汉语教材——《汉语教科书》，研究现代汉语的著作都以规范的普通话为依据。

（三）重视对马克思主义语言理论的学习和应用，同时注意借鉴美国结构主义语言学的理论和方法

1950 年 6 月 20 日，苏联《真理报》发表了斯大林关于语言问题的长篇论文《马克思主义与语言学问题》，中国语言学界也立即开展学习。许多语言学家在此后的研究和著述中，都纷纷引用斯大林和其他马克思主义经典作家关于语言问题的论述。这部书不仅对汉语语法研究产生了直接的影响，而且引起了中国语言学界对美国描写语言学的兴趣。

二、语言学上的发展变化，必然要反映到对外汉语教学中来

初创阶段的对外汉语教学，从教学内容到教学理论和教学方法，都与上述特点有关。主要表现是：

(一) 教授现代汉语以普通话为标准

随着简化汉字的推行，凡正式简化的汉字都作为标准汉字进行教学；《汉语拼音方案》公布后，立即用它来教授语音和给汉字注音。这些做法不但有利于提高对外汉语教学的质量，而且对国外的汉语教学也产生了良好的影响，使中国对外汉语教学形成了一个良好的传统。

(二) 既重视传授语言知识，也重视培养学生应用汉语的能力

北京大学外国留学生中国语文专修班于1953年制订的教学计划提出，外国留学生学习汉语的目的是：掌握汉语基本知识，具备运用汉语听、说、读、写四方面的基本能力，准备升入中国高等学校学习一个专业。这一计划实际上是把传授"基本知识"和培养"基本能力"放在同等重要的地位。基于这样的指导思想，教材和课堂教学基本上都采用演绎法，即首先讲解语言知识，然后围绕有关的语言知识组织的语言材料进行练习。语音、语法教学都是如此。考试内容也包括语言知识。就是说，对所教的语言知识不但要求学生理解，而且要求他们记忆。重视语言知识教学的理论根据是必须以理论指导实践。

(三) 教学初期通过翻译讲解语言知识

这一点跟重视传授语言知识是分不开的。用汉语讲授语言知识学生听不懂，就只好依靠翻译。过去我们使用的是翻译法，教员讲，翻译同志在旁边翻译。或者是，会外文的教员直接用外文讲，从《汉语教科书》上册语音第一课开始就这样，到三十几课时逐渐摆脱翻译，直接用汉语讲授。

(四) 教学内容以词汇和语法为中心

这样做的理论根据是斯大林的语言学说。斯大林同志的著作《马克思主义与语言学问题》，对于我们有重要的指导意义。他说：语言的语法构造和基本词汇是语言的基础，是语言特点的本质。因此我们要使学汉语的人能够充分掌握汉语，就必须注重词汇教学和语法教学。这是汉语教学的基本原则。在全部教学过程中，词汇教学和语法教学应当是教学的中心，别的都要围绕着这个中心来进行。

(五) 语言技能训练的主要倾向

所谓阶段侧重，就是开始阶段侧重听、说训练，逐步过渡到侧重听、读或读、写训练。第一个阶段着重听话和说话的训练；第二个阶段着重阅读和写作的训练。这一设想在教学中基本上得到了贯彻，并且对以后的教学产生了重要的影响。

(六) 语法教学的特点是句本位和结构形式分析

就是说，以句法为中心，具体内容包括介绍词类和句子成分，讲解词序和虚词的

用法。

（七）文化方面的教学内容主要体现在课文中

跟语言理解和语言运用密切相关的交际文化基本上没有涉及。这主要是因为当时还没有结合语言和语言学习开展交际文化的研究。这方面的研究也还没有深入开展，所以在对汉语教学中交际文化的教学几乎还是空白。

中国第一部正式出版的对外汉语教材《汉语教科书》集中地体现了初创阶段的教学理论和教学方法。

《汉语教科书》的主要特点是：（1）教学内容以语法为纲（语音部分以音素为纲）。课文和练习都是为语法点（语音部分为音素）服务的。（2）重视语言知识的教学。对涉及的语音、语法现象都作了简明扼要但又比较系统的解释。（3）语法分析重结构形式，基本上是结构主义的路子。（4）语法点的分割、选择和先后顺序的排列，对每个语法点的解释，对某些特殊意念的表达方式的专门介绍，每课语法点和生词量的严格控制，大部分课文采用会话体等等，都体现了对外汉语教学的特点，有很强的针对性。

从总的教学指导思想看，初创阶段的对外汉语教学具有鲜明的语言学倾向。所谓语言学倾向，就是在语言规律、语言学习规律和语言教学规律这三者当中，侧重于从语言规律出发。周祖谟曾经明确地提出："我们必须建立以新的语言学为基础的教学方法来进行汉语教学。"这一指导思想必然要导致教学方法上的语言学倾向。教学内容以词汇和语法为中心，教材以音素和语法为纲，系统介绍并要求学生全面掌握语言知识，采用演绎法教学等，就是这种语言学倾向的具体体现。当时虽然也提到了翻译法、直接法、综合法等名称，但这些名称的含义仅限于用不用学生的母语或媒介语翻译这一具体做法。一方面有一定的语言学理论的指导，另一方面又注意到了对外汉语教学的特点，所以这阶段的对外汉语教学在教学理论和教学方法方面积累了丰富的经验，在许多方面为以后的发展打下了良好的基础。

第二节 探索阶段：20世纪70年代初~80年代初

这里所说的"探索"，是指在交际观念和实践性原则的指导下，学习和借鉴国外语言教学的理论和方法，针对中国对外汉语教学中存在的问题，探索新的教学路子。

这一阶段教学指导思想的变化之一是对实践性原则的新认识。1974年吕必松在对来访的美国语言学代表团的报告中阐述了"实践第一"的观点,并指出:"我们今天强调的实践性原则,不但包括教学方法,而且包括教学内容和教学组织形式;不但体现在教学过程中,而且体现在教材中。这里指出了教师的作用在于"组织"和"引导",实际上是主张把学生放在中心地位。

这一阶段对实践性原则的解释实际上是受交际观念支配的。实践性虽然是语言教学的一条重要原则,但不是所有的实践都有利于培养学生的交际能力。实践与理论是一对相关的概念,强调实践性,是为了说明跟理论相比,实践处于第一的地位,理论必须为实践服务。但是语言教学中的实践,实际上有交际性实践与非交际性实践的区别。只有利用有交际价值的语言材料进行交际性练习,才是交际性实践,而利用没有交际价值的语言材料(例如"这是书,那是本子")进行机械性练习则属于非交际性实践。这一阶段在阐述实践性原则时,着重提出了贯彻实践性原则的目的是更好地培养学生运用汉语进行交际的能力。这里所说的"以社会实践为基础",是指必须紧密地结合学生社会实践的需要来确定课堂教学的基本内容。这是我们汉语教学中一条不可忽视的规律。

在语言教学中,教学内容和教学方法是一个问题的两个方面。以传授语言内容为出发点必然带来以语法、词汇为中心的教学方法,这种方法束缚了人们的思想,课文为语法、词汇服务好像是天经地义的事情。因此,要改革教学内容,就必然要同时改变教学方法。"紧密地结合学生社会实践的需要来确定课堂教学的基本内容,就必然要打破旧的脱离实际的科学系统,而代之以新的符合实践性原则的科学系统。"前一种科学系统是指在"语言学倾向"指导下形成的语言学系统,后一种科学系统是指要努力建立的语言教学系统。因为语言教学不但要受语言规律的支配,而且要受语言学习规律和语言教学规律的支配,所以绝不能以语言系统代替语言教学系统。如何建立语言教学的科学系统,正是这一阶段要探索的中心课题。

为了探索新的教学路子,北京语言学院在这一阶段结合总结多年的教学经验和学习国外的语言教学理论及教学方法,开展了一系列的教学试验。

《汉语课本》1977年由商务印书馆出版,共4册,一、二册共44课,前12课侧重于语音,每课的编排体例是:一、课文;二、生词和汉字;三、练习:四、注释;五、汉字表。第一课另有汉字笔画表和汉字笔顺表。每隔4课有一个复习,不计在课数之内。从第十三课开始侧重于句型、语法,每课的编排体例是:一、替换练习;二、课文(一);三、课文(二);四、生词;五、会话;六、注释;七、汉字表;八、练习。在"替换练习"前用方框标出代表本课句型的典型句子。每隔5课或6课有一个复习,也不计在课数之内。第二册附有"基本语法复习提纲""词类简称表""词汇表"和"繁简字对照表"。三、四册共32课，每课的编排体例是：课文、生词、词语练习、课文练习、阅读课文、（阅读课文的）生词。另有6个语法复习。

一、跟《基础汉语》和《汉语读本》（上、下册）相比，《汉语课本》的主要变化

第一，淡化了传统教材中截然划分的语音阶段、语法阶段、短文阶段的界限，加强了教学的整体性和连贯性。第一课就开始教会话，通过"语流"教语音，改变了传统教材中过分注重语音本身的教学路子，根据对实践性原则新的理解，使语音教学和培养学生的说话能力紧密地结合起来。相当于过去短文阶段教材的三、四册继续进行语法教学，使语法教学贯穿一个学年的始终，使过去语法阶段大大压缩了的语法教学得以展开，有利于提高学生运用语法规则的熟巧程度。

第二，引进了句型教学的方法，但又不是单纯的句型教学，而是把句型、课文和语法结合起来。当时虽然对汉语句型的研究还很不充分，但是试验的结果表明，结合句型进行教学有利于加强听说训练，有利于提高学生的口头表达能力。作为句型操练的主要手段的"替换练习"，丰富了汉语教学的练习方式。

第三，一、二册中的语音、语法知识都以"注释"的形式出现，表明教学的目的是让学生掌握语言，而不是掌握语言知识，介绍语言知识是为了让学生理解规则，只有在需要处才加以注释。三、四册的"词语练习"把语法、词汇知识的介绍和语言点的练习结合起来，更有利于提高运用语言的能力。练习方式是根据对不同语言点的不同的练习要求设计的，有替换练习、填空、造句、完成句子、改写句子、变换句式等，不但形式多样，而且实用性更强。

第四，一、二册每课单设一项会话，三、四册每课有阅读课文，从而使口语和阅读教学得到了加强。一、二册每课有两篇课文和大量的替换练习，三、四册"词语练习"部分也有大量的练习材料，跟过去的教材相比，语言材料大大增加。

第五，第一次在基础阶段教材的课文和练习中配有插图，增加了教材的直观性和生动性。

由于历史的原因，当时学校普遍实行"开门办学"，对留学生的汉语教学也不例外，这套教材的许多内容是为了适应"开门办学"的需要，便于学生到工厂、人民公社、街道、部队等处进行"参观访问"而编排的。组织学习汉语的外国留学生接触中国社会，在社会活动中学习和应用汉语，本来是课堂教学的很好的补充形式，当时也确实取得了较好的教学效果。

这套教材在探索新的教学路子方面起到了开路的作用，在教学方法上的许多创新

对以后的教材编写产生了广泛的影响。20世纪80年代，在国内外影响最大、使用面最广的《基础汉语课本》就是以这套教材为蓝本编写的。

二、《基础汉语课本》共5册，是一部集历年教材之大成的著作

《基础汉语课本》在编排体例、通过语流教语音、结合句型教语法、在课文和练习中配备插图等方面，都直接继承了《汉语课本》的做法。同时在以下几个方面做了改进：

（1）加强了语法的系统性，但又不失简明。语法点的解释吸收了新的教学经验和研究成果，针对性更强，对许多语法点的解释也更加准确。（2）对课外练习部分更加重视，不但练习量大大增加，而且在练习方式上也有所创新。（3）从第四册开始，增加了一项"近义词例解"。

《基础汉语课本》跟《汉语课本》的其他不同点是：《汉语课本》中淡化了语音、语法和短文三个阶段的界限，在本书中又有所恢复。语音阶段压缩为8课，恢复了发音部位图，从第二课开始出现课文，整个语音阶段的课文内容比《汉语课本》简单。语法阶段把"注释"恢复为"语法"，取消了"会话"一项，语法的系统性有所加强。由于语法阶段取消了"会话"，短文阶段取消了"阅读课文"和"词语练习"，全书的语言材料比《汉语课本》大大减少。

由于集中了各种对外汉语教材的大部分优点，它是到那时为止按照结构法的路子编写的一部最成熟的教材。特别是语法点的编排和解释，把研究成果和教学经验融为一体，其科学性、针对性都是以前的教材所无法相比的。

在对外汉语教学中，如何处理听说和读写以及听和说、读和写的关系，一直是一个有争议的问题。这个问题外语教学中也有，但在汉语教学中显得更为突出。现代汉语的口语和书面语基本上是一致的，但也存在着明显的差别；汉字形音脱离，造成语言和文字的尖锐对立。口语和书面语、语言和文字的这种矛盾，反映到教学中来，就形成了听说和读写的矛盾。研究如何处理听说和读写的关系，就是为了解决这样的矛盾。这里实际上有两个方面的问题。一是教学要求：对听、说、读、写四种语言技能应当全面要求，还是应当有所侧重？二是教学方法：是"语文并进"好，还是"先语后文"好？是"综合训练"好，还是按语言技能分课型训练好？如果按语言技能分课型练，也有一个齐头并进还是有先有后和孰先孰后的问题。历史上争论的老问题没有能够从理论上加以说明，新的问题又提出来了，理论上一时也难以解决，只能通过教学试验来寻找答案。70代初到80年代初围绕这些问题以及如何加强语言技能训练和培养学生的交际能力等问题开展了多次教学试验。

三、关于直接用汉字教语音和汉字教学提前的试验

北京语言学院恢复招生的第一年，即 1973 年秋季，就上述设想在一个阿尔巴尼亚班进行了试验。参加这次试验工作的有王德佩、刘广徽、赵永新、吕必松等。基本的做法是：在前两个星期内，生词和课文全部用汉字，不出现拼音，然后用两天的时间教汉语拼音方案。试验结果取得了一般人难以相信的效果：在与学习《基础汉语》相同的时间内，学生不但掌握了一百多个汉字和几十个句子，而且也掌握了汉语拼音，语音语调至少不比由同一个国家的学生组成的平行班的学生差。这次试验初步证明，一开始就教汉字和直接用汉字教语音是可能的。可惜的是，由于客观上的原因，这一试验只进行过一轮，也未进行认真的总结。

四、关于分听说和读写两种课型进行教学的试验

历来基础阶段（即一年级）的教学都是以一门精读课为主。《汉语教科书》和《基础汉语》阶段精读课由两名教师承担，一人教"讲练"，一人教"复练"（又从"复练"课中分出一节作为汉字课）；从《汉语课本》开始，由于教材发生了变化，改为一人教句型、语法，一人教课文（也有按一人教一课分工的）。从短文阶段开始，陆续增加听力、口语、阅读等课型，这几种课型的周课时二至八节不等。

这样的课程设置计划存在的主要问题是：

（一）精读课教学困难多

由于教学任务过于集中，教学内容过于庞杂，每堂课的教学环节都颇费安排，教学中难免顾此失彼。由于周课时较多，必须由两个教师分工授课，为了互相配合，两个教师必须经常联系。尽管如此，也难免削弱教学内容和教学环节的连贯性，并造成不必要的重复或遗漏。

（二）听力课、口语课和阅读课教学效果差

这三种课型所占比例都很小，得不到足够重视。教学要求不太明确，教材和教学方法很不完善，实际上并没有形成独立的课型。只有第二阶段开设口语课，周课时和总课时都很少，教学内容有限，学生迫切需要的日常生活用语不能及时学到，当教到有关内容时学生已在社会上学会，因此难以取得应有的效果。

（三）教学管理工作负担重

一学年分三个不同的教学阶段，每个教学阶段的课型项目都不一样，每种课型在不同的教学阶段的周课时也不一样，因此每个班一年至少要换三次课表，有时还要对

任课教师和上课教室做必要的调整。北京语言学院每年都有几十个基础汉语班同时上课，学生入学先后不一，各班教学进度不同，仅更换课表、调整任课教师和上课教室这几件事就要占去很多时间，使有关的管理人员忙得不可开交。

为了解决以精读课为主进行"综合教学"带来的问题，北京语言学院于1975年进行了一次分听说和读写两种课型进行教学的试验，当时叫作"两条线"教学试验。具体做法是：在最初两周左右的时间内利用汉语拼音教发音和简单的日常生活会话，基本上不教汉字。然后分听说和读写两种课型，每天上四节课，头两节教听说，后两节教读写，叫"听说先行"。读写课教汉字认读、书写、朗读和阅读，后期还教写作。特别重视构字法和构词法的教学以及阅读速度的训练。听说课的重点是结合语音、词汇、语法教学进行听说训练，特别重视听力训练。听说课本前期不出现新汉字，只出现读写课中学过的汉字，没有学过的汉字用拼音代替。两三个月以后逐步过渡到听说课本也全部用汉字。学年考试的结果表明，教学效果不错，特别是听和读的能力比同一类型的其他班的学生要强得多。

由于人员变化和意见分歧等种种原因，这一试验也只进行了一轮。值得强调指出的是，历来的对外汉语教学实际上都是从语言内容（即语音、语法、词汇等，外加汉字）出发，首先考虑的是语言内容的组织和编排，然后按照编排好的语言内容进行语言技能的训练。

五、关于改革精读课、加强听力和阅读教学的试验

这项试验的主要目的是克服当时通用教材的缺点，以便加快培养学生的语言能力，特别是对入系学习专业最为重要的听、读能力。鲁健骥在谈到这项试验的目的时说："我们目前的教学，从内容到方法（包括教材、教学方法和测试方法等），则偏重于语言知识的传授，而不适于语言能力的训练。""我们的教学受到正规外语教学和新的外语教学法潮流（特别是听说法、视听法）的影响，一直强调听说读写全面要求，突出听说这样的要求并不完全适应汉语预备教育的任务。正确地说，'听说'只是教学最初阶段的重点，就整个预备教育阶段来说，'听读'才是教学重点……但目前的教学，包括教材，都不是以此为出发点进行安排的。"针对教学中存在的上述问题，这次试验力图以培养学生的语言能力为出发点安排教学内容，努力加强听力和阅读能力的训练。试验达到了预期的目标，特别是在听力和阅读能力的培养方面取得了令人鼓舞的教学效果。

参加这项试验的编教人员从1979年2月开始编写教材，次年9月开始在两个班试用。当时编出的主干教材是《初级汉语课本》（第一学期使用）和《汉语精读课本》

（第二学期使用）。这两部教材的编者在设计教材时没有考虑改变当时统一的以精读课为主的课型设计，但由于要突出语言技能的训练，而且吸收了1975年试验教材的长处，编出的教材不适合按原来的课型组织教学。所以在试教的过程中，任课教师主动改变了原来的课型设计，减少了精读课的课时，相应增加了听力课和阅读课的课时，并根据教学需要，临时编写了听力和阅读教材，作为对《初级汉语课本》和《汉语精读课本》的补充。

后来为了减轻教师的教学负担，全系统一规定把周课时减少为20节，同时规定提高对学生课后学习的要求，以弥补减少课时所带来的损失。根据新的课时规定，试验班的课型设计也做了相应的调整。从1981年5月开始，根据试验中发现的问题，对各项教材陆续作了必要的修改，形成了一套与课型设计相一致的系列教材，由北京语言学院出版社从1986年开始陆续出版。

（一）从课型设计到教材编写，这次试验体现了新的教学指导思想和新的教学路子

第一，进一步强调加强语言技能的训练和注重培养学生的语言能力，主张汉语预备教育对听、说、读、写四项语言技能在总体上全面要求，在不同的教学阶段各有侧重，即"第一学期侧重于听说训练，第二学期侧重于听读训练"，改变了曾流行一时的"全面要求，突出听说"的提法。这一主张代表了当时比较一致的看法。北京语言学院1982年制订的《汉语预备教育教学计划（试行）》在"正确处理听、说、读、写的关系"一项中指出："学生在中国生活和学习专业，必须掌握听、说、读、写四种语言技能。这四种语言技能既有联系，又有区别。有联系的一面要求在教学中促使各种语言技能互相促进；有区别的一面又要求通过不同的课型、不同的教学环节和不同的教学方法来训练不同的语言技能。由于学习专业对用于吸收新知识的听、读能力要求更高，因此必须在教学的总体安排上注意在听、说、读、写全面要求的前提下加强听、读训练。"

第二，为了加强语言技能的训练和更有效地培养学生的语言能力，这次试验首先从语言技能训练的角度出发设计课型，然后根据各课型不同的教学要求和不同的教学特点安排教学内容和编写教材（虽然刚开始编写教材时没有考虑课型设计，后来是根据新的课型设计修改教材的，所以最后定稿的教材实际上是根据新的课型设计编写的），这跟1975年试验时的思路是一致的，而跟过去从语言内容出发首先编写教材、然后根据教材组织课堂教学的做法完全不同。这一新的做法在对外汉语教学上的重要意义在于：它不但为改变单纯的语言学路子和打破单纯的语言学系统找到了一个突破

口，而且对从宏观上理顺对外汉语教学业务中的各种关系有启发作用，为后来对外汉语教学界提出总体设计的理论创造了条件。

第三，为了加强听、读能力的训练，大大减少了精读课的课时，相应地增加了听力理解、汉字读写和阅读理解的课时，对以精读课为主的教学路子做了较大改进。这一做法从教学实践上为后来进一步开展按语言技能划分课型的教学试验提供了新的依据。

（二）根据新的教学指导思想和新的教学路子编写的教材有许多明显的特点

主要特点是：（1）以《初级汉语课本》为主干教材，其他三种课本与之配套，形成了一个教材系列。这是我国最早编写的对外汉语系列教材。（2）《初级汉语课本》用于进行听、说、读、写的综合训练。一、二册为第一阶段，课文都是会话体。第三册为第二阶段，课文多为叙述体。第一阶段语音教学贯穿始终，消除了语音阶段和语法阶段的界限，并增加了一项语调教学的内容；全书正文前附有"汉语元音和辅音发音说明"，跟其他教材分散在各课加以说明的做法也不同。语法贯穿两个阶段，消除了语法阶段和短文阶段的界限，语法难点更加分散，讲解更加简明，也更有针对性，并注意介绍用法。全书课文内容涉及的生活面较广，打破了初级阶段的教材以学习和学校生活为主的选材框框，突出了日常生活和社会生活用语，也较少有为了图解语法规则而生造的不自然语句，具有较强的真实性和交际性。一、二册每课课文前有语境说明，有助于使学生进入交际环境。有些课文后附有注释，内容包括：与文化有关的习惯表达方法；不要求在初级阶段掌握的较难的语言现象或有意"冒出"不在本课专门讲解的语法点；口语习用语。要进行语言技能训练，必须有适当的练习内容和练习方式。听的活动是一种接受信息的过程，只有首先理解才能获得听到的信息。因此听力教学的重点应是帮助学生提高理解信息的能力。但是过去编写的各种听力教材多半只有课文和生词，课堂练习主要是听录音、回答问题和复述课文，使学生完全处于一种被动地听和强迫记忆的状态。直到80年代初，才有少数教师开始研究听力教学和听力教材的编写。《初级汉语课本听力练习》正是在这样的情况下开始编写的。其主要特点是：从语音、语法、词汇等不同的角度训练学生的听力。语音方面有模仿性练习，如跟读、边听边说等；有辨别声母、韵母、声调、音节、重音、语调等的练习，如听后画出声母、听后画出韵母、听后画出声调、听后画出音节、听后标出重音等。语法、词汇方面主要是理解性练习，如听后选择正确答案、听后回答问题等，通过说和写的方式检查学生是否理解。也有一些练习把听和写、听和说结合起来，如听写、用听到的词说话。（3）《初级汉语课本汉字读写练习》的目的是培养学生认读和书写汉字的能力及阅读能力。每课由汉字知识、生字表、阅读、练习等若干部分组成。"汉字知识"结合每一课学习的内容简要地介绍汉字的构成、汉字的笔画和笔顺以及偏旁部首等。有针对性地介绍汉字知识，可以使学生在理解的基础上认读和书写汉字，尽快掌握汉字规律，符合成年人学习的特点。"生字表"继承了汉字教学的传统方法，列出本课全部生字，对每个字的结构和笔画、笔顺加以分解，使学生容易学会书写方法。书后附有描写和临写练习。汉字的选择贯彻由易到难的原则，先出独体字，后出合体字，复杂而常用的汉字放在后期教，复杂而不常用的汉字不教。"阅读"内容与《初级汉语课本》不完全一致，只作适当配合，没有学过的汉字用拼音代替。"练习"形式多样，内容也比较丰富，有形体结构方面的练习，也有认读和书写方面的练习。《初级汉语课本·汉字读写练习》的最大特点是把汉字知识的教学同汉字的认读、书写和阅读教学有机地结合了起来，创造了一个新的汉字教学系统，即"理解—认读—书写—阅读"系统。(4)《初级汉语课本·阅读理解》共40课，每课由课文、生词和练习三部分组成，书后附有词汇索引。此书最大的特点是在语言材料的选择方面突出了交际性原则，课文题材广泛，体裁多样，知识性、趣味性和实用性都较强，突破了以文学作品为主的旧框框。第一次在阅读教材中选用了较多的应用文，如火车时刻表、日历、请柬、证书等等，既新颖又实用，能够引起学生的兴趣，可见编者有独到的选材眼光。课文的长度和难易度控制得也较好，编排方式不拘一格，颇具匠心。各课练习的项目有：根据课文内容选择正确答案、根据课文内容填空、理解句子、用中文解释词语、回答课文问题。大部分练习是根据培养阅读理解能力的要求设计的。

第三节 改革阶段：20世纪80年代初～90年代末

一、80年代初以来，中国的对外汉语教学出现了一派改革的新形势

自70年代以来，来自西方国家的留学生日益增多，原来适用于亚洲国家和其他地区发展中国家学生的教学内容和教学方法，明显地不能适应西方国家学生的特点。广大教师越来越感到，不改革没有出路。在改革开放的总形势下，随着国外语言教学理论和教学方法的大量引入，人们感到思想受到新的启发。在看到差距的同时，也越来越感到我们自己的经验和前一阶段所进行的探索，跟世界语言教学理论和教学方法的发展趋势是一致的，只要通过改革加快前进的步伐，就可以在不太长的时期内赶上甚至在某些方面超过把本族语作为外语或第二语言教学的世界先进水平。跟国家改革开放、搞活的政策相一致，教育改革也开始起步，对外汉语教学的改革正是顺应了这股历史潮流。

二、对外汉语教学改革的目标

努力向科学化、规范化、标准化的方向发展，为赶上甚至在某些方面超过把本族语作为外语或第二语言教学的世界先进水平打好基础。改革的内容是多方面的，教学方法的改革最重要有以下几点：

（一）引进功能法，探索结构与功能相结合的教学路子

从60年代末、70年代初开始，欧美一些国家的语言学进入了一个转变时期，即由重视语言结构形式的研究发展到重视语言的意义和交际功能的研究。进入70年代以后，欧洲共同体各国之间的交往日益频繁，互通对方的语言已成了迫切需要。人们感到，当时流行的教学方法（主要是听说法和视听法）不利于培养学生的交际能力，教学效果不够理想，要加快培养能够适应交际需要的外语人才，就必须对教学方法进行改革。从1971年开始，欧洲共同体所属文化合作委员会组织了一批语言学家和语言教学专家集体研究制订了几个新的教学大纲，最早的有《入门阶段》和《英语初阶》。这就是在新的语言学背景下，为了适应新的教学需要而制订出来的第一批以功能教学为特征的教学大纲，后来人们把这类大纲叫"功能大纲"或"意念大纲"，这类大纲和根据这类大纲编写的教材所体现的教学方法，后来被叫作"功能法"或"交际法"。

功能法是一种全新的教学路子，其主要特点是把培养学生的交际能力作为教学的目的和手段，以功能、意念项目为纲编排教学内容，功能、意念项目的选择从学生的实际需要出发。这种新的教学法于70年代中期传到我国，当时有个别院校的英语专业进行试验。到70年代末和80年代初，我国对功能法的介绍越来越多，一些用功能法编写的教材，如《焦点英语》《核心英语》《主线》等被一些院校的英语专业直接选作课本，《跟我学》则由中央电视台选作英语教学片向全国播放。1981年，英国教学法专家亚历山大来华讲学，对功能法做了较为全面系统地介绍，使我们对功能法有了更加具体的了解。功能法的一些原则和方法使我们受到了启发，开阔了思路和眼界。中国对外汉语教学界在整个70年代所进行的探索，以及在探索中得到的启发和积累的经验，特别是对培养交际能力的重要性的认识，跟功能法的基本原则实际上是不谋而合，所以这种方法介绍到中国以后，很快就受到了对外汉语教学界的重视。

第一部吸收功能法优点的教材是北京语言学院语言教学研究所编写、由商务印书馆出版的《实用汉语课本》。这是一套针对国外教学需要而编写的课本，全书共6册，

分基础、中级、高级三个阶段，有英、法两种语言的译释本。一、二册有汉字练习本与其配套。

《实用汉语课本》和《初级汉语课本》系列教材都是1979年开始编写的。在努力使教材更适合于培养学生的交际能力这个根本问题上，两套教材的编者在指导思想上是一致的，所以这两套教材有共同的优点，在体现交际性特点上都有所突破。但由于两套教材的使用对象和编写方法不完全相同，所以也有各自的特点。《实用汉语课本》与《初级汉语课本》系列教材和以前出版的其他汉语教材相比，一、二册的主要特点是：

1. 进行听、说、读、写全面训练的综合教学课本

这是一套专为国外教学编写的教材，为了适应国外汉语教学的特点（大部分教学单位周课时较少，不可能按语言技能划分课型），保留了用同一课本进行听、说、读、写全面训练的传统做法。

2. 精心设计课文的情境，突出交际环境

全书以两个学习汉语的学生在他们自己的国家（第一册）以及后来到中国（第二册）学习、生活和跟中国朋友交往的情况为话题，设计课文的语境和情节。围绕一定的交际环境组织的语言材料显得较为自然、实用，较好地克服了以前的教材中普遍存在的以学习和学校生活为主、课文为语法点服务、语言不够自然等缺点。

3. 采用结构、情境和功能相结合的方法

这部教材的"语法"部分有较为详细的语法讲解，并通过各个单元复习课中的"语法小结"对教过的语法点进行归纳，使语法知识系统化。在"替换与扩展"和"练习"中，不但有句型和语法练习，而且有大量以功能项目、情境或话题为中心的操练，较好地突出了交际性。在对外汉语教材中编排以功能项目为中心的练习以及采用结构（语法和句型）、情境和功能相结合的方法等，是这部教材的首创。

4. 加强了文化知识的教学

文化知识专栏"你知道吗？"设计新颖，所选28个专题的内容涉及历史、地理、语言、文字、文学、艺术、教育、社会习俗等广阔的领域，都是外国人感兴趣的内容。通过这些知识的介绍不但可以使学生提高学习兴趣，而且可以帮助他们更好地理解和掌握汉语。

《实用汉语课本》第三册和第四册是中级阶段教材，每册15课，每课由课文、会话、生词、词语例解和练习五部分组成。每隔5课有一个复习，不计在课数之内。第四册书后附有词汇表、词语例解索引和词语例解词汇表。

大部分课文是围绕一对外国夫妇（一、二册中是一位外国学生的父母）在中国旅

游和生活的情况编写的。全书通过这对外国夫妇在中国的所见所闻以及跟中国朋友的交往，介绍了中国的名胜古迹、历史地理、政治经济、文化教育、社会习俗等方面的情况。其他课文也力求既能较好地反映现实生活和中国文化，又能引起学生的兴趣。此书开辟了一条把语言教学和文化知识的传授结合起来的新路子。

为了全面培养学生听、说、读、写的能力，"课文"部分逐渐增加了书面语的分量，同时通过"会话"部分继续进行口语教学。每课"会话"都以一定的功能项目、情境或话题为中心组织语言材料，保留了一、二册语言自然、实用、交际性强的特点，也体现了结构、情境和功能相结合的精神。

第三册每课的"练习"包括三个部分，即课文部分、会话部分、词语部分，第四册增加了写作部分。各部分都以应用性练习为主，练习量较大，练习方式经过精心设计。为了培养学生的交际能力，特别是成段表达的能力，创造了要求学生按照示例根据指定的情境或话题造句，并利用指定的词语围绕一定的功能项目、情境或话题进行会话等新的练习方式，从而改变了主要通过背诵或复述课文培养成段表达能力的状况。

复习课的设计有不少独到之处。主要的特点是重点突出，不面面俱到，练习方式也颇为新颖，不落俗套。重点是词汇，对学过的词汇分别按意义、用法、构词特点等加以整理归类，通过要求记忆、运用、分析构词特点、用汉语解释词义等多种方式进行练习，从而帮助学生强化记忆、加深理解或学会使用。

从上面的介绍可以看出，《实用汉语课本》不但继承了其他对外汉语教材的优点，而且及时地吸收了功能法的某些长处。

《实用汉语课本》的主要缺点是：一、二册每课的编写体例稍显凌乱，教学内容也似嫌庞杂。虽然重视文化知识的教学，但对跟语言的关系更为密切的交际文化介绍得很少。未能很好地区分功能、话题和情境，有些话题和情境当作功能项目处理，显得脉络不够清楚。许多功能项目实际上淹没在话题和情境之中，未能得到充分的练习。这主要是因为我们当时对功能法的研究还不够深入，也很少从功能的角度开展汉语研究，缺少必要的语言学基础。所以这方面的缺点只能看作是教材的编者不能逾越的历史局限性。

中国第一部体现纯功能方式的对外汉语教材是南京大学邱质朴编著的《说什么和怎么说?》。这本书于1980年在校内油印试用，引起了学生的浓厚兴趣，受到普遍欢迎。油印本一版再版，为满足教学急需，1985年由卞觉非、于康根据作者的委托（作者当时在美国）做了初步修订，在校内铅印出版。后由作者本人做了大规模的修订，于1990年由江苏人民出版社正式出版。同年，日本京都大学文学部平田昌司教授的日译本在日本出版。

《说什么和怎么说?》以"意向"为主线编写,共分30个"意向单元",依次是:称呼、问候、介绍、请求、同意、反对、看法、感谢、致歉、打听、意愿、可能、不能、喜爱、不满、担心、意外、责问、申辩、困难、安慰、急切、后悔、必须、相信、怀疑、希望、假定、比较、插语。新版本在原有意向单元的基础上增列了77个次级单元。每个意向单元由语群分类表、例句、对话和练习四部分组成。"语群分类表"分表达方式和说明两栏,"表达方式"按照适用对象和适用场合等分类排列,在"说明"栏内根据需要对适用对象和适用场合等给予提示。"语群分类表"的作用是:"可以用它们来学你不会说的话,也可以用它们查你忘掉了的话"。"例句"部分"是某种意向表达方式的各种用法",即通过举例的形式说明本单元所列表达方式在什么情况下使用以及怎样使用。"对话"部分设立了一些小情境,通过这些小情境不但可以练习说话,而且可以"把正在学的表达方式理解得清楚点儿"。"练习"部分的内容包括根据指定的情境说话、填空、回答问题以及写对话和应用文等,所有的练习项目都是为了让学生应用本单元的表达方式。以上四个部分的排列顺序体现了这样的教学过程:展示→举例→在情境中模仿→在情境中应用。每前进一步又都可以加深理解。

这部教材的书名说明了它的教学目的,就是教给学生在什么场合对什么对象说什么、怎么说。它的教学对象是具有中等汉语水平的学生,"听、说、读、写都有过相当的训练"。这样的学生学习这部教材时,语音、语法和词汇都不会有特别的困难,围绕一定的"意向"(多半是功能项目)和情境,集中地学习说什么和怎么说,可以迅速提高表达能力,特别是提高表达的得体性。所以对具有中等汉语水平而又需要进一步提高口头表达能力的学生来说,这部教材是适用的。

《说什么和怎么说?》的作者搜集了大量的语言材料,第一次从"意向"的角度进行了整理归类,这是一次大胆的探索,不但便于学生学习,而且对汉语功能语法的研究有参考作用。要在对外汉语教学中更好地借鉴功能法,必须首先开展功能语法的研究。这当然是一项艰巨的任务,但是《说什么和怎么说?》的作者已率先开始了有益的探索。

(二)汉语预备教育的综合改革

汉语预备教育方面的改革是综合性的,内容涉及总体设计、教材编写、课堂教学和测试等各个教学环节。其中最重要的改革内容是:

1. 先后研究制订了理工汉语班、文科汉语班(一年级)、中医汉语班和西医汉语班的教学大纲以及包括课程设置计划在内的教学计划

针对不同的专业特点制订包括语法范围、词汇范围和功能意念项目的教学大纲,

在中国对外汉语教学中是首次。对课程设置进行了全面改革，把以精读课为主的综合教学改为按语言技能划分课型。

一是按语言技能划分课型。即取消听、说、读、写全面要求的精读课，把不同语言技能的训练分散到不同的课型中进行。按语言技能划分课型是基于这样的认识：

不同的语言技能要通过不同的方法来训练。听、说、读、写是四种不同的语言技能。不同语言技能的习得方法不同。过去的精读课虽然要求对听、说、读、写进行全面训练，但在实际教学中并不是同时训练四种语言技能。为了训练不同的语言技能，每堂都要不断地变换教学环节和教学方法。这不但增加了教师备课和上课的难度，而且难免顾此失彼。按语言技能划分课型，有利于采用不同的方法对不同的语言技能分别进行集中训练。这样既可以保证各种语言技能都得到发展，又可以针对部分学生的特殊需要突出某一项或某几项语言技能的训练。

对口语和书面语要区别对待。精读课的训练方式实际上是口语和书面语不分。对口语内容要花大量时间进行读、写练习，对书面语内容也要花大量时间进行听、说练习。这不但造成了很大的浪费，而且不利于帮助学生对口语和书面语加以区别。按语言技能划分课型，有些只在书面语中出现的词语和语法现象就不必在说话课（或听说课）中进行专门练习，有些只要求听懂或者只要求能听、会说的词语和语法现象就不必在读写课（或阅读课）中进行专门练习。这样不但可以节约时间，在有限的时间内教给学生最迫切需要的内容，而且有利于帮助学生对口语和书面语加以区别。

二是确定各课型之间的固定关系。各种语言技能之间的关系，口语和书面语之间的关系，是一种既有区别又有联系的关系。有区别的一面决定了按语言技能划分课型的必要性和可能性，有联系的一面又要求各课型之间在教学内容和教学要求上建立起相应的内在联系，使它们成为既相对独立又互相配合的课型体系。

上述几种课型设计的顺序不完全相同。文科班的课型顺序是读写－听力－说话；中医班和西医班的顺序是读写→说话（听说）→听力；理工班是听说－阅读－听力。无论采用哪一种顺序，各课型的教学都会在实际上互相配合，互相促进。各课型之间的相互作用可以文科班的设想加以说明。文科班按照读写训练－听力训练－说话训练的固定顺序进行教学。每种课型都为其他课型提供训练的基础，并通过实际应用，使学生在其他课型中学过的内容达到巩固和熟练。首先通过读写课让学生理解语音、词汇、语法现象，学会发音、认读和书写本课的汉字，并获得初步的语感。然后在听力课中利用读写课学过的部分语音、语法、词汇项目（共核）和少量新的语音、语法、词汇项目组成新的语言材料进行听力训练，并通过看板书、看课本、做练习等应用学过的汉字。就语音、语法、词汇内容来说，听力课是读写课的继续；就交际方式来说，

39

听力课是另一种语言技能的训练。说话课再利用读写课和听力课学过的部分语音、语法、词汇项目（共核）及少量新的语音、语法、词汇项目组成新的语言材料进行说话训练，并再次通过看板书、看课本、做练习等应用学过的汉字。这样，就语音、语法、词汇内容来说，说话课是读写课和听力课的继续；就交际方式来说，说话课又是新的语言技能的训练。下一课读写课又在必要的听说活动中（读写课也离不开听说活动）应用听力课和说话课培养出来的听说能力。这样，每一课平行课都是一个小的教学循环。从认读开始，经过朗读、书写、听力、说话等各种训练，使学生对共核内容达到听、说、读、写全面掌握，对非共核内容根据具体要求达到局部掌握。从认读到口头表达是个递进的过程，说话课是一个小的教学循环的高潮阶段。各个课型既相对独立，又是一个不可分割的整体。

上述三种课型设计的主要的不同点是课型顺序不完全相同。文科班、中医班和西医班都以读写课为"打头课"，而理工班以听说课为"打头课"；理工班、中医班和西医班都以听力课为"压尾课"，而文科班以说话课为"压尾课"。

安排不同的课型顺序反映了不同的教学要求。无论采用哪一种顺序，都是打头课的教学任务最重，压尾课的教学要求最高。大部分新的语音、语法、词汇、汉字等内容首先要在打头课中出现。打头课既要传授语音、语法、词汇等方面的有关知识，又要训练有关的语言技能。理工班以听说课为打头课，听说课可以不教写汉字，但因为课前需要预习，课堂上要看板书，有些练习也借助于汉字，所以学生对新出现的汉字至少要学会认读。压尾课要求最高，是因为经过前两个课型的教学，学生对大部分新出现的语音、语法、词汇等内容都已基本掌握，可以集中力量对有关的语言技能做要求更高的训练，也可以增加更多新的教学内容。理工班、中医班和西医班都以听力课压尾，是为了进一步加强听力训练，以适应学生将来学习专业的需要。文科班对口头表达的能力要求较高，以说话课为压尾课，学生的口头表达能力可以得到更充分的训练。文科班的学制是两年，也有可能对口头表达能力提出更高的要求。

安排不同的课型顺序，特别是安排不同的打头课，也反映了不同设计者的不同教学主张或对各课型之间关系的不同认识和不同处理方法。理工班以听说课为打头课，按照先听说、后读写的原则进行教学，符合语言习得的一般顺序，也符合多数教师的习惯。因为过去上精读课时，大部分时间是进行听说训练，对以上听说训练为主的课已经取得了一定的经验。把听说课作为打头课，只需要把一部分读写训练的任务分出去，其他任务基本上没有变化，因此教师对这种课型不会感到陌生。听说课打头，实际上要承担一部分读写教学的任务（至少要让学生学会认读新出现的汉字），如果教学任务过重，可以在其他课型中增加一些下一个循环的听说课中要出现的新词。通过这些词的教学，可以起到为听说课开路的作用。文科班、中医班和西医班以读写课打头，跟多年来形成的教学习惯相去较远。设计者这样安排的主要根据是：

第一，成年人学习第二语言跟儿童习得母语的过程不完全相同。儿童学习母语，听、说、读、写这几项语言技能是逐项获得的，获得这几项语言技能的顺序是不可改变的，每两项语言技能的获得，中间还要间隔一段时间。这主要是由于儿童的智力还没有得到充分的发展，不可能同时学习两种以上的语言技能。成年人的智力已得到了充分的发展，而且有学习和使用母语的经验，因此不但可以不完全按照听、说、读、写的顺序进行学习，而且可以在同一时间内学习几种语言技能。从读写开始，学生可以同时利用听觉和对汉字的视觉，这可能更能促进理解和记忆。

第二，以读写课打头，按照先读写后听说的顺序进行教学，可能更符合汉语教学的规律。经验表明，在进行听和说的训练时，除了要利用展示图片等一般的形象化教学手段以外，适当板书汉字也是发挥学生的视觉作用，帮助学生理解和记忆的一种有效手段。有时还要借助于汉字书面材料进行听说练习。因此，在听说训练之前，学生对有关的汉字至少要能够认读，否则汉字就会成为听说训练的障碍。而练习书写可以帮助记忆汉字，所以在学习汉字的过程中，最好把认读练习和书写练习结合起来。多数教师要求学生在课前预习生词、课文和汉字，新课的第一个教学环节是让学生朗读生词，有些教师还要求学生听写生词和句子。学生为了记住生词和汉字，在预习时除了要练习认读以外，还要练习书写。要求学生预习生词、课文和汉字，不仅是读写训练本身的需要，也是为了给听说训练扫除汉字方面的障碍。上述情况表明，过去的教学实际上也是以读写打头。新的课型设计只是把分散的读写教学环节集中起来，形成完整的、独立的课型，使课堂教学更能顺其自然。以读写课打头是汉语教学的特点所决定的。汉字难认、难写、难记，不同于拼音文字。以读写打头，既可以为听说训练扫清文字上的障碍，又可以使所学的汉字在后续课型中通过应用而得到复习巩固，可能会取得更好的教学效果。

2. 根据教学大纲和教学计划制订教材编写方案，重新编写教材

从1982年到1987年，先后编写了《科技汉语教程》《中医汉语》《现代汉语教程》《医学汉语教程》等四套大型系列教材。

《科技汉语教程》（杜厚文主编）是供准备学习理工专业的学生使用的教材，由分别用于听说课、阅读课和听力课的《听说课本》《阅读课本》和《听力课本》组成。每种课本都分4册，一、二册的内容为日常生活和学习生活用语，第三册和第四册的课文内容和练习分别为科学常识和数、理、化基础知识。《阅读课本》一、二册配有《汉字练习本》，《听力课本》配有《听力练习本》。这套课本1982年开始编写，1983

年油印试用，根据试用情况稍做修改后，1984年在校内铅印推广。后由华语教学出版社正式出版，原书一、二册合并为一册，改名为《普通汉语教程》（1988），三、四册合为一册，保留《科技汉语教程》原名。

《中医汉语》（王砚农主编）为中医汉语班一年级教材，包括读写课本、说话课本、听力课本和听力练习本，分别供读写课、说话课和听力课使用。1982年开始编写，1983年油印试用，根据试用情况修改后，1984年再次油印并推广。

《现代汉语教程》（一、二册）（李德津、李更新主编）为文科汉语班一年级教材，包括《读写课本》以及与其第一册配套的《汉字练习本》《听力课本》以及与其配套的《听力课本练习册》和《说话课本》，分别供读写课、听力课和说话课使用。1982年开始编写，1984年开始试用，根据两年的试用情况，1986年开始修改，后由北京语言学院出版社分别于1988年和1989年出版。

《医学汉语教程》（杨靖轩主编）为西医汉语班教材，包括《读写课本》和《听说课本》各4册，分别供读写课和听说课使用。与《读写课本》一、二册配套的有《汉字练习本》，与《听说课本》配套的有供听力课使用的《听力练习》（分教师用书和学生用书）。1985年开始编写，1987年油印，在西医汉语班普遍使用。

以上四套教材各有特色，但也有一些共同的特点。主要的共同点是：

第一，由通用教材发展为专用教材。过去先后使用的教材，如《汉语教科书》《基础汉语》《汉语课本》和《基础汉语课本》等，都为各类零起点的学生所共用。这些教材中的一部分文学语言及社会、政治用语并不是理工班和医药班的学生所迫切需要的，他们一般对这些内容不感兴趣，由于不经常使用，勉强学了也容易遗忘。到学年后期才使用结合专业内容的教材，词汇和语法结构跟学过的内容不相衔接，显得难度大，学生必须"爬陡坡"。由于教学时间短，练习不充分，学了这些专业词语和语法结构也不能熟练地掌握。按不同的专业类型编写专用教材，可以根据学生在中国生活和学习不同专业的特殊需要选择语言内容，并按照由易到难、由日常生活用语到专业用语的先后顺序使有关的语言内容有计划地分布到教材中去，由日常生活用语向专业用语自然过渡，并使两者融为一体。不同的专业对语言技能训练的要求也可以有所不同。这样，每一种教材都有自己的针对性和实用性。

第二，由单一的综合教材向系列专门技能型教材发展。所谓单一的综合教材，就是同一本教材用于对听、说、读、写各项语言技能进行综合训练。过去使用的各种通用教材都是这类单一的综合教材。虽然也编写和使用过一些听力教材、口语教材、阅读教材，但这些教材多半没有专能教材的特点，在教学中也不占重要地位。所谓系列专能教材，就是由几种不同的教材组成一个系列，分别用于进行不同语言技能的训练，每一种教材只用于训练一两项语言技能。这种系列专能教材的主要特点是：教学内容、教学方法和练习方式等都根据特定语言技能训练的要求加以选择和设计，所以同一个系列中的不同的教材，教学方法和练习方式不完全一样，一部分教学内容也不完全一样；同一个系列中不同的教材既相对独立，又通过平行课中相重叠的语音、词汇、语法等内容建立相互间的内在联系；用大致相同的语言内容在不同的教材中组成不同的语言材料，使全套教材的容量大大增加。这次教学改革中编写的上述四部教材都属于这种系列专能教材。

第三，教学方法由结构法向结构—功能法发展。过去使用的教材、教学方法都属于结构法。在功能法的影响下，四部新编教材都采用了结构、情境、功能相结合的方法。

《科技汉语教程》分三个阶段，在不同的阶段采用不同的结合方式。第一阶段的语法内容是单句，按语法点的难易程度编排教学顺序。语法主要在听说课本中介绍，每课课文都由若干小段"情景对话"组成。这些情景对话都是围绕一定的语法点编写的，但又都表现一定的话题或功能。

部分课文还有少量替换练习内容，目的是帮助学生掌握句型。语法讲解的重点是说明语法结构特征，练习的内容和方式既注意帮助学生掌握语法结构，又注意培养学生的交际能力。第二阶段的语法内容是复句，课文都是介绍科技常识的小短文，要介绍的语法点都融会在课文中。语法讲解和练习从不同语法点的特点出发，有的从结构的角度讲解和练习，有的从功能的角度讲解和练习。第三阶段以功能项目为中心组织语言材料，每课都列出要教的功能项目和与此有关的"常用语句"。每课课文都由若干个介绍数、理、化知识的小段组成，这些小段课文都是紧紧围绕有关的功能项目选编的。

《中医汉语》也是按照语法点或句型的难易程度编排语言内容的教学顺序。语法和句型主要在读写课本中介绍。读写课本的主体部分前58课包括会话、句型和阅读短文，后42课每课只有一篇阅读短文。会话和阅读短文都是围绕一定的语法点或句型编写的，会话内容也表现一定的话题或功能项目。句型部分通过替换练习帮助学生掌握句法结构，阅读短文帮助学生通过上下文理解语法，培养阅读理解能力。说话课本的主体部分包括会话和基本句。"基本句"围绕功能项目或话题编排，同时突出结构形式，并通过相应的小段会话进行练习。

《现代汉语教程》结构、情境和功能的结合主要体现在三种课本的分工与合作上。读写课本完全以语法为纲，每课基本的语言材料有以塔式结构形式出现的"词、词组和句子"以及"课文"和"阅读"等。塔式结构展示汉语的结构形式。以小段会话或小短文形式出现的"课本"和以小短文形式出现的"阅读"都是以语法点为中心编写的。语法讲解比较详细，并力求系统化。练习的内容与方式也主要是为了帮助学生掌握语法结构。听力课本以情境为中心编写，每段会话或小短文都有一定的练习，练习方式有辨别正误、选择正确答案、回答问题、填表、做标记等。说话课本以功能项目为中心编写，主体部分包括功能项目和会话，功能项目通过问答的形式展示，"会话"的作用是通过一定的情境或话题练习表达。

《医学汉语教程》主要通过读写课本和听说课本的不同的编写方法体现结构、情境和功能的结合。读写课本以语法为纲，围绕语法点编写课文。听说课本的主体是功能项目和课文，"功能项目"通过小段会话的形式展示，"课文"围绕本课的功能项目编写。

上述四套教材编写的前期工作跟过去有两点不同。第一，过去教学组织工作的程序是先编教材，然后制订教学计划。制订教材编写方案时，往往只是就教材论教材，主要考虑如何克服原有教材的缺点，准备在哪些地方加以改进。这样，教材编写方案就跳不出传统教学路子的框架。在这次教学改革中，思考的角度和方法完全不同，研究问题和组织工作的程序也不同。第一步，研究学生在中国生活和学习有关专业需要掌握多少和哪些语言内容，需要掌握哪些语言技能和每项语言技能需要掌握到什么程度。第二步，研究怎样传授这些语言内容和训练这样的语言技能。第三步，研究如何把需要与可能结合起来，并制订出科学的、切实可行的教学大纲和教学计划。第四步，研究如何根据教学大纲和教学计划编写教材，并制订出教材编写方案。这是第一点不同，即思路和工作程序的不同。第二，过去的教材编写方案多半只是个大体的设想，而且这些设想往往只是停留在编写人员的头脑中，各个编写人员的理解也可能不完全相同。在这次改革中，上述四套教材在着手编写之前，都制订出了比较详细的书面编写方案。以《现代汉语教程》为例，编写方案的内容有：编写目的和适用对象；课型的划分、各课型的基本任务和教学内容；三种课型的相互关系；教材的结构、体例和课堂教学的基本环节；课外练习。编教方案的作用不但在于指导教材编写工作，而且在于保证编出的教材与教学大纲和教学计划保持一致。

汉语预备教育的综合改革是一项大规模的教学试验，就迄今看到的结果而言，这项试验的主要作用和意义是：初步理顺了总体设计、教材编写、课堂教学和测试这四大环节之间的关系；为编写专项语言技能教材和进行专项语言技能训练提供了经验，推动了专项语言技能教材的发展；使教学质量有所提高，学生听读能力的提高更为明显；使人们加深了对语言教学的认识，进一步拓宽了思路，开阔了视野，从而推动了教学理论和教学方法的研究，推动了对外汉语教学由经验型向科学型的转变。

语言教学是一种复杂的系统工程，对这样的系统工程开展大规模的改革试验，要一举取得尽善尽美的结果是不可能的。旧的矛盾解决了，新的矛盾又会出现，这是事物发展的一般规律；旧矛盾不一定能够一举解决，对可能出现的新矛盾也不一定能够完全预见到，这是改革和科学试验的一般规律。事物总是在不断地解决原有的矛盾和新出现的矛盾的过程中向前发展的。从汉语预备教育的改革和试验的进展情况看，从总体设计到教材编写，都有一些工作需要改进和完善，也有一些问题需要进一步研究。在总体设计方面需要进一步研究解决的突出问题是：怎样划分课型、怎样处理各课型之间的关系才更符合语言规律、语言学习规律和语言教学规律？以什么课为打头课教学效果更好？在教材编写方面需要进一步研究解决的突出问题是：怎样控制语言材料的"量"以使学生对所学内容达到熟练掌握？怎样更好地处理各课型教材之间的关系以便有利于组织教学？怎样从课文的编写、练习内容的选择和练习方式的设计等方面进一步突出专项语言技能教材的特点？怎样划清情境、话题、功能这三者之间的界限以便真正做到结构、情境、功能的有机结合并加强文化因素的教学？此外，怎样使新的教学方法全面贯彻到课堂教学和测试中去，也还需要做大量的工作。跟过去教学中存在的问题相比，以上这些问题都是在更高的层次上提出的问题。这些问题的解决，有赖于对语言规律、语言学习规律和语言教学规律的进一步研究，有赖于对教学经验的进一步总结，有赖于对教学方法的进一步探索和试验。

对外汉语教学研究会对外汉语教材研究小组对这项改革试验的意义和作用进行了较为全面的概括和分析，指出："系列教材与综合教材相比，在指导思想、编写原则、设计方式等方面都有新的立意"。"过去，我们过分强调教材在整个教学中的特殊地位，导致了先有教材，后拟大纲，而忽略了事物的另一面，即教材仅仅是整个教学活动中的一个环节。系列教材把这种颠倒了的关系重新颠倒了过来。它是在先确定教学总体设计，确定分科教学的课程设置，确定各科目、各教本的具体要求之后，在总体设计的严格制约下编写的。这样就减少了任意性和盲目性。这种对教材编写的新认识、新做法，是教材编写向科学化迈进的重要一步，也是教材编写应遵循的方向。""过去的教材大多以语法为中心，仅以一种基本教学法理论为主导。系列教材则趋向于根据结构和功能相结合的原则编写。这种结合不但体现在分科的单项教材中，而且更重要的是体现在各分项教材的指导思想上，这是编写原则上的一个突破。""系列教材根据不同的课型设计，按照各项技能训练的目的和要求，编制不同的课本。纵向间，各种课本有相对独立性。横向间，各课本相互又有密切的内在联系。纵横间形成完整的体系。这一设计，克服了综合型教材的某些弊病。"研究小组在分析了一些值得探讨的问题后指出："系列教材从设计到编写、试用，还只有几年时间，这样复杂的工程，宏大的改革，有不完善的地方，是很自然的。经过实践、探索，一定会逐步完善、成熟。"

（三）汉语预备教育方面的另一项改革是正式确立科技汉语教学的两段制

根据有关规定，对来中国准备学习理工和西医专业的学生以及准备进修中医专业的学生，进行专门的汉语预备教育的时间为一学年，实际学习时间一般只有三十几个星期，七八百个课时。学生具备了最基本的汉语能力，可以勉强进入专业学习的课堂，但语言上的困难是很大的。有些学生由于种种原因（例如：文化程度偏低，接受能力较差，因入学太晚而没有学完规定的内容）还达不到上述教学要求，困难就更大。为了帮助学生减少语言障碍，不少专业院校都开设了汉语课。这样，就在事实上形成了汉语预备教育的两段制。第一段是集中强化汉语教学，主要在北京语言学院进行；第二段是跟专业教育并行的后续汉语教学，在各有关专业院校进行。但是人们对第二阶段的教学认识不一致，普遍不够重视。并不是所有接受外国留学生的专业院校都开设汉语课；即使开设，教学目的和教学要求也不够明确，更无统一的教学大纲和教材。正如洪材章所指出的："汉语教学的这个第二阶段是否必要存在，至今仍是个问题。一种意见是，第二阶段很重要，不但应该存在，而且要努力把它建设好。另一种意见是，留学生应在过了汉语关后才可以进入专业院校就读，根本不应有这个第二阶段存在。还有一种折中的意见，目前单靠第一阶段教学，留学生还过不了汉语关，需要有个过渡。他们主张第一阶段应不断提高教学质量，以最终能达到过汉语关的水平；在此期间，开设第二阶段汉语课作为过渡。""第二阶段确实是被当作临时的、过渡的阶段，因此一些问题就产生了。首先是容易被忽视。以医学院校来说，留学生汉语课是不被列入学校整体教学计划里的，留学生的汉语成绩也不列入毕业证书里。表面上，第二阶段汉语课是开了，它开成个什么样子，就很少有人管了。""由于被忽视，第二阶段和第一阶段也处于严重脱节的状态。"

为了解决上述问题，对外汉语教学研究会于 1986 年 5 月主持召开了一次科技汉语教学研讨会。经过来自全国 32 所院校的 43 名代表的认真讨论，在科技汉语教学的两段制问题和其他一些问题上取得了基本一致的意见。会上成立了科技汉语教学研究小组，制订了科技汉语教材和汉语医学教材的编写计划，并就正式确立科技汉语教学的两段制问题向国家教委提出了建议。国家教委采纳了会议的建议，不久即发出通知，对开展科技汉语教学的有关问题作出了规定。

（四）其他教学类型课程和教材的改革与建设

除了汉语预备教育以外，短期汉语班、汉语进修班、现代汉语专业等 20 世纪 70 年代发展起来的新的教学类型也在进行课程和教材的改革与建设。有的课程和教材已初步定型，有的还处于改革和定型的过程中，或者正在酝酿新的改革。

1. 短期汉语班的课程发展与教材建设

短期汉语班是 70 年代末发展起来的一种教学和旅游相结合的教学类型。学生的学习期限在"短期"中又有长短之悬殊：最长的约 16 周，最短的只有 1 周。学生的成分、汉语水平和学习目的千差万别。卢晓逸和张亚军于 1983 年对北京语言学院短期生的情况作了如下分析："短期生中大部分是在校的大学生（约占百分之六十几），除此之外还有企业家、自由职业者、教师、工人及领取退休金的职员（共占百分之三十几）。其中绝大多数都在国内方式不同、时间不等地学过汉语，真正从零起点开始的是极少数（最多只占总人数的百分之一、二）。程度悬殊，学习习惯、学习方法很不一样。"他们的学习目的和学习要求也不相同，"有以学习为主的，有以旅游为主的，有亦学习亦旅游的。"共同特点："一是要求提高自己的听说能力和口语水平；二是既要学习汉语又要了解中国；三是要花最少的力气学到最实用的东西；四是希望进度快一点，多学一点……"

80 年代以来，短期汉语班在全国范围内迅速发展，至 1988 年，开设短期汉语班的高等院校已达 100 多所。各院校虽然教学规模大小不等，但是都在不断总结经验的基础上努力改进教学，加强教学的针对性，已经逐渐形成了鲜明的教学特点，即：短期速成；以进行口语教学和培养听说能力为重点；注重课堂教学与参观访问相结合、语言实践与了解中国相结合；开设阶梯式教学班以适应学生不同的汉语水平。

1980 年以来，北京语言学院针对短期汉语班的教学特点，编写了成套的专门教材。主要有：《汉语三百句》《新汉语三百句》《口语初步》《初级口语》《汉语》《汉语外贸会话》《中国文明浅说》。以上教材的共同特点是简明、实用，适用于短期速成教学，因此为国内各院校所普遍采用，有的被海外广泛采用。在由国内外正式出版的六种教材中，《汉语三百句》《新汉语三百句》和《汉语速成》属于零起点，《口语初步》《初级口语》和《中级口语》分别适用于掌握 1000 左右和 1500～2000 个单词者。这几部 80 年代初期编写的口语教材都在一定程度上采用了结构、情境和功能相结合的方法，突出了交际性原则；语言材料都是外国人在中国生活和旅游所需要的常用语，语句自然、实用。这些特点对以后的教材编写——包括对汉语预备教育的教材改革——产生了良好的影响。

《初级口语》（卢晓逸等编著）共 30 课，每课课文或以功能项目、或以情境、或以话题为中心编写。课文都是会话体，会话都是小段，最短的三四句，最长的十几句，每课有若干小段。除课文外，每课还包括生词、注释和练习，书后附有词汇表。这种组织方式能够更有效地帮助学生理解和掌握有关词语的用法。这类练习是从交际的角度设计的，不是为了让学生掌握句子结构，而是为了帮助他们掌握有关词语和句式的用法，属于交际性练习，为学生提供了在一定的交际环境中进行自由表达的机会。

《汉语速成》（刘英林等编著）是第一部以功能为主线、兼顾句型和语法教学的入门性质的汉语教材。每课的"课文"由若干小段情境会话组成，每个小段都是围绕本课的功能项目编写的，实际上是体现功能项目的常用语句在一定的交际场合的应用。

《新汉语三百句》（张亚军、毛成栋编著）是对《汉语三百句》做了较大的修改、增删而成的。全书正文前有"汉语拼音字母表""汉语语音"和"词类简称"。正文后有"练习答案"和"词汇表"。正文共30课，包括30个体现功能项目或情境、话题的主题。

《中级口语》（原如刚、李杨编著）共20课，每课由课文、生词（含补充生词）、词语例解和练习四部分组成。无论从全书看，还是从每一课的结构和内容看，都显得十分简洁、利索，无任何冗余、拖沓的成分。课文都是会话体，以一对学习汉语的法国夫妇在北京生活、交往和参观访问的情况为线索，编写了20个情境专题。

以上教材有共同的优点，也有各自的特点。除了都有各自特定的适用对象以外，在编写方法方面也都在不同程度上有所创造。如果要指出它们的共同缺点，就是在结构、情境和功能的结合上还不够成熟，处理得还不够细致。这主要是由于对功能项目、情境和话题的界限还没有完全划清，对语法和句型的关系也没有完全理顺。这些问题的产生，归根到底是由于我们在汉语研究上还没有提供这方面的成果，也就是说，是由于缺少这方面的语言学基础。

2. 汉语进修班的课程发展和教材建设

70年代以来，来华学习汉语的留学生中有一定汉语基础者越来越多。除插班学习现代汉语专业和直接学习其他专业者外，在中国专门学习汉语的时间一般为一至二年，学习目的多半带有专业倾向。

普通汉语进修班创办于70年代，在各类进修班中历史最长，教学对象的情况也最为复杂，学生的来源、学习目的、原有汉语水平和在华学习年限等都不完全一样，因此各院校的教学特点和教学计划也不完全一样。80年代以来，特别是80年代中期以来，各院校对这类进修班的教学更加重视，都在分析教学对象和总结教学经验的基础上进行改革或加强建设。改革和建设的重点是开展总体设计，具体内容包括：根据学生的水平合理分班，加强教学的针对性和计划性，改革或完善课程设置。一部分院校编写或修改出版了专门教材。因为开设这类进修班的院校较多，各院校的教学对象又不完全一样，所以在分班、课程设置、教材、培养目标等方面呈现百花齐放的现象。下面根据看到的部分书面材料从不同的角度加以举例说明。

北京大学对外汉语教学中心主要面对已具有中高等汉语水平程度的外国留学生，普通汉语进修班的规模仅次于北京语言学院。学生中有相当一部分是准备入系学习专业但汉语水平离学习专业的要求仍有一定差距者。

南开大学根据本校外国留学生的特点，于1986年提出了两年制进修班课程设置和教材编写的设想。"最近几年来，来南开大学对外汉语教学中心学习汉语的外国留学生大都是进修生，学习时间为一年到两年。来华前一般是在校大学生，都学过一年以上的汉语；有的是毕业班的学生；部分人员是在职进修或定向培养的，如日本某些大公司或政府机关派来的进修生。他们来中国的目的主要是学习实用汉语，利用在华的有利条件，使听说读写译等实际运用汉语的能力有所提高，以便适应将来的学习和工作。部分毕业班的学生是一边学习汉语，一边收集研究中国的有关资料，为完成毕业论文做准备。对外汉语教学中心的课程设置以及与之相关的教材编写就应该从教学对象的实际需要出发，既有别于一般的中文系，也有别于其他兄弟院校的对外汉语教学。""留学生入校后都要经过考试，根据考试成绩，并参照来华前所学汉语年限，分别编入A、B、C三个层次的教学班。一般来说，学过一到两年汉语的可能编入A班，学过两到三年汉语的，可能编入B班，学过四年以上汉语的可能编入C班。进修年限为两年的，第二学年原是A班的可进入B班学习，原是B班的可进入C班学习。C班水平最高，很少有人进修两年。这样，两年制进修生就自然形成了三个层次的教学班。"

北京外国语学院也于1986年提出了普通汉语进修班的教学方案。普通汉语进修班的学制为一至两年，"接收各国大学中文系在校学生，各国公司、商社、银行、企业等在职人员，以及各类使用汉语工作的人员，在原有汉语水平的基础上，经过学习，着重提高汉语听说能力。"针对学生不同的汉语水平开设初级班、中级班和高级班。

北京语言学院的普通汉语进修班学制为一年，基本上属于汉语预备教育的性质。教学对象多半为具有一定的汉语基础但不够二年级水平的学生（达到二年级及其以上水平者编入现代汉语专业班、专业汉语进修班或专业汉语高级进修班），根据入学考试成绩分甲、乙两种程度编班。他们学习一年后，多数在本院或到其他高等院校学习专业，一部分回国继续求学，少数到急需汉语人才的机构任职。对这类学生的培养目标是，以培养在中国生活、在中国高等院校学习文科专业所必需的汉语能力为主，兼顾培养用汉语进行工作的能力。教学内容主要考虑结合他们学习有关专业的需要，也兼顾部分学生用汉语从事一般性工作的需要。

普通进修班在全国高等院校中分布较广，学生人数较多。经过多年的教学实践，各院校都积累了一定的经验，但是对这些经验还没有进行系统总结，因此还没有形成完整的教学体系。从上面的介绍和提到的一些问题可以看出，要加快这类进修班建设的进程，还需要从基础工作做起。当前最重要的任务是在总结经验的基础上进行科学的总体设计，制订出至少包括词汇大纲和语法大纲的教学大纲。这是编写或修改教材以必不可少的前提条件，也是为建立科学的教学体系和进一步提高教学质量而必须迈出的关键一步。

专业汉语进修班有根据国外派遣单位的委托临时开设的，也有根据国外的普遍需要长期开设的。北京语言学院于1988年创办了长期开设的经济、外贸汉语进修班。该班以培养学生在经济、外贸领域内实际运用汉语的能力为目标，教学内容以经济、外贸方面的实用汉语为主，注重口语和书面语技能的训练，注重中国当前经济改革概况的介绍，并结合专业汉语教学组织参观访问和其他语言实践活动。该班开设A、B、C三种水平的课程，大约掌握800～1000词的学生编入A班，大约掌握1000～2000词的学生编入B班，具有相当于二年级的口、笔语表达能力的学生编入C班。

专业汉语高级进修班的教学对象为汉语水平较高、准备在某一特定领域用汉语工作或担任高级翻译的学生。这种进修班一般是根据委托临时举办，教学计划由委托单位与教学单位商定。

3. 现代汉语专业的课程发展与教材建设

北京语言学院开设现代汉语专业，学制四年。一年级属于汉语预备教育，从二年级开始为专业教育（具有相当汉语水平者可插入二、三年级学习）。该专业的教学特点和培养目标是："注重培养学生运用现代汉语的实际能力，听、说、读、写全面要求，同时进行翻译能力的训练和文化背景知识的传授。毕业后能胜任一般的翻译工作，或能从事现代汉语教学工作，并初步具备进行现代汉语研究的能力。"对通过毕业考试和毕业论文的学生授予学士学位。

这一专业从1978年正式创建以来，一直在努力充实课程，调整课程设置计划，并陆续编写了各门课程的教材。为了理顺各门课程的纵向和横向关系，使各门课程的教学趋向规范化，并为进行总体设计准备条件，于1985～1986学年编制了各门课程的教学大纲，对各门课程的教学对象、教学目的、教学要求、教学内容、课堂教学、测试等作出了明确的规定。同时对部分课程进行了初步的改革，重新编写了教材。1987年开始试行学分制。1989年又对课程设置计划进行了局部修订。

中级汉语课和高级汉语课是在原来的"文章选读课"的基础上发展起来的。把"文章选读课"（简称"文选课"）改为中级汉语课和高级汉语课，是为了突出语言教学的特点，加强语言技能的训练。这门课使用的教材，也由原来的《文选》改为《中级汉语教程》和《高级汉语教程》。主干课名称和教材的改变，反映了教学指导思想的变化和一种改革的趋向。

文选课是一门对听、说、读、写进行全面训练的综合课，不同年级训练的侧重点和要求不同。文选课教材《文选》共6册，每学年使用两册。一、二册（二年级用）每课包括课文、生词、词语例解和练习四项内容。"课文"基本上都是文学作品，包括民间故事、小说、散文、话剧剧本等。"生词"有英法两种语言的翻译，部分词语用中文解释。"词语例解"沿用了《汉语读本》等教材的做法，从课文中选出一部分重点词，分别对它们的词性、意思、用法等作出说明和解释，并给出例句。"练习"的内容包括对词语和语法的理解和应用，对课文内容的理解和成段表达等。练习方式有用汉语解释词语，用指定的词语完成句子、造句或改写句子，模仿选句，根据课文内容选择正确答案、回答问题、口头复述或写出课文的某一情节，阅读一篇新材料然后进行口头复述等。这些练习方式体现了理解和表达相结合，口头表达和笔头表达相结合的原则，体现了对听、说、读、写进行全面训练和注重培养实际运用语言的能力的教学要求，只是缺少交际性练习项目。三、四册（三年级用）每课包括课文、作者介绍、题解（部分课文）、词语解释、词语例解、思考题等项内容。"课文"都是文学作品，"题解"主要是介绍课文的出处、主要内容、作品的特点和特色等，目的是帮助学生加深对课文的认识和理解，提高欣赏和分析文学作品的能力。"词语解释"取代了一、二册的"生词"部分，对本课出现的新词语用词典方式进行解释。"思考题"的内容包括对课文的理解和回答跟课文内容有关的问题等。五、六册（四年级用）每课包括课文、作者介绍、题解、词语解释和思考题五项内容，比三、四册少一项"词语例解"。从课文内容和编写体例看，三、四册和五、六册具有明显的语文教学的性质，未能体现语言教学的特点，跟中学语文课本没有本质的区别，简直可以认为是中学语文教学在对外汉语教学中的移植。

1987年修订的《北京语言学院来华留学生二系课程简介》中谈到，中级汉语课的教学目的和要求是：着力进行听、说、读、写各项语言技能的综合训练，大幅度地丰富词汇量，由1600词扩大到3820词左右；尤其注意语段表达能力的培养，使学生能运用所学词语、结构和较为复杂的句式，就某一内容流利地进行口语、书面成段表达，培养学生运用汉语进行实际交流的能力。高级汉语课的教学目的和要求是：培养学生在更高的层次上正确理解和欣赏汉语丰富多彩的语言现象以及熟练、灵活、艺术地运用汉语的能力。除了在中级汉语课的基础上继续扩大词汇量以外，重点加强词语辨析和运用能力的训练，培养学生丰富的语感。在教学中注意使语言和文化相结合，语言知识的传授与技能技巧的训练相结合。《中级汉语教程》和《高级汉语教程》基本上是按照上述教学目的和要求编写的。

《中级汉语教程》（上、下册）每课的编写体例是：一、课文；二、生词；三、组词与词语扩展；四、词语例解；五、语法注释（不是每课都有这一项）；六、副课文；七、练习。课文跟《文选》一样基本上都是文学作品。跟《文选》不同的是：事先选定 1600 个常用词，作为学生已经学过的词汇，新编课文的词汇与这 1600 个词相衔接；选材标准更注意语言教学的特点，不以是不是名家名篇决定取舍。"通过改写、多删少改、只删不改等不同手段的处理，《教程》很自然地从语言上形成了阶梯。""语法注释"部分跟基础汉语阶段的语法部分有所不同。首先，不是先考虑语法点的分布，然后围绕语法点编写课文，而是从选编好的课文中挑选语法点。其次，语法注释项目是选自"课文中出现较多或较为突出的语法现象"，"着眼于实用性和针对性，不求系统和完整。"再次，由于学生已经学过基本语法，并且掌握了一定数量的词汇，因此编写或选择例句的自由度较大。例句丰富、自然，是这一部分的一个特点。最后，"为了帮助学生提高成段表达的水平，教材从语法规则的角度，加强了对语段表达的科学指导，比如如何用关联词语或代词短语组合句子等。"《中级汉语教程》的副课文颇具特色。一是量大，每课都有篇幅短小的副课文 5 篇，全书共有 110 篇之多；二是多数副课文内容有趣，有些知识性较强，能够吸引学生；三是注意从语言和内容两个方面与主课文配合。"它与主课文的关系是：教学上，精泛结合，形成疏密相间的教学节奏；内容上，围绕主课文反映的社会生活，介绍中国传统文化；语言上，要求提供语境，以利于学生进行成段表达，并要求在新的语境中，重现主课文的全部重点常用词。""练习"部分也是下了很大的功夫的，不但练习量大，而且内容丰富，形式多样。"最后的练习是统摄全课的，几乎囊括了全部该训练的语言现象。"

《中级汉语教程》的编写，是现代汉语专业课程建设和改革中的一项重要工程。编者们花了较长时间进行总体框架的设计。思路确定之后，并没有急于全面铺开进行编写，而是集思广益，先编写一课样课，然后拿到课堂上进行真刀真枪的实验，再回过头来进行总结修正，使设计臻于完善。第一稿编出油印后，又进行了大面积实验，广泛听取师生意见，对一些基本问题的认识更为明确，接着对教材进行了全面修改和加工……可以这样说，《教程》并非急就篇，它是经过长期揣摩、缜密雕琢、融进了整个教研室教师和部分学生的集体智慧的一部教科书。但这部教材也有美中不足：本书注意到了知识文化，但忽略了交际文化，没有把课文中带交际文化色彩的语言挑选出来，不能不说是个遗憾。此外，《教程》在语法教学上花工夫不够。"语法注释"部分在注释项目的选择上随意性较大，没有做到有计划地在前一阶段语法教学的基础上加以发展和深化。

在高级汉语教材中设语言文化知识专栏是《高级汉语教程》的独创。跟《中级汉语教程》一样，在突出语言教学的特点、加强语言技能的训练、重视文化因素的教学等方面，比《文选》大大前进了一步，也体现了同类教材的最高水平。但是在语法教学和练习内容等方面也有跟《中级汉语教程》相同的缺点。此外，还有一个长期以来一直有争议的问题，就是：主干教材的课文完全选用文学作品，是不是有利于培养学生的交际能力？虽然《中级汉语教程》和《高级汉语教程》的编者在选材时尽量注意语言教学的特点，但是所选的毕竟是文学作品，这些作品中的语言毕竟是文学语言，有的甚至不是现代汉语。毛文提出："学习语言的目的是进行交际。因此，只要是日常交际中用得上的语言，都应成为我们讲授的内容。实际上，学生在日常交际中用得最多的，并不是那些典雅的、文绉绉的文学语言，而是口头的、活生生的语言。目前我们的中级汉语教材，使用的几乎全是文学语言。不是说不应教文学语言，而是说仅有文学语言是不够的。"施光亨和李明进一步指出："我们认为，以文学作品作为语言教材有其先天的不足。此外，一旦选用了文学作品作教材，就必然会产生一种推动力。比如，选文时必然会把眼光投向文学上有成就的名家；选了若干名家之作后，若某一名家作品未入选，就会感到缺憾，由于这种缺憾感的推动，又会自觉不自觉地产生在教材中反映中国现当代文学概貌的愿望等等。正是由于文学作品先天的不足和这种推动力的作用，削弱了语言教学的特点。"他们具体分析了在中高级教材中完全选用文学作品所带来的问题：语言教材无论是以结构为纲，还是从功能出发，都应按照各语言要素的内在规律或各功能项目之间的关系和由浅入深的顺序进行层次性处理，而文学作品一般说来不能为这种层次的需要提供可能的选择；为了帮助学生理解课文的内容，教师必须讲解作品所描写的时代和环境以及作品所反映的学生并不熟悉的许多生活情况，必须补充介绍删去的情节等等，从语言技能训练的角度看，这些都是冗余成分；文学作品中的描写性文字不适用于语言技能的训练，由于时代和环境的关系所形成的特殊语言风格已失去了进行交际的实用价值，近代白话小说中用的是近代汉语，也不适合用来进行现代汉语教学；有些长篇课文占用的教学时间太长，不利于增加趣味性，师生都会产生疲劳感，从而会影响学生学习的积极性。实际上，语言教学可以有三条完全不同的路子，一条是语言路子，一条是语文路子，再一条是语言学路子。对外汉语教学的传统是：初级阶段偏向于语言学路子，从中级甚至初级后期开始，偏向于语文路子。现在初级阶段的对外汉语教学已经走上了语言路子，而从完全选用文学作品作为教材的课文这一点可以看出，中高级阶段的对外汉语教学还没完全摆脱语文路子。

按照课程内容的性质，现代汉语专业的课程大体上可以分为四大类，即：语言课、语言知识课、文化课、兼具语言课和文化课性质的语言文化课。现行课程设置计划中的中级汉语、高级汉语和汉语写作（三年级）三门必修课都是语言课。在选修课中，从课程名称看，现代汉语方面的语言课有二年级开设的中级汉语阅读、汉语写作、报刊语言基础和新闻听力，三年级开设的报刊阅读，四年级开设的小说阅读和热门话题，三、四年级都开设的语言实习，二、三、四年级都开设的翻译以及最后的毕业论文；古代汉语方面的语言课有二年级开设的文言阅读。上述语言课中跟培养听、说能力有关的是新闻听力（一学年，每周 2 课时）、翻译（三学年，每周 4 课时）和热门话题（一学年，每周 4 课时）以及语言实习（三、四年级各 1 周）、毕业论文（四年级 8 周）。兼具语言课和文化课性质的语言文化课有三年级开设的名著选读，四年级开设的中国古代白话小说选讲，三、四年级都开设的古文选读和中文信息处理。

在上述选修课中，"热门话题"和"中文信息处理"是近年来发展起来的新课。

"热门话题"课的任务是培养学生阅读理解中国报刊的能力和口头表达能力。教学方式是通过阅读中国报刊，选择学生普遍关心的问题，由学生在课堂上进行讨论和辩论。教师对学生在阅读理解和口头表达上出现的语言问题进行总结、讲解，以帮助他们提高语言水平。这门课的主要特点是：能够向学生提供自由表达的机会，激发他们主动阅读和口头表达的热情，充分发挥每个人的学习潜力，同时把培养阅读能力和口头表达能力有机地结合起来。

"中文信息处理"的任务是帮助学生了解电子计算机的基本知识，初步掌握有关的计算机语言和计算机的使用方法，初步学会在全屏幕操作下进行汉字文件处理。教学方式是教师讲解、示范与学生操作实习相结合。开设这门课的目的是帮助学生加深对汉语、汉字的理解并提高熟练程度，提高学习汉语的兴趣和热情，更好地适应现代技术发展的需要。

现代汉语专业从正式创建到 1989 年，刚刚走完了 11 个年头。11 年来，这个新专业从无到有，从小到大，在实践中总结，在发展中改革，已经打下了良好的基础，正在逐步走向成熟。当前需要进一步研究解决的问题是：如何根据培养目标设计学生的知识结构和能力结构；如何进一步突出语言教学的特点，更加有效地培养学生的交际能力；如何进一步明确各门课程的性质，调整各门课程的比例，处理好各门课程的纵向和横向关系。在研究解决这些问题的过程中，自然要调整、改造、增设、精减一部分课程。以上这些也就是现代汉语专业所面临的新的改革任务。

上述新的教学路子不是对其他教学法流派的全盘照搬，而是对各种教学法流派的优点和长处的兼容并蓄；不是脱离自己的传统和 70 年代的最新探索，而是沿着传统和最新探索的路子继续前进。

上述教学路子并不代表一种统一的教学方法。在怎样选择教学内容，怎样实现结构、情境和功能的结合，怎样训练语言技能等方面，只是作出方向性的提示，而不是作出规定性的限制。教学方法的科学化、规范化和标准化是永无止境的，需要不断地进行探索。新的教学路子不是探索的终结，而是为进一步探索开辟的道路。也就是说，它是一条开放型的路子，而不是封闭型的路子。目标是明确的，道路是敞开的。

第四节　发展新阶段：21世纪

2019年12月9日，国际中文教育大会在长沙开幕，中共中央政治局委员、国务院副总理孙春兰出席会议并发表主旨演讲。

孙春兰指出，随着世界多极化、经济全球化、社会信息化、文化多样化的深入发展，世界各国相互联系日益加深，政治、经贸、人文等交流合作更加广泛。中国在扩大开放中深度融入世界，也为各国发展带来了机遇，到中国商务合作、学习交流、旅游观光的人越来越多。语言是沟通交流的桥梁纽带，各国对学习中文的需求持续旺盛，汉语人才越来越受到欢迎。现在很多国家将中文纳入国民教育体系，在大中小学开设汉语课程，支持企业、社会组织参与中文教育，促进中外人文交流、文明互鉴和民心相通。

孙春兰强调，中国政府把推动国际中文教育作为义不容辞的责任，积极发挥汉语母语国的优势，在师资、教材、课程等方面创造条件，为各国民众学习中文提供支持。我们将遵循语言传播的国际惯例，按照相互尊重、友好协商、平等互利的原则，坚持市场化运作，支持中外高校、企业、社会组织开展国际中文教育项目和交流合作，聚焦语言主业，适应本土需求，帮助当地培养中文教育人才，完善国际中文教育标准，发挥汉语水平考试的评价导向作用，构建更加开放、包容、规范的现代国际中文教育体系。

第四章

对外汉语教学模式研究

第一节 汉语教学模式化研究概述

一、教学模式及其含义

一般来说，一个完整的教学模式应该包含下列五个基本要素。

（一）理论基础

理论基础指教学模式建立的教学理论或教学思想，即教学模式建立的理论依据，是反映教学模式内在特征的一个因素。

（二）教学目标

教学目标指教学模式所能达到的教学效果，是教学活动在学习者身上产生的效果的预先估计和设定，这是教学模式构成的一个核心因素，对其他因素有制约作用。

（三）操作程序

操作程序指教学活动在时间上展开的逻辑步骤以及每个步骤的主要做法等。任何教学模式都具有一套独特的操作程序和步骤，与之对应的教学活动的基本阶段及其逻辑顺序。教学模式中的操作程序是相对稳定的，但不是一成不变的。

（四）实现条件（手段和策略）

实现条件指促使教学模式发挥效力的各种条件如教师、学生、教学内容、手段、时间、空间等的最优化方案。

（五）评价

指评价的方法、标准等。每种教学模式一般都有适合自己特点的评价方法和标准。

从以上的构成要素我们可以看出，教学模式与我们所熟知的教学类型、教学设计等概念在内容上有一定的交叉重叠。教学设计和教学模式是从不同角度、不同功能划分出来的两个概念，教学设计既可以针对某个教学类型，也可以针对具体的教学模式，甚至针对专门的课程或课型；教学类型与教学模式是不同范畴、不同层次的两个概念，前者是从教育学、教育管理学角度划分出来的概念，较为宏观、固定，后者则是课程教学论层次的概念，较为具体、微观，某个教学类型从整体或局部上可以包含多个教学模式，而典型的教学模式有时也可以以个体代替一般，扩化为一种类型。

二、对外汉语教学模式分析

所谓对外汉语教学的教学模式，就是从汉语独特的语言特点和语言应用特点出发，结合第二语言教学的一般性理论和对外汉语教学理论，在汉语教学中形成或提出的教学（学习）范式。这种教学模式，我们也可以看作是从汉语的特殊性来阐释直接法大师帕默早期提出的"Snowball"教学法的教学模式。

一个好的或者说成熟的教学模式需要经过规模性的、反复的教学实验验证后形成。无论是从理论假设出发的设计模式，还是根据教学经验升华的经验模式，实验环节是必不可少的一环。

（一）分技能教学模式

这是基础汉语教学阶段的一个教学模式，受到听说法、功能法、交际法等多种教学模式的影响。该模式认同交际技能的培养是语言教学的根本目的，认为分技能教学是语言教学的最佳途径，因而主张以汉语交际技能为培养目标，以汉语综合课为教学的核心内容，按照语言技能项目分设置课程。

（二）语文分开、集中识字教学模式

这是初级阶段针对欧美学生学习汉语的一个教学模式。该模式受传统的识字教学方法的启发，结合了汉字以及汉字学习的特点。在教学程序和教学安排上，该模式主张把口语教学和汉字教学分开，先语后文；把汉字教学中的写字教学和识字教学分开，先写后识。

（三）实况视听教学模式

这是中高级教学阶段培养学生新闻视听能力的一种教学模式。该模式借鉴了交际教学法和话语分析的一些主张，提出让学生视听实况材料，培养学生接受真实信息并直接用于实际生活需要的技能。

三、进行汉语教学模式化研究的意义

（一）建立自己的品牌、输出规则

创建新的具有品牌意义的教学模式是我们能够继续领导世界汉语教学潮流的一项重要举措。

（二）实现教学创新

教学改革与创新是当今任何一种教育项目、教学形式都面临的重大课题，而我们的汉语教学由于受到多种条件的制约，教学法研究和应用水平相对落后，缺乏创新。

（三）教学的最优化解决方案

教学模式必须立足于具有典型示范意义和广泛应用价值，是针对当前的各方面条件提出的一种解决当前任务的最优化方案。

第二节　语文分开，集中识字

最近几年，为了解决外国人汉字难学的问题，更准确地说，为寻找一种既有利于他们学习口语，又可以减轻他们学习汉字的难度，快速提高他们阅读能力的方法，我们把传统的集中识字的方法引入对外汉语教学。

一、总体设计

在教学初期我们只开两门课，一门是口语课，一门是写字课。在课时上我们将大量时间用于口语教学，少量时间用于汉字教学。

二、总体设计的意图

（一）为什么要"语文分开"？

拿口语教学来说，口语的内容用汉字来书写，由于汉字字形不表示音素的组合，学生认读困难，所以必然要拖口语教学的后腿，使口语教学进行得不可能很快、很顺利（其实汉语作为"非形态语"，对初学者来说，口语比"形态语"要容易学得多）。在教"中国"一词时，必然只介绍"China"这一词义，而不会介绍"中"和"国"两个字的字义。这种方法考虑的是"识词量"，而不是"识字量"。学生学了一定数量的词汇，但所学的汉字数量是不多的，而决定一个人汉语书面阅读能力的是"识词量"呢？还是"识字量"？我们认为是"识字量"。

也就是说，"识字量"决定了"识词量"，所以，我国语文教学历来是以"识字量"作为衡量一个人书面阅读能力强弱的标准。因此，要想快速提高学生的阅读能力，就要想办法提高学生的"识字量"，让学生多识字，快识字，而"文从语"的做法从识字教学的角度来看，识的字不仅量少，而且速度又慢，不可能快速提高学生的阅读能力。

总之，无论从汉语的口语教学还是从汉字的书写教学和识字教学方面来分析，采用"语文一体"的模式对汉语教学来说，都不能算是一种最好的方法。

"语文分开"，借助拼音来教口语使口语教学可以不受汉字的阻碍，从而可以快速提高学生的口语听说能力。另外，"语文分开"更有利于汉字教学。因为这样做，既可以按照汉字结构的系统性来进行汉字书写教学，又可以进行集中识字教学。也就是说，只有把"语"和"文"分开了，才有可能把汉字教学化难为易，才有可能快速提高学生的阅读能力。打个比方来说，采用"语文一体"的做法像是把一个人的两条腿绑了起来，哪条腿也迈不大，"语文分开"等于是松了绑，结果，两条腿都可以迈大步，走得也就快了。

（二）为什么要"先进行口语教学，后进行识字教学"？

"字音掌握的难易也与该字（词）在口语中出现的机会有关，口语中说过的字（词）感知和发音就比较容易。"也就是说，学生的口语水平越高，识字就会越容易，越快，具有了较强的口语能力会对识字教学起到促进作用。其实，我国扫盲工作的经验也证明了这一点，我国的文盲之所以能在短期内摘掉文盲的帽子，其中一个重要因素也是他们已经具有了口语能力。最初我们用日本学生做集中识字实验是和口语教学同时开始的。结果日本学生一天识25个字也是不容易的。这次实验后，我们认识到："识字课应该晚一点儿开，先让他们学一段口语，等他们具有了一定的口语能力后再进行集中识字，这样可以减轻他们识字的难度。"后来，我们和瑞士苏黎世大学合作进行的集中识字教学实验，就是在他们用拼音课本教了三个多月口语后进行的，效果就好多了。在20天中，每天只用一学时教识字，结果瑞士学生识了633个汉字，平均每天识30多个字，比日本学生识的字还要多。如果先对日本学生进行口语教学，后进行识字教学，他们识字的速度会比欧美学生还要快。

（三）为什么要"识写分开"？

"识写分开"的另一个目的是分散难点。汉字的"书写"比"认读"难得多。如果"识写不分"，在识字教学的同时进行写字教学，那么，写字教学一定会拖识字教学的后腿。为此，我们把"识写分开"，编写了两种课本，一本是写字课本，一本是识字课本。

（四）为什么要"先进行写字教学，后进行识字教学"？

前面已经讲了，识字教学适合安排在口语教学之后，那么写字教学安排在识字教学之前还是之后呢？我们认为安排在识字教学之前为好。①通过写字教学，使学生了解汉字字形的构造规律并具有了分析和书写汉字的能力后再进行识字教学，这样对识字教学会起到一定的促进作用。②如果把写字教学放在识字教学之后就太晚了，所以安排在教学初期较好。另外，写字课由浅入深，循序渐进，有规律地进行，学生们不仅不会感到困难，而且会被汉字文化的魅力所吸引，从而对学习汉语产生浓厚的学习兴趣。

三、集中识字教学

（一）编写教材

在编写识字课本前，我们思考了这样几个问题：

（1）集中识多少字？（2）集中识哪些字？（3）每天识多少字？（4）怎样进行集中识字？（5）怎样由识字过渡到阅读短文？

我们把初级汉语教学阶段的识字量确定为1000个左右，而且这些汉字应该是最常用的，使用率最高的。我们把每天的识字量确定为25个左右。

为什么确定为1000个最常用字呢？根据两点，①我们调查一般的基础汉语教材都不超过1000个汉字；②北京语言学院语言教学研究所编写的《常用字和常用词》中所统计的1000个最常用字其覆盖率达到近80%。所以，让学生识1000个最常用字基本上就达到了基础汉语教学的要求。

为什么确定每天让学生识25个汉字呢？这个数字是通过实验确定的。另外，每天用一个学时让学生识25个字，40天识1000字，这个速度是相当快的。

对于怎样进行集中识字，具体地说，怎样才能让学生一天识25个汉字，我们在编写识字课本时是这样考虑和设计的：

我们认为，由于汉字字形不表音，所以要想记住字音、字调，就必须进行多次反复的认读练习。另外，如果每天把25个汉字孤立地教给学生，学生很难记住。因此，要想让学生在尽可能少的时间里记住较多的汉字，教材上就要满足两点：一是要连字成句；二是句子的含字量要大，但句子又要短小，这样，既好读，又使学生在最短的时间里可以获得最多的重复认读的次数。为了做到这两点，我们把25个左右汉字编成一个句子，而且句子中尽量不重复或少重复用字，使句子既含有25个新汉字，但又短小、上口。

（二）具体教法

教学进度设计为一天一课（每天教一个短句，25个左右新汉字）。在实际教学中，开始学生会觉得较容易，所以可以快一点儿，然后逐渐放慢速度。第一天可以教三课，第二天、第三天、第四天每天可以教两课，从第五天以后每天教一课。也就是说，前五天可以让学生识250个汉字。

每课的教法是，在课堂上，从单字开始，由字音、字义到词音、词义，最后到朗读短句。课堂上可以让学生念，也可以老师领读。最后教师留作业，让学生课下跟着录音反复朗读新学的短句。第二天上课首先是复习和检查对所学过的短句的认读。所谓复习，就是对已经学过的短句从第一句开始进行朗读，以防止遗忘。因为短句不长，念一遍只用十几秒，所以用几分钟就可以把学过的短句复习完。复习的方法：学生个人单念和集体齐声朗读相结合。复习之后检查前一天新学的短句，方法是让学生一个一个念，老师进行正音、正调。我们认为，对汉字认读的次数越多，学生识字的能力就越强。我们编写的句子之所以写得短小，含字量大，尽量不重复用字，为的就是在课堂上能让学生多重复认读，因此，课堂教学的原则就是：尽可能增加学生反复认读短句的次数。

在学生能把新学的短句念下来以后，让学生念组词部分的词。对这部分词重在让学生认读。对于词义，有的词他们在口语中已经学过，在这儿只是和汉字对上号，如：常常、经常、现在、上午、明年等；有的词他们根据字义可以推解出词义，如：中餐、西餐、中学、小学、鞋店、古人、古代等；有的词通过简单的讲解可以使学生理解，如：祖国、字母、作家；有些不容易理解的词可以让学生查阅词典。在让学生认读这部分词时，教师可以利用所出的词语进行一定的口语练习。

对于每学习五课后所插入的一篇短文，主要是让学生朗读。对于短文中学生不懂的词或句子，教师进行必要的讲解和说明，方法像一般的短文教学一样。

我们的教法可以归纳为：短句天天念，学新不忘旧，以句带词，以词带字，以字组词，识字和阅读相结合。

（三）教学效果

不论是日本学生还是欧美学生都可以在不影响口语教学的情况下，每天一学时，用35天学完40句，识1000个字，平均每天识近30个字。我们使用"语文一体"的教材，100天识800个字，平均每天识8个字，也就是说，集中识字的方法在速度上要快三倍多。另外，用集中识字的方法，学生识字量大，吸收新词语的能力强，所以他们的阅读能力提高得就快。识字教学五天后我们教的第一篇短文《四世同堂》就是500多个字，第二篇《中国见闻》600多字，第三篇是《访冰心》800多字。由此可见，集中识字教学达到了快速提高学生阅读能力的目的。

集中识字教学的另一个优点是在阅读的内容上更能满足外国成年大学生的需要。

因为过去用"语文一体"的教材，阅读课文往往是和口语的内容配合，内容浅显、乏味。而和集中识字所配合的阅读短文，不仅文体上可以使用书面语的词汇和句式，而且内容也可以写得较富有文化内涵和文学色彩，从而达到了阅读教学的真正目的。

实验证明，采用两个"分开"和两个"先后"这样一种总体设计，确实使我们在"语"和"文"两个方面都可以取得更好的教学效果。

首先是口语教学，由于不受汉字的阻碍，学生们不仅学起来容易，而且速度快，掌握的词汇量也比使用"语文一体"的教材要大得多。

汉字书写教学，由于按照汉字形体结构的系统性来进行，减轻了学生们学写汉字的难度，增加了学习兴趣，受到了他们的欢迎。通过这样的教学，学生们学到的不仅仅是对一些汉字的书写，而是一种分析和记忆汉字的能力，这为他们以后的学习打下了一个坚实的基础。

我们的体会是：要想从根本上解决外国人汉语难学的问题，前提是要有一套合理的符合汉语和汉字特点的总体设计。

第三节　词汇集中强化教学模式

一、语言习得的心理过程

60年来科学界对人脑认知过程的研究有了重大进展，因此一门新兴的学科——认知心理学兴起。语言习得是人类认知的一部分，很多科学家对此做了大量的研究，他们的研究成果已经足以使外语教学（包括对外汉语教学）产生一场革命。

（一）习得与学习的区别

我们的外语教学既是有意识的学习，又把注意力过分集中在语言的形式上，所以对于克拉申的理论，我们多数人有一种复杂的感想：既觉得它有道理，又觉得它有些片面，但是对它的得失对错又说不太清楚。我们每个人都有体会，语言确实有很多东西是习得的，学语言跟学数理化不一样。但是如果不像现在这样学，那又该怎样学？

虽然他对这个语言习得装置的内部结构没有做任何说明，但是我们可以从乔姆斯基的理论中找到解释。婴儿生下来头脑中就有一些语言参数，这些参数的值处于待定状态。婴儿生活在某种语言环境之中，某种语言不断输入，这时参数值就得到确定，形成特定语言的语法。这样，乔姆斯基对人类为什么能够习得语言作出了解释。

（二）知识的分类

我们可以对知识做各种分类，这没有什么惊人之处。但是近年来认知心理学家对知识的分类却非同小可。他们将知识分为两类：一类是陈述性知识，另一类是程序性知识。

陈述性知识是关于某一件事是事实的知识。比如我们知道三角形是有三条边的封闭的平面图形，这就是陈述性知识，我们能够回答"三角形是什么"这样的问题。陈述性知识在记忆中的储存形式是命题，表示陈述性知识的基本手段也是命题。

程序性知识是关于怎样做一件事的知识。例如我们能够将大大小小的三角形从其他各种图形中分出来，这就是程序性知识。能够分出三角形的人并不一定能够回答"什么是三角形"。

程序性知识有两个方面，一个方面是形式识别程序，这就是 if（如果）分句的内容，这是识别与区分刺激物的能力。另一个方面是操作一次序程序，这是 then（那么）分句的内容，是执行一系列操作的能力。所以学习程序性知识首先要学会辨认形式，然后要学会执行一系列的操作。

学习一个复杂的理论问题，需要对理论进行分解，使理论中的新命题与学习者的已知信息逐一建立联系。建立起了联系就是建立起了意义，就对理论产生了理解。如果不能建立联系，那么就不能获得意义，这时候就需要老师进行分析讲解，帮助学生在新命题与已知命题之间建立联系。

学会辨认形式可以通过经验，而不通过老师的讲解。例如儿童在上学以前就能够习得数以千计的词，这些词主要靠他们自己在经验中概括和区别获得。但是适当地指出形式之间的区别特征对于学习是有利的。形式识别程序完成以后就为操作一次序程序作好了准备。学习操作首先得用陈述性的形式来表示操作的一系列次序，然后按次序一一操作。操作一次序程序的获得是一个缓慢的过程，而且常常会遭到挫折。这与陈述性知识的获得过程有根本的区别。学习陈述性知识只要懂了就算会了，学习程序性知识懂了并没有会。学习程序性知识主要的方法是练习操作。

对外汉语教学中的知识是什么知识？当然是既有陈述性知识又有程序性知识。学生应该着重学习什么知识？那要看学汉语的目的。要是为了研究汉语，那当然以学习陈述性知识为主。

汉语的表达方法，包括语法、词汇等，都是既有陈述性知识又有程序性知识。比如语法，写在书上的语法都是陈述性知识，讲解已经归纳出来的语法知识就是讲解陈述性知识，而存在于人们头脑中用来指导交际的语言规则是程序性知识，与写在书上的语法是两回事,即使把书上写的语法都背下来装在脑子里,那也还是陈述性知识,可以用来应付考试,也可以用来作研究,但是不能用来交际。因为程序性的语法规则是从反复操练中获得的。所以反复操练是语言习得的首要条件。

陈述性知识作为研究的对象,可以讲出很多道理来。所以无论语音、词汇、语法还是文化都有很多人在研究,已经发表了无数的论文和专著。而程序性知识是潜在的,我们意识不到它的存在,无法进行研究。如果研究,研究出来的成果是陈述性知识。

大脑右半球的程序性知识是无法表达的,如果要表达就得通过左半球去寻找适当的词语,一旦表达出来就成了陈述性知识,而不是程序性知识本身。所以即使你听懂了这样的表达,仍然学不会程序性知识。例如一个人要学骑自行车,别人告诉他怎样骑自行车,他虽然听明白了,但只要一上车,他照样摔跟头。只有自己不断地练才能练会。研究表明,对于词语和语义的记忆是在大脑的左半球,对于技能的记忆是在大脑的右半球。如果用学习陈述性知识的方法学习语言,那么学来学去知识都在大脑的左半球,不可能在右半球形成交际的技能。

程序性知识是动态的,是信息的转换。听说读写四项技能的运用都是转换。说写是从意义转换到表层形式,听读是从表层形式转换到意义。转换是对环境的反应,所以程序性知识与环境相联系。用汉语交际也需要一定的陈述性知识,但通常层次的汉语运用并不需要陈述性知识的深度,只需要一些基本的知识,这些知识反映在练习操作之前的形式辨别与操作步骤的说明上。

认知心理学对知识的这种划分与克拉申的习得理论是一致的,用学习的方法只能获得陈述性知识,要获得程序性知识必须用习得的方法。

虽然我们能够分清这两类知识的差别,可是在教学中我们常常搞错,在应该按程序性知识教学时,却大讲陈述性知识,而且还自以为这样才学得扎实,因此讲解太多。尤其是陈述性知识较多的老师,很想把自己的知识传授给学生。陈述性知识靠传授,程序性知识靠练习。在初中级阶段学生需要的是练习,所以传授的方法就导致教学进入误区。但更大的问题是,现在的教材是按学习陈述性知识的思路编写的,所以无论任课教师如何努力想用习得的方法来教学,在总体上却无法跳出这个误区。因此,改革必须从总体设计和教材着手。

(三)语言习得的两种心理机制

1. 生成机制

语言是生成的,人们并不需要学习实际存在的每一句话,而是可以通过规则来造句。这一点是人所共知的常识,即使行为主义心理学和结构主义语言学也承认这一点,否则教授语法结构就没有意义。听说法的替换练习就是一种语言生成练习。但这种在意识指引下的组词造句并不是现代意义的语言生成。现代生成语法理论的要点是人的语言能力具有一种生物学的规定性,是先天的。人脑中存在着一种无意识的语言规则,在语言环境的影响下,语言会根据这种无意识的规则生成。学龄前儿童没有学过任何语法规则,但他们到五六岁时已经能够说很地道的母语。一个成年人滔滔不绝地讲话,他的脑子里根本没有用意识指引造句的过程。显然语言是在无意识的生成机制下产生的。可见生成机制在语言习得过程中起着重要的作用。当然人们在意识指引下也可以组词造句,但那不可能形成流利的语言交际能力,这样的组词造句属于另一种认知系统的机制。

2. 记忆机制

生成只是语言习得过程的一部分,而不是全部。另一种重要的机制是记忆。首先,语言不仅仅是语法,还包括更广泛的内容,如语音、词汇、语义等。语符与语义的关系是约定俗成的,很多表达方式是习惯性的。既然约定俗成,那么就没有什么规则可言,生成机制在这时候就不可能起作用,只有记忆系统才可能习得这些表达方式。语言的大量词语、惯用语、固定结构以及"对什么人在什么场合和什么时间用什么方式讲些什么和不讲什么"等等,这些都靠记忆,无法生成。其次,大量的语言事实表明,即使是语法规则也存在着不少非规则性的例外,语言的规则显然并不是那么整齐划一。什么时候是例外,这也需要记忆。例如在研究儿童语言习得时人们常常发现孩子们会过度使用语法规则。

二、对现有总体设计的评价

首先是教什么学什么我们失去了目标。语音阶段和句型阶段我们的目标非常明确,必须把这么多东西学完。学会了这些东西就有了掌握的感觉。但是短文和精读课阶段我们的目标是什么?有什么是必须学的?无论短文课还是精读课都是以课文为核心,编教材的时候是先选课文,然后从课文中挑生词、找语法点,最后编练习。为什么要以课文为核心来教学?走这一步有什么道理?选课文的时候为什么一定要选这篇文章,选另一篇文章不可以吗?实际上是选到什么算什么,带有很大的偶然性。

三、改革思路

(一)取消精读课

精读课的错误在于它太倾向于把语言知识作为陈述性知识来传授。句型教学结束以后，学生们听说读写四项技能并没有形成，只是打了一个基础。

（二）词语的集中强化教学

随着我们对语言认知心理过程的进一步了解，外语教学（包括对外汉语教学）总体设计的改革势在必行。如果我们关心外语教学的动态，就会发现，如何迅速扩大词汇量的问题正在逐渐成为外语教学研究的热点。相信21世纪的外语教学将会有一个飞跃。

第四节 基础汉语教学模式的改革

一、改革的必要性

当前，全国高校正在讨论和进行21世纪的教学内容和课程设置改革。对外汉语教学界对此反应甚微。这可能与对外汉语教学的教学对象和教学内容及特殊性有关。但是，面临新世纪，对外汉语教学有没有一个教学内容、课程设置、教学方法的改革问题？回答应当是肯定的。理由如下：

第一，目前我国广泛使用的对外汉语教学模式，是在20世纪80年代定型的。

第二，迄今为止，我们对国外的第二语言教学的教学模式，特别是汉语作为第二语言的教学模式，了解太少。学界几乎难以回答下面的问题：目前国外除了我们的教学模式之外，还有没有其他的模式？有没有比我们更好的模式？如果有，是什么样的？我们的教学模式跟人家相比有什么优点？有什么缺点？我们曾经听到不少对我们的批评，但很少看到评价我们的教学模式（甚至教学）不足的文章，也很少看到介绍外国汉语教学模式的文章。

从上述的事实来看，我们目前使用的对外汉语教学模式在创立之初是一种进步，同时它在教学内容、课程设置、教学方法方面都经历了较长时间，积累了一定的经验。但是，另一方面，这种教学模式几乎封闭性地运行了十多年，在全球都在进行教学内容和课程设置、教学方法改革的今天，我们至少应当对它进行一次严肃的检讨。

二、现行模式的形成和特点

（一）形成

我国基础汉语教学模式大致经历了下述变革过程：

1. "讲练—复练"模式。这种模式可以当时北京语言学院《基础汉语课本》的课程设置和教学方法为代表：每天 4 节课，前两节为讲练课，后两节为复练课。这一模式应属建立在结构主义语言学理论和行为主义心理学基础上的听说法的教学模式。

2. "讲练—复练 + 小四门"模式。这种模式是"讲练—复练"模式的发展，即在上述课程设置和教学方法的基础上，为应付学生刚到中国的急需，开设少量的实用口语课、听力课，稍后还开设了阅读课（包括文学阅读课、历史阅读课）、写作课。这一模式的产生有两个背景，一是受到国际上流行的功能法、交际法的影响，同时，也是为了适应学生学习、生活和交际的需要。实际上这是由"讲练—复练"模式向"分技能教学"模式发展的中间状态。

3. "分技能教学"模式

"分技能教学"模式是"讲练—复练 + 小四门"模式的发展和完善。应当说，这是一种复合型模式。其构成包括听说法的遗留、功能法和交际法的影响以及中国对外汉语教学的实践经验。这一模式带有一定的中国特色，与国外倾向于依赖单一的教学理论建立教学模式的做法很不相同。实践这一模式的代表性教材有两种，一是鲁健骥主编的《初级汉语课本》，包括精读课本、听力理解课本、汉字读写课本和阅读理解课本；授课方式为"精读 + 精读 + 听力 + 汉字（阅读）"。二是以李更新、李德津主编的《现代汉语教程》为代表，包括读写课本、听力课本、说话课本；授课方式为"读写 + 读写 + 听力 + 说话"。

（二）特点

现行的分技能教学模式的具体操作可以概括如下：

1. 以技能培养为教学目标

按照语言技能项目（听说读写）分设课程。通行的课程设置为精读课（现在流行称"综合课"）、听力课、汉字课（第二学期改为阅读课）。各种课程都以技能训练为主要内容。说的训练通过精读课来解决，也有在后期开设实用口语课的。

2. 教学单元以精读课为核心

每个单元包括精读课两节、听力课一节、汉字课或阅读课一节。精读课的教学内容被假定为整个单元的共核。

3. 在口语和书面语关系上

采取"语文并进"方式，以词汇为教学单位，词汇跟汉字同步学习。设计这种教学模式的依据是，认为培养交际技能是语言教学的根本目的，并认为这种模式突出了语言技能的培养。

三、可借鉴、参考的模式

他山之石，可以攻玉。同各领域的发展都需要了解国内外的信息、经验一样，对外汉语教学模式也应当借鉴、吸收国内外教学模式和相关领域的经验和成果。

（一）美国明德暑期汉语学校的教学模式

这是一种强化教学的模式，适用于短期速成教学。它以听说法为基本依据，课堂教学采用"讲练—复练"模式，加上严格的操作程序和管理机制。其特点是坚持听说法教学，不赶时髦，也没有按技能分课型，但教学效率和效果得到广泛的认可。

（二）俄罗斯莫斯科大学亚非学院的汉语教学

他们采用的是汉语言文学教育的思路。这种教学模式也不是单纯强调技能训练，而是技能和知识、理论并重，在注重开设技能训练课程的同时，还开设中国历史、哲学、文学、普通语言学、汉语语言学等课程。这是一种适合于学历教育的模式。

（三）张思中外语教学法

根据《人民日报》介绍，"张思中外语教学法的思路与目前通行的'听说领先，分散难点'等教学法不同。他首先教学生集中学习较多的单词，甚至学一册或两册教科书的所有词汇，粗通语法规则，再让学生阅读外文原著，教师做必要的辅导、讲解。这种大胆的、很多外语教师开始时难以接受的教学法，却产生了出人意料的效果。由于单词和语法现象的集中，外语发音、词义、构词的规律显现出来了，学习者可按规律去掌握、记忆，收到了化难为易、事半功倍的效果。这是目前通行的词汇、语法分散教学所不易取得的。""由于它的效果显著，目前全国已有上千所中小学应用，并在不断扩散。"

（四）先语后文、集中识字的实验

北京语言文化大学张朋朋老师应邀到瑞士苏黎世大学做汉字集中识字的教学实验。据张介绍，该校过去一直是采用"语文并进"的教学方式，由于汉字难认、难写，汉字的认读和书写使不少初学汉语的学生中途退学，或改学其他专业；另外，由于汉字挡道，增加了口语教学的难度，影响了初级阶段口语教学的进度。他们在第一学期采用"语文分开"的做法，其目的是想在初期教学，不使汉字成为口语教学的障碍，提高口语的教学效率。从效果上看，口语教学比较顺利，速度比往年快，学生口语能力也比往年强，而且学生基本上没有退学的。学生在初步掌握了汉语基本语法和1000个左右常用词，有了一定的口语基础之后，采用张的集中识字教学方法，仅在20天里，用20学时就学会了633个汉字，可以顺利阅读1000字左右的简单原文。实验是成功的。

（五）通过加快词汇教学速度，提高汉语学习效率的设想

计划学生在两年内学习 2 万个生词（《汉语水平考试大纲》规定本科 4 年学习的总词汇量为 8822 个）。这种设想跟张思中外语教学法遥相呼应。

以上五种做法或设想，有的已被证明是成功的，有的正在试验，有的还仅是一种有待实验的设想，有的跟基础汉语教学直接相关，有的则有一定的距离。但是，这些都应当对我们教学模式的改革有所启发。

四、改革建议

上面试图从社会发展、现行模式、国内外成功的和正在实验的教学思路三方面说明改革基础汉语教学模式的必要性和可能性。下面谈几点从中得到的启发。

（一）改革教学模式必须以转变观念为先导

当前，对外汉语教学界确实需要强化"改革开放"的观念。要改革就不能故步自封，停滞不前，排斥新思想。要跟上时代，就要开阔眼界，积极主动地学习国外的、国内的和相关学科、领域的经验、成果。

（二）吸收相邻学科的理论和成果

当前，人们对语言学习规律倍感兴趣，认识到语言习得和认知规律对语言教学设计和教学方法至关重要，人们接受（习得）一种语言，总是遵循着某种顺序，这种顺序是不可改变的。这一现象说明，若干年来，人们没有发现这些程序，一直是在盲目地摸索。现在一些站在学科前沿的研究者在研究语言学习、语言习得问题，取得了令人振奋的成果，例如王建勤对"不"和"没"习得过程的研究、施家炜对 22 个语法现象的习得顺序的研究。

（三）重视汉字教学，实行"先语后文，集中识字，先读后写"的教学程序

汉语有很多特点。但是，对汉语教学来说，汉字是其最重要的特点。所谓汉语难学，主要是汉字难学。汉字难学，又难在写上。所以近两年，非汉字文化圈国家加大了对汉字教学研究的力度。

集中识字在中国人中获得成功，那么，外国人学汉语能不能也走这条路呢？有一种看法认为，不学汉字，就学不会中文。

这种三阶段教学的好处是：（1）便于利用汉字的规律；（2）符合汉字认知、学习的规律；（3）分解难点，易于取得进步，使学习者不断建立信心；（4）符合先易后难，循序渐进的教学原则。

（四）实事求是，寻求最有效的教学方法

明德暑期学校的汉语教学，启发我们考虑重新认识听说法。也许我们应当重新评价"讲练—复练+小四门"的教学模式。

莫斯科大学亚非学院的成功又启发我们，也许要重新考虑和正确处理语言知识、语言技能和语言能力的关系问题，我们的教学设计十多年来坚持的"技能至上"的原则，未必是培养语言能力的最佳选择。

第五节 汉语教学新模式设计

一、问题的提出

在我国大学本科生中，不用说非英语专业的大学生，就是英语专业的大学生，有多少人达到了"最低职业技能"水平呢？根据常识和事实判断，这个数字应该不会太多。

如果实验能够成功，就为第二语言教学，包括对外汉语教学和外语教学创出一条新路。

二、实验目的：验证三个假设

假设一：一年内（两个学期约1140学时）给学生输入一万个汉语词是可行的。

假设二：学生输入一万个汉语词就能顺利地跟中国人进行听说交际。

假设三：学生输入一万个汉语词就能通过HSK考试中等水平A（8~8.5级），相当于二年级结业时优秀学生的水平，可入系学习专业。

三、实验设计

（一）实验对象

零起点的外国留学生。被试的年龄在30岁以下，身体健康，智力正常，文化程度在高中以上。

（二）课程设置（每周二1学时）

第一学期：19周

1. 听力课每周15节（共285节，15节机动）；2. 会话课每周5节（共95节，5

节机动）；3. 读写课（语音、汉字、阅读）每周 10 节（共 190 节，10 节机动）。

第二学期：19 周

1. 听力课每周 12 节（共 228 节，18 节机动）；2. 会话课每周 6 节（共 114 节，4 节机动）；3. 读写课每周 12 节（共 228 节，8 节机动）。

（三）教材

专门为本实验编写的听力教材、会话教材、读写教材。包括：1. 听力教材一套，16 册，90 课 + 70 课（10 课为 1 册）；2. 会话教材一套，7 册，90 课 + 110 课（1~6 册每册 30 课，第七册 20 课）；3. 读写（语音、汉字、阅读）教材一套，7 册，90 课 + 110 课（1~6 册每册 30 课，第 7 册 20 课）；4. 听力课每课出生词 60 个，160 课出词 9600 个。大纲中甲、乙、丙、丁级总共 8822 个汉语词，本教材计划出其中 85% 的词汇，约 7500 个，另有超纲词 2500 个左右，约占教材生词总数的 25%。

（四）教学班

每个班 16~20 人。

（五）教学安排

每天上课 6 学时，学生课下必须保证 2 小时自习，每天学习时间不得少于 8 小时。第 1 周：每天 3 节听力，1 节会话，2 节语音；第 2~10 周：每天 3 节听力，1 节会话，2 节写读汉字；第 11 周以后：每天 3 节听力，1 节会话，2 节读写（每周有 8 节阅读、2 节写作）。

四、实验方法

（一）听力课、会话课和读写课三门课既有分工又互相配合

1. 听力课

（1）听力课的目的是给学生输入语言材料，帮助学生形成汉语语感，通过提高学生聆听理解的微技能，最终提高话语理解的能力。（2）每天学习一课，输入 60 个生词。按语义场输入，当天巩固。以后不断重复。第二天到第五天，每天用 20 分钟复习前一课学的生词。第六天开始每天用 30 分钟复习前一课和前边第五课的生词。（3）先通过实物、手势动作、情景、翻译等方法进行理解练习，然后把这些词组成词组和句子进行记忆练习。因为不要求学生学一句会说一句，只是听懂和记住，这样就可以给学生输入大量的语言材料，帮助学生形成汉语语感。

2. 会话课

（1）会话课的目的是练习学生急于表达的功能项目，解决眼前急需的交际问题，

提高学生口头表达的能力。(2) 会话课每周5节，其中4节根据教材用已经输入的生词、词组和短句进行口头表达的训练。(3) 每周至少一次根据学生的要求进行会话练习，周一让学生提供想说而不会说的英文句子，教师整理学生的句子，编写会话练习。

3. 读写课

(1) 读写课的目的一是进行语音教学，帮助学生认读汉语拼音；二是读写汉字；三是阅读汉语的文章，进一步扩大词汇量，提高学生阅读和写作的能力。(2) 读写课担负的任务有：第1周的5天学完全部汉语拼音；第2~10周写汉字和识字，重在笔画、笔顺和结构教学，先教独体字和偏旁，再教合体字；第11周以后集中识字，包括词语和短句，开始阅读小短文并进行句型语法练习。

(二) 授课原则

充分利用原则：(1) 充分利用成年学生的认知能力；(2) 充分利用成年学生活动范围广的特点；(3) 充分利用成年学生丰富的生活经验和社会文化知识；(4) 充分利用成年学生的抽象思维能力和对外界事物的认识；(5) 充分利用语言环境；(6) 充分利用教具。

(三) 授课方法

六个为主：(1) 以学生练习为主，老师精讲学生多练；(2) 以输入练习为主，帮助学生储备大量语言材料；(3) 以记忆练习为主，培养学生汉语语感；(4) 以重复练习为主，当堂识记当堂巩固；(5) 以技能训练为主，着力提高学生听和说的微技能；(6) 以鼓励表扬为主，充分调动学生的学习积极性和主动性。

(四) 具体措施

(1) 取消精读课或综合课，只设听力课、会话课和读写课，听力课为主课。每学期20周，课堂教学时间为19周。其中有一定的机动时间，可以用来复习、进行校内语言实践活动；(2) 每学期安排一次停课语言实践活动，在期中以后，时间约一周，全年共两次。另外安排周末短途旅行若干次。所有的语言实践活动和旅行都纳入教学计划，与课堂教学相结合；(3) 为了不给学生压力，平时和学期末都没有课程考试和检查，每学期只安排一次HSK考试（期末）。全年两次水平考试；(4) 每次上课都录像，通过录像得到反馈信息，及时分析教学的情况，及时调整教学计划，不断总结和改进；(5) 每天晚上播放两个小时左右录像片，欢迎实验班的学生和其他班的学生观看。

(五) 实验范围和时间安排

(1) 第一年在北京语言大学汉语速成学院一个班进行实验，同时录像，收集资料；（2）第二年继续在北京语言文化大学汉语速成学院三个班实验（一个欧美班、一个日韩班、一个华裔班），另外请国家汉办协助在全国选 5 所学校进行实验（北京、华北、东北、华东、华南各一校），同时收集资料；（3）第三年总结、整理资料、撰写论文和专著、教材定稿，同时完成一套教学辅助资料和教具。

五、实验的理论依据

（一）哲学的系统论、信息论和控制论

哲学是人们认识世界的基础理论，系统论、信息论和控制论为人们认识世界提供具体的方法，是科学的哲学方法论。

按照系统论的观点，世界上的万事万物都自成系统。第二语言教学当然也是一个系统工程。这个系统的结构包括教师、学生、教材、教学大纲、教学环境以及他们之间的相互关系等等。这个系统的结构应该是最优化的结构，他们之间的关系应该是最优化的关系。教师应该是尽职尽责、爱岗敬业、具有奉献精神的教师，学生应该是具有速成愿望的正常的学生，教材应该体现改革的思路、易教易学，教学环境应该是最优化的环境等等。还要按照教学大纲设计自成系统的教学计划，做好自成系统的教学安排，确立自成系统的课程设置，编出自成系统的系列教材，使用自成系统的教学方法。

按照控制论的观点，任何教学模式都要做好各方面的控制。第一是生词量的控制，每天 60 个生词，不断循环不断重复；第二是难易程度的控制，先教实词后教虚词，先教单词再教短语后教句子；第三是充分发挥教师和学生两个方面的积极性，充分发挥教学环境的作用；第四是课内课外相结合，课外练习是课堂教学的延伸；第五是小课堂和大课堂相结合，小课堂打好基础，大课堂进行活用的实践等等。

（二）第二语言习得理论

1. 克拉申的输入假说

输入假说也是克拉申语言习得理论的核心部分。他曾用一本专著论述他的这个假说。克拉申认为，只有当习得者接触到"可理解的语言输入"，即略高于他现有语言技能水平的第二语言输入，而他又能把注意力集中于对意义或对信息的理解而不是对形式的理解时，才能产生习得。这就是他著名的"i＋1"理论。i 代表习得者现有的水平，1 代表略高于习得者现有水平的语言材料。根据克拉申的观点，这种"i＋1"的输入并不需要人们故意地去提供，只要习得者能理解输入，而他又有足够的量时，就自动地提供了这种输入。

我们吸收了克拉申输入假说中合理的成分，即重视语言的输入。我们还借鉴了现代学习理论——学习的规律就是输入大于输出、输入先于输出，厚积而薄发。为此我们提出"先听不说、多听少说"的教学原则。在理解练习中只要求学生点头、摇头、做动作或者说"是、不是；对、不对；好、不好"等简单的话。当然，在学习语言的过程中，也要有适当的语言输出的练习。在第二语言教学中，不教说话是不行的，所以除了听力课这门主课以外我们还安排了会话课。特别是在目的语环境中，学生急于表达、急于交际的心理必须重视。

2. 图式关联理论

在理解练习的环节中，我们主张使用学生的母语激活学生大脑中的图式，这正是成年人学习第二语言比幼儿学习母语速成的优势。成年人学习第二语言最大的困难是记忆。我们在理解练习和记忆练习的教学环节中，尽量把词语放在具体的语言环境里，放在上下文中帮助学生记忆。不仅如此，我们更要重视利用大的语言环境，尽可能多地组织语言实践活动，让学生在游泳中学习游泳。

根据汉语学习者的实际问题，我们提出要改变以往的教学模式，加大给学生的输入，加大学生大脑记忆库中语言材料的储备，特别是词语的储备，扩大学生的词汇量。我们从跨文化交际的角度扩充课堂教学的内容，改进课堂教学的方法，使学生获得跨文化交际的能力。在会话课教材中增加了有关交际策略方面的知识和相关的社会文化知识，以减少学生文化、心理不适应的问题，帮助他们提高寻求交际对象给予配合的能力。我们的教学模式不仅重视语言要素的教学，而且重视语言技能和语言交际技能的训练，帮助学生把语言要素转化为语言技能，进而转化为语言交际技能。

3. 体验式学习理论

体验式学习理论是通过实践来认识周围事物，或者说，是通过能使学习者完完全全地参与学习过程，使学习者真正成为课堂的主角。教师的作用不再是一味地单方面地传授知识，更重要的是利用那些可视、可听、可感的教学媒体努力为学生做好体验开始前的准备工作，让学生产生一种渴望学习的冲动，自愿地全身心地投入学习过程，并积极接触语言、运用语言，在亲身体验过程中掌握语言。大卫·科尔布（Kolb，1984）体验式学习模型是体验式学习理论的代表。科尔布认为学习不是内容的获得与传递，而是通过经验的转换从而创造知识的过程。他用学习循环模型来描述体验式学习。该模型包括四个步骤：（1）实际经历和体验——完全投入到当时当地的实际体验活动中；（2）观察和反思——从多个角度观察和思考实际体验活动和经历；（3）抽象概念和归纳的形成——通过观察与思考，抽象出合乎逻辑的概念和理论；（4）在新环境中测试新概念的含义——运用这些理论去作出决策和解决问题，并在实际工作中验证自己新形成的概念和理论。

杨玉玲教授在讲授国际汉语语法词汇教学法课程中多次用到这个方法,提出语法导入常用方法和技巧:聊天的方式轻松导入、以旧知带入新知、听写导入、设置情境导入。比如:

图片法教学案例1:

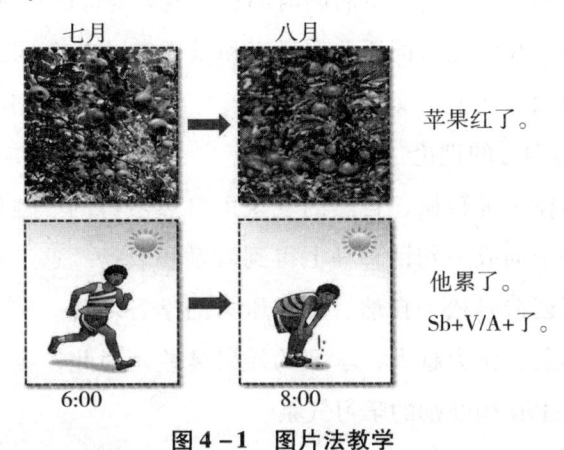

七月　　　八月

苹果红了。

他累了。
Sb+V/A+了。

6:00　　　8:00

图4-1　图片法教学

(三) 汉语语言学理论

1. 按照汉语词汇的网络系统进行教学

汉语的词汇数量多,而且形不表音,音不达义,词义丰富,用法复杂。在现有的教学模式下,学生只能一个一个孤零零地死记硬背,费时费功,低能低效。其实汉语的词汇不管是词形还是词音、词义,存在着各种各样的网络系统,存在着内在的规律性。

根据科学家的研究,词语在人的大脑中是以网络的形式贮存的。如果按照词语的网络系统进行教学,把人的认知规律跟汉语所固有的规律结合起来,就可以减轻学生的负担,大大提高学习的效果和效率。

2. 语法教学充分利用汉语词、词组、句子的结构方式基本相同的特点

近年来,对外汉语教学界不少人呼吁加强语素和词组的教学。至于如何加强语素和词组教学,现有的教学模式很难进行,而我们的教学模式却能够比较容易地做到。只要给学生一些构词法的知识,学生了解了汉语词、词组、句子结构的一致性,就能比较容易地掌握句子的基本结构。

3. 利用汉字本身的规律进行汉字教学

我们的教学模式吸收了张朋朋的两个"分开"和两个"先后"的教学原则,在教汉字的时候,先教基本笔画,后教变形笔画;先教独体字,后教合体字,同时重视部件的教学。在进行识字教学的时候,先教笔画少的汉字,后教笔画多的汉字,同时贯彻"字不离词、词不离句"的教学原则。从识字教学过渡到阅读教学,在篇章中集中识字,通过集中识字理解篇章的意思,提高学生的阅读能力和写作能力。

（四）教育心理学理论

1. 循序渐进的教学原则

这个教学原则在我们的教学模式中，表现为从词到词组到句子的输入、先实词后虚词从形象到理性的输入。教给学生的词语都是从他们身边的情况开始的，由近及远、由此及彼、由表及里。我们注重词语的重复率和重现率，一个词在不同的词组和句子里反复出现、反复使用，在上下文各种语境里反复出现、反复使用。

2. 轻松学习自然学习的理论

儿童学习母语是在一种轻松、自然的气氛里自然习得的。他们没有焦虑感，只有成就感。儿童学会一个词或一句话，马上得到鼓励和表扬。这一点很值得借鉴。第二语言教学也应该尽量创造轻松、自然、没有压力的学习环境。实践证明，成年人学习第二语言，焦虑感越重、压力越大，学习的效果越差。为此，我们要在课堂上营造一种师生互相鼓励、学生互相鼓励的学习气氛。

3. "七比特"原则和记忆——遗忘的理论

根据心理语言学家的研究，短时记忆每次最容易吸收的信息量是七比特。这七比特是"信息接收的节拍"。我们尝试把这一理论应用到新的教学模式中，在做课堂练习的时候，每次让学生听的词语7个左右为一组，每次教的汉字也是7个左右为一组，一组一组地学、听、记。

这样使学生既不感到费力，又容易记住学习的过程是记忆和克服遗忘的过程。根据德国心理学家艾宾浩斯的"遗忘曲线"，长时记忆的遗忘是先快后慢。所以，我们趁热打铁、及时复习、及时巩固，后一天要复习前一天学过的词语，同时复习以前学过的词语。

在我们的教学模式中，尽量吸收前人研究的成果，把前人研究的成果转化为第二语言教学的生产力。我们的口号是："希望成功，争取成功，不怕失败，避免失败。"

第六节　汉语短期教学的新模式

一、短期教学及其现状

（一）短期教学的特点

短期教学是指教学周期在8周以内的对外汉语教学模式。这种模式的教学周期相对较短，具有明显的短时特性。受教学时间的限制，这种模式的教学目标必须有侧重地指向某一特定范围和某项特定的汉语技能，教学呈现出单一性特点；在教学内容上，它要求选择学生日常生活、学习、交际中最常用、最急需的功能和话题，并优选语言材料中使用频率高、覆盖率大的相关语言要素，教学具有较明显的实用性；在组织教学上，它要求根据教学周期的变化和学生入学时的多等级特点，动态地设计教学实施方案，教学具有突出的针对性和灵活性；此外，一般的短期教学模式还都要求通过强化手段追求教学的高效率。概括地说，这类模式的教学具有短期、强化、速成的特点，追求在较短的时间里，让学习者尽可能多地掌握汉语知识和技能。

（二）短期教学是与一般的进修教学不同的两种教学模式

进修教学是一种系列化与阶段性相结合的教学，它以汉语的系统语言知识和技能为教学核心，并将这些内容分阶段教给学生，使教学成一个逐渐积累的过程，直至这些内容被系统掌握。学生既可以通过一段时间的学习和进修掌握相对完整的阶段性内容，又可以通过连续学习和进修或间隔学习和进修完成教学任务，最终结业。进修教学的重点是教学的最终目的状态即汉语知识和技能的系统掌握，它的教学周期一般为半年、一年或两年。短期教学由于它的短时特性，教学的重点并非完整的语法系统和听说读写各项技能，而是侧重某项技能尤其是听说技能，在字教学中它强调根据学生的学习需求和学习时间设置灵活的、组合式的课程，并根据学生的现有水平选择语法系统中的部分内容进行针对性教学。

二、语言交际任务及交际任务大纲

（一）"交际任务"

"交际任务"这一概念，可以从交际教学法中的任务式教学法中看到雏形。随着人们对语言本质认识的不断深入，随着心理语言学的不断发展，部分应用语言学家开始将第二语言教学的重点从教学结果转移到学习和教学过程上来，强调让学习者用目的语去完成一系列任务的教学，并在课堂学习中进行真正涉及交际的活动，提高学习效率。蒲拉布认为：任务式教学法中的任务主要有三类：一是信息差活动，用目的语向别人传递信息；二是推理差活动，通过已知的目的语信息进行推理、概括等以获得新的信息；三是意见差活动，辨别和表达某种针对某一特定情景的个人的爱好、感觉、态度等。在主张任务教学法的学者们看来，人们的交际过程应当是：设定目标—完成任务—产生结果（如信件、说明、留言、报告、图表等等），语言教学也应当围绕这些环节来进行。任务式教学法被认为是一种更为有效的语言学习方法，在美国、马来西亚等国的第二语言教学中被广泛使用，任务目标也得到进一步细化。所以以"交际任务"为基础的语言教学并不是一个新的模式，只是从汉语作为第二语言教学的角度看，它才算做一种新的教学模式。

（二）语言交际任务

我们所说的交际任务是从语言教学与语言学习的角度对现实生活中的言语交际活动进行的提炼和概括，是从具体的交际过程转化而来的，由于每项交际任务最终都要落实到相应的语言素材上，需用目的语来完成，所以实质上是指语言交际任务。交际任务由交际目的、语言功能、语境、话题和语言要素等几方面的因素构成，具有以下特点：一是明显的目的性。一项交际任务就是让学习者完成交际中的具体活动或是排除交际中的具体障碍，所以总是明确具体的。二是明显的功能性。每项交际任务都含有一项或几项语言功能，如表达功能、人际功能、互动功能、调节功能、工具功能、启发功能等等，或独立运用或综合运用于交际任务中。三是具有明显的情景性和话题性。一般来说它总是与典型场景或典型途径相结合，围绕一定的话题或是在一定的交际活动范围内展开，并与它们建立相对固定的联系。此外，以话语、语篇为基础的语言材料也是完成交际任务不可缺少的组成部分。

（三）实施以交际任务为基础的教学

实施以交际任务为基础的教学首先要对学习者在课堂上将要参加的任务和活动进行描述，即确定交际任务大纲，而确定大纲就要考虑交际任务的层级性，为交际任务划分等级，并且确定各级交际任务的基本特征。

由于交际活动的广泛性，交际任务中各种因素处于不同层次，相互作用、相互制约，它所涉及的内容也是多种多样的，很难按单一的标准进行提炼和概括；而且，交际任务也不可能是一个完全封闭的系统。然而，人们对具体的交际活动有共同的心理图式和认知经验，从语言学习尤其是第二语言学习的角度，我们也可以根据学习者所涉及的交际活动范围的不同、所要达成的任务目标的不同以及完成交际任务所需语言材料的难易程度和复杂程度的不同，对交际任务进行分级处理。

根据上述原则，我们可以把语言交际任务项目划分为三级：

初级项目即简单交际任务，适合零起点和初学者学习。所涉及的交际活动限制在日常生活、学习和简单的社会交际范围之内，语言功能以了解、询问、社会交往等为主，学习者使用简单的语句学会询问和回答。简单交际任务大多通过明显的形象标志为学习者完成该项任务提供典型途径。

中级项目即一般性交际任务，适合具有初级汉语水平的学习者学习。所涉及的交际活动在日常生活、学习、工作、社交和部分文化、专业范围之内，语言功能以说明、叙述、评价等为主，学习者需相对完整地进行成段的理解和表达。一般性交际任务大多通过经过加工的真实语料为学习者提供完成该项交际任务的范例。

高级项目即复杂交际任务，适合具有中级以上汉语水平的学习者学习。所涉及的交际活动在高层次的学习、工作、社交、社会文化、商贸等范围之内，语言功能以交谈、讨论、情感表达为主，学习者需综合运用多种语言功能进行大段的篇章理解和表达，并需了解与语言内容相关的文化含义。复杂交际任务大多通过真实语料为学习者提供完成该项交际任务的范例。

在对交际任务项目进行分级时，各级交际任务并不是截然分开的，其中的部分内容有重叠和交叉，有些交际任务在初中高三个等级中都有涉及，如：社会交往、饮食、家庭、体育娱乐、学习、视听媒体等等，相邻的两个等级中的这种重叠和交叉现象更加明显一些。这种现象符合人们交际活动的实际情况和一般的交际习惯，从语言学习的角度也符合由简而繁、由易到难、循序渐进的学习规律，使学习内容的层级性和序列性有机结合，呈螺旋式上升而不是简单的直线上升。当然，具体项目在难易和复杂程度上的差别还是显而易见的。

（四）确定语言交际任务大纲，还需要归纳和确定每一级交际任务中的具体项目

我们在归纳交际任务项目时，主要是通过对学习者学习需求的调查来进行的。首先根据调查结果考察交际任务项目的交际价值，确定该项目是否为学习者最常用的交际任务，是否为学习者最急需的交际任务，是否为学习者最可能遇到的交际障碍，然后再参照被调查者的语言水平情况归纳入级。同时，归纳交际任务项目时还要通过对教学情况的调查和对数十种国内外教材的整理分析，考察教学者对交际任务项目的共性认识，然后从中选取。

三、以"交际任务"为基础的短期教学实施要点

以交际任务为基础的教学，就是要根据汉语的实际交际需要，把交际内容规范为一系列不同等级、不同种类的语言交际任务项目并按照交际任务大纲进行教学，让学生在较短的学习时间里，通过大量的交际性操练掌握相应层级和数量的交际任务，最终提高其汉语交际能力。

实施以交际任务为基础的短期教学必须考虑以下几个要点：

（一）以汉语交际能力的培养为目标。即培养学生使用语言处事的能力，或者说达到某一特定交际目的的能力。

（二）以交际任务为基础和核心。即把交际任务项目作为教学的主要内容并以此作为计划各种课程的依据，组成项目的语言材料和语言要素作为辅助内容，使教学成为完成一系列交际任务的活动。

（三）以模拟交际活动为重点。即在课堂上让学生按照交际任务所描述的任务目标实际参与或模拟交际活动，进行相关的交际性操练，每次课堂学习都可以让学生完成一项或几项任务，并掌握完成相关任务的交际程序。

（四）以学生为中心。学生成为参与交际活动的主要角色，他要按照交际任务目标，依赖其他同学的帮助完成课堂活动，所以在课堂上，他对课堂或同伴的贡献与他获得的相等同。教师主要是协调和促进学生之间以及他们与各种交际活动之间的交际过程，或者充当交际活动中的某个独立的角色。

（五）提供典型交际性场景和途径。为使课堂交际活动能够顺利进行，要提供与交际活动相配的典型交际场景和完成交际任务项目的典型途径或交际任务范例。

（六）强调真实性。在教学和教学材料中，使用有实际交际意义的真实语料，促进学生的学习兴趣，加快学习过程。

（七）组合式与螺旋形上升。即根据学习周期、学习需求、学生水平灵活地把相关交际任务项目组合成课程内容，并使部分课程能够从不同角度和深度完成相同的交际任务。

（八）有效的语言要素。尽可能地在组成交际任务的语言材料中考虑语言点与其他因素的均衡，选择可以体现汉语基本语言点的语言材料并使它们在各具体项目中合理分布；同时要围绕交际任务的话题和情景使词汇以类义形式或聚合形式出现，确保词汇的足量和学习者能够高效记忆和应用。

（九）成就感。确保每一次课堂教学都能让学生完成一项或几项交际任务，使他们有实际的收获，并利用学生对语言交际的兴趣促发他们的内在动机。

四、交际任务教学模式的课程设计和课堂教学设计

（一）课程设计

此类教学模式的课程应为一个以不同类别、不同等级的交际任务为主课，以语音、汉字、语法等为辅课，以各种文化知识讲座为补充而组成的课程体系。

1. 以交际任务为主体内容的主课

初级综合课：以听说为重点，综合运用各项技能完成的简单交际任务项目的操练。中级听说课：从听说入手，侧重于口头完成的一般性交际任务项目的操练。

中级读写课：从读写入手，侧重于书面完成的一般性交际任务项目的操练。高级口语课：侧重于口头完成的复杂交际任务项目的操练。

高级视听课：侧重电视广播新闻内容的复杂交际任务项目的操练。高级读写课：侧重于书面完成的复杂交际任务项目的操练。

2. 以语言要素为主要内容的辅课

语音课：为初级阶段零起点学生开设的汉语语音的讲练。

汉字课：为初级阶段非汉字文化圈的学生开设的汉字认读和书写的讲练。语法课：为各等级学生开设的主要语法点项的讲练。

3. 补充课程

中国概况：介绍中国社会、经济、教育、文化、历史等各方面知识的讲座。

中华文化：介绍中国物态文化、制度文化、行为文化、心态文化等方面知识的讲座。文化技能课：太极拳、书法、绘画、民族乐器等。

（二）课堂教学设计

以交际任务为基础的课堂教学步骤可以分为以下几个（以交际任务项目"了解或说明某旅行安排"为例）：

1. 准备活动

明确任务目标——了解旅行安排。

猜想该项任务可能涉及的范围——旅行线路、价格、景点、时间等。

激活自己与该项任务有关的经验——曾参加过的一次旅行。

2. 概括性活动

提出或找出大意——该项旅行安排的基本内容。

理清程序——旅行安排涉及的各项内容的顺序。

提出或找出各程序的结论或小结性论述——旅行安排中各项内容的大意。

3. 细节性活动

确定专项信息——该次旅行经过的每个地点。

信息分类与组合——旅行中吃住行等的具体价格。

产生结果——完成一份旅行计划表。

4. 语言性活动

找出语体特征——广播旅行广告或旅行布告。

句法特征——将来发生的动作行为的表示法。

词汇特征——表示饭店设施的类义词、表示景点的形容词等。

5. 结尾活动

做决定——参加旅行或放弃旅行。

对提出的问题进行讨论或辩论——旅行价格过高。

表演与复述——复述该旅行安排的主要内容。

扩展到其他任务——向朋友推销该项旅行，说服朋友参加。

对任务的进一步探索——讨论旅行的好处。

根据交际活动或交际任务类型的不同，完成课堂交际活动的步骤也是不同的，比如信息差活动、推理差活动、意见差活动都有它们各自的交际程序和特点，进行课堂活动时不可能强求一致。

第五章

汉语本体研究与对外汉语教学

　　语言教学的一个基本问题是要解决教什么的问题。具体到对外汉语教学来讲，深刻认识和熟练掌握汉语的语音、词汇和语法这三大要素以及作为汉语书写符号的汉字的内在系统及其特点，是我们广大对外汉语教学研究和工作者所应当必备的本领。本章将面向对外汉语教学需要，围绕汉语语音、词汇、语法以及汉字的内在系统和特点进行简要介绍，并讨论它们各自的教学问题。

第一节　汉语语音与语音教学

　　语音是语言的物质外壳，是各个语言系统最外在的形式特征所在。赵元任先生（1980：156）指出，"学习外国语的内容分成发音、语法跟词汇三个主要的部分，学习的次序当然是也应该照这三样按步进行。发音的部分最难，也最要紧，因为语言的本身、语言的质地就是发音，发音不对，文法就不对，词汇就不对"。音节是中文里非常重要的语言单位，"一般来说，一个汉字代表汉语的一个音节"（林焘、王理嘉，1992：90），"所谓单音成义，就是每一个音节代表一个意义"（王力，1964：6）。《汉语国际教育用音节汉字词汇等级划分（国家标准·应用解读本）》中的序言提道："掌握了汉语的基本音节，千变万化的语音就能运用自如"，"普通话音节是汉语国际教育基础的基础"。发音不好影响表达和理解，语音能力是言语交际能力的基础，是国际中文教育教学、学习、测试、评估非常重要的方面，而国际中文教育也是发掘音节潜在能力和引领作用的重要领域。

　　语音教学是第二语言教学的基础，是培养学生听、说、读、写技能和社会交际能力的首要前提。语音教学的目的是让学习者掌握汉语语音的基础知识和汉语普通话正确、流利的发音，为用口语进行交际打下基础。从对外汉语教学的角度说，汉语教师应当具备四方面的语音基本功，这就是：（1）具有准确的发音、辨音和正音能力；

（2）能熟练掌握《汉语拼音方案》；（3）讲充语音教学法；（4）掌握语音学（包括汉语普通话、普通语音学和比较语音学等）的基础知识。

20世纪80年代，对外汉语教学的语音研究和语音教学研究取得了丰硕的成果，人们对汉语语音理论和语音教学规律的探索，不断从宏观走向微观，从经验走向实验，为今后进一步的理论和实践研究打下了很好的基础。遗憾的是，20世纪90年代中后期以来，汉语语音研究和语音教学都有明显的滑坡趋势。这种趋势如不能得到扭转，必将会阻碍对外汉语教学理论的发展，阻碍对外汉语教学水平的提高。随着实验语音学的理论方法在对外汉语教学领域的广泛运用，会给汉语语音研究和语音教学研究带来新的动力。

一、语音系统与语音变化

（一）语音学的几个基本概念

为了更好地了解人类语言的语音系统本质，更好地把握对外汉语语音教学的规律，了解普通语音学的一些最基本概念是非常必要的。我们知道，语音是由人的发音器官发出来的具有一定意义的声音。语音是语言的物质外壳，语言要通过语音来传递信息进行交际活动。语音具有物理的、生理的和社会的三重属性。下面我们来了解一下普通语音学的几个最基本概念。

1. 发音部位

发音时气流在发音器官受到阻碍的那一部分称作发音部位，阻碍气流的主要部分称作"收紧点"和"阻碍点"，例如：[p]的发音部位是双唇，[f]的发音部位是唇和齿。

2. 发音方法

指发音时发音器官用什么样的方式来阻碍气流通道以及发音的动作过程。它体现在四个方面：口腔内收紧点的收缩程度和对气流的控制方式，气流的延长和强弱，带音（浊音）和不带音（清音）等。例如：发[pʻ]时要送气，发[p]时不要送气。

3. 音素

音素是从音色的角度划分出来的最小的语音单位。例如汉语里的a、o、i是不同的音素。各种语言的语音系统大都是由几十个不同的音素组成的。音素可以分为元音和辅音两大类。

4. 元音

元音是由声带颤动而产生的乐音。如：a、e、u等。

5. 辅音

辅音是声腔中的气流通路受到阻碍时所发出的噪音。如：b、d、g、i等。

6. 声调

指由声带颤动的快慢所造成的音高。声带颤动越快，音调越高，也就是频率的数目越大。例如："妈"字比"马"字的音调要高一倍。

7. 音节

音节是由音素构成的在听觉上最容易分辨出来的语音单位。例如汉语普通话中的"我去学校"就是四个音节，其中"去"这个音节由辅音 q 和元音 u 两个音素组成。

（二）现代汉语的语音系统

进行对外汉语语音教学，最基本的任务是要教给外国学生关于汉语音节结构的基本知识。简单地说，在现代汉语中，声母和韵母按一定的方式组合起来就是音节。与世界上许多语言不同的是，汉语的音节有高低升降的变化，这就是声调。下面我们来细致地观察一下汉语的音节系统。

1. 声母

声母是指汉语音节中开头部分的辅音。汉语普通话的音节共有 21 个辅音声母，它们是：b、p、m、f、d、t、n、l、g、k、h、j、q、x、zh、ch、sh、r、z、c、s。汉语普通话中也有少量的音节没有声母，但为了音节系统的整齐和音节界限的分明，我们用拼音字母 y 或 w 来表示部分零声母音节。例如：移（yi）、王（wang）等。

2. 韵母

韵母是指汉语音节中在声母后面的部分，普通话里有 38 个韵母，主要由元音构成，少数元音里包含 n 和 ng 这两个鼻辅音。根据韵母的构成成分，可以把韵母分为三类：

单元音韵母（9个）：由一个元音构成的韵母，也叫单韵母。它们是舌面元音 a、o、e、i、u、n，舌尖前元音 -i，舌尖后元音 -i，儿韵母 er。

3. 声调

声调是指整个音节高低升降的变化。汉语普通话的声调有四种基本调值，通常用五度标记法来表示，它们可以归并为四个调类。

声调在汉语的音节中，与声母、韵母是相互依存、紧密结合在一起的。在汉语的语音系统中，声调由于具有区别意义的作用而占有极为重要的地位，它也是汉语语音教学最为重要的一个环节。

（三）汉语普通话的语音变化

我们知道，同一个音节，在连续发音（语流）的情况下，或多或少地有一些与单说时不同的地方，有的音改变了原有的发音部位，有的音改变了原有的发音方法，有的甚至连声、韵、调都全变了。这种现象就叫"连读音变"，也叫"语流音变"。人们在连续发音的情况下，发音器官的前后动作要相互适应、相互协调，因而使音节产生语音变化。各种语言都有连读音变的现象，如法语的联诵。现代汉语中最典型的语流音变包括连读变调、轻声、儿化等。对于第二语言学习者来说，学习一种语言，如果仅仅把单个的音素或音节发准确，还是远远不够的。我们必须要让学习者掌握汉语的语音变化规律，这也是汉语语音教学的基本任务之一。

1. 连读变调

汉语是有声调的语言，每个音节都有固定的声调模式，但是在语流中，一些单字的声调会发生变化，这是连读变调。

汉语的连读变调有两类：一类是一个词（或二字组合）内部可变可不变的变调（如可轻声），以及各个词和词组之间的变调，这种情况下不变也无妨，只是听起来不太自然，或对语气有些影响而已；另一类是一个词（或二字组合）内部必然的变调，如不变调就影响了词义，比如"大意"和"大·意"，或者听起来很不自然，比如当两个去声音节相连时，第一个去声就要变调。依随在其他音节后面的音节才有可能读轻声。如：爷爷（yeyc），好不好（haobuhao），进来吧（jinlai ba）。单独的轻声音节是不存在的。在现代汉语里，有些词的轻声具有辨别词义或区分词性的作用。例如：东西 dongxi – 东·西 dongxi，轻声辨别了词义；买卖 maimai – 买·卖 maimai，轻声区别了词性。《现代汉语词典》收词约 56000 条，其中轻声条目有 2561 条。可见轻声是十分重要的一种语音变化现象。当然，轻声也分有规律的和无规律两类情形，需要我们认真研究并在教学中加以应用。

2. 儿化

现代汉语里，儿韵母 er 常常用在其他音节的后面，使这个音节的韵母变为卷舌韵母，并与原音节中的声母结合成一个音节，例如，hAi（孩）+ er（儿）→ hAir（孩儿）。汉语语音中韵母的这种变化就叫作韵母"儿化"。

韵母儿化的音节在用汉字书写时，一般用两个汉字来表示。可是在用汉语拼音字母拼写时，只需要在原来的音节之后加上表示卷舌作用的"r"就行了。例如：花儿 – huar，门儿 – menr。

对于学习汉语的外国人来说，正确掌握韵母儿化的发音是非常重要的。因为儿化韵母是一个极为典型的形态音位，它具有区别词性、区别词义和表示感情色彩的作用。例如："画—画儿"和"盖—盖儿"是区别词性的，"头—头儿"和"笑话—笑话儿"是区别词义的，"小球儿""门缝儿""小狗儿""慢慢儿"等表示说话者的感情色彩。

连读变调、轻声和儿化，是汉语语音的主要音变方式。对这些音变规律的认识和把握，是进一步掌握汉语语调模式的重要基础。

二、《汉语拼音方案》与正词法

（一）汉语记音的工具——《汉语拼音方案》

由于汉语的书写符号是汉字，而汉字本身不是表音文字，并没有直接表音的功能，因而在学习汉语时，我们总要借助于某种记音符号来给汉字标音。现在较为通行的记音符号有三种，即《汉语拼音方案》、注音字母（注音符号）和国际音标。1950年对外汉语教学工作初创之时，曾经使用过威妥玛式音标。从1952年开始，改用注音符号。从1958年起，《汉语拼音方案》便在全国小学进行教学，高年级补学。同时在推广普通话、对国内少数民族和对外国人进行汉语教学时，都采用它作为注音学习的工具。

《汉语拼音方案》是用国际通用的拉丁字母，它由前中国文字改革委员会"汉语拼音方案委员会"研究制订，由第一届全国人民代表大会第五次会议批准公布。这个方案成为拼写汉语的国内标准。联合国第三届地名标准化会议通过决议，建议采用汉语拼音作为中国地名罗马字母拼法的国际标准。国际标准化组织经过投票决定，汉语拼音是拼写汉语的国际标准。该方案采用拉丁字母，主要是考虑通用性，便于学习和国际间的交流。

《汉语拼音方案》由字母表、声母表、韵母表、声调符号、隔音符号五部分组成，它的主要用途是：（1）在字典、词典上给汉字注音。有些路标、商店名号和商品名称也用汉语拼音；（2）用于推广普通话和幼儿园、小学的注音识字；（3）用来作为各少数民族语言创造和改革文字的共同基础；（4）用来编索引、电报、旗语、产品代号；（5）用于翻译中国的人名、地名和科技术语。联合国规定，外文中的中国人名、地名一律用汉语拼音；（6）用来编制汉语汉字信息处理的程序符号。

（二）《汉语拼音方案》的优点与不足

自《汉语拼音方案》公布以来，中国大陆的对外汉语教学一直采用该方案作为汉语语音教学的工具，汉语教材、工具书和其他有关读物普遍用它来标注语音。实践证明，《汉语拼音方案》采用拉丁字母，有结构简单、方便有效、易学易记的优点。对于母语使用拉丁字母的学生学习汉语语音来说，无疑是一个有利的条件，应当会产生积极的正面影响。

但是，相近的事物也往往也容易造成混淆。从外国人学习汉语的角度来看，方案中的某些设计和规定，在教学操作中也存在一些不太合用的地方。这是因为方案设计考虑的主要是以汉语作为母语的中国人使用的情况，而不是考虑外国留学生的使用情况。利用《汉语拼音方案》教汉语语音，多少会受到学生母语拉丁字母读音的干扰。比如，用表示清、浊对立的符号来记录汉语的送气、不送气音，这容易使英语国家的学生在拼读音节时将浊音与汉语的不送气音 b、d、g 等同起来。再比如，把 iou 省略为 iu，也很容易让外国学生把 iu 看成与 ia、ie 相同的二合元音韵母，这实际上是不利于外国学生学习的。由于绝大多数外国学生都有使用拼音文字的传统和习惯，因而在对外汉语语音教学中如何更好地发挥汉语拼音方案的积极作用，扬长避短，减少和克服它给教学带来的不利影响，这应当是对外汉语语音教学需要认真研究的一个实际问题。

（三）汉语拼音正词法

1982 年，中国文字改革委员会正式成立了汉语拼音正词法委员会，开始草拟汉语拼音正词法的基本规则。1984 年，经中国文字改革委员会批准，发表了《汉语拼音正词法基本规则（试用稿）》。1988 年，经中国国家语言文字工作委员会和国家教育委员会批准，正式公布了《汉语拼音正词法基本规则》。这就给对外汉语教材及各种读物注音的规范化、标准化提出了明确的要求，创造了有利的条件，也为这一领域汉语拼写的统一工作提供了理论依据。如何在对外汉语教学领域推行《汉语拼音正词法基本规则》，同时研究解决在应用这一基本规则时所遇到的各种理论和实际问题，特别是分词连写问题，是对外汉语教学界需要认真做好的一项基础工作。为此，对外汉语教学界要研究制定在本领域推行《汉语拼音正词法基本规则》的实施细则。一方面，要遵循正词法的制订原则，尽量使习惯的拼写法统一到正词法上来；另一方面，对正词法允许灵活处理或者不易掌握的规则，需要从对外汉语教学的实际出发，作出选择和补充。应当说，对外汉语教材注音拼写法的规范化、标准化工作，无论是在国内还是在国外，都是一个急需解决的问题。

三、语音教学的思路、原则与方法

（一）语音教学的基本思路

对外汉语语音教学既要使学生懂得系统的语音知识，又要使学生通过声、韵、调和语调的训练形成语言技能。长期以来，由于汉语语音系统本身的复杂性和教学安排上的限制，人们对基础汉语教学阶段的语音教学，产生了两种不同的认识和价值取向，从而形成了两种不同的教学思路。这就是所谓的"音素教学"和"语流教学"。

1. 音素教学

所谓音素教学，是指语音训练从汉语单字的音素（声母、韵母）以及声调的单项训练开始，逐步过渡到词组、句子和会话练习。音素教学强调打好语音基本功，即从音素入手，教好一个个音素的发音后再教词、句子。在教学实践上，一般都是在汉语教学刚刚开始时的长期班安排一个相对集中的"语音阶段"，这一阶段大约 10 天到两周的时间。语音教学一般是按照语音系统的规律并根据音素和声调的难易，循序渐进地进行语音训练，使学生能够有一段专门的语音训练时间来基本掌握汉语的声母、韵母和声调，并熟悉《汉语拼音方案》。这样做的好处是能让学生较为系统地学习语音，集中力量打好语音基础。《汉语教科书》以及后来的《基础汉语》《基础汉语课本》都基本上是这样安排的。音素教学的思路代表了 20 世纪 50、60 年代语音教学的指导思想，并且在很大程度上一直被沿用下来。

2. 语流教学

20 世纪 70 年代，随着句型教学法理论的引进，人们提出了语流教学的思路。语流教学强调从会话入手，一开始就教句子，音素在会话练习中得到纠正。因此，语流教学不设相对集中的语音阶段，而只在开始时用很短的时间快速介绍《汉语拼音方案》，将所有的声母、韵母和声调先过一遍，然后再把语音教学与词汇、语法和课文教学结合起来，强调在语流中学习语音，细水长流地进行语音教学。《初级汉语课本》基本采用的是这种思路。语流教学的指导思想是，语音不可能在短短的一个阶段学会，而只能先让学习者有一个初步的全面了解。由于拼音采用拉丁字母，对大部分学习者来说并不陌生，初步弄清楚《汉语拼音方案》并不难，而要真正掌握汉语的声、韵、调系统则需要长期的艰苦练习，语音教学应贯穿整个汉语教学的始终。应当承认，长期以来，在零起点教学的前三周，即通常所说的"语音教学阶段"，我们强调较多的是声、韵、调的教学，而对训练字音以外的语音表达方式（语流中体现出的韵律：考虑较少。而语音教学的最终目的是要让学生能够正确、自然、流畅地说话，形成长短不等的语流。在对外汉语基础教学阶段，由于外国学生对汉语语感很陌生，语流是至关重要的教学难点，而这恰恰又是我们语音教学的薄弱环节。当然，由于影响语流的因素要比影响音素的因素更难把握，因此语流教学也存在着许多操作上的困难，至今仍然是一个有争议的话题。

（二）语音教学的原则与方法

1. 语音教学的基本原则

汉语作为第二语言的语音教学，是一个非常复杂而又有一定系统的教学过程。由于语音在语言系统中的基础地位,因此一般都需要对语音进行一定程度的专门教学,这已经为几十年的教学实践证明是行之有效的。围绕这一总的教学思路,我们认为,对外汉语语音教学应当遵循这样几条基本原则。

(1) 音素教学与语流教学相结合的原则

任何一个语言的语音系统,都有其内在的系统性。而音素教学强调对语音系统的基本训练,为以后的学习打下良好的语音基本功,这是毋庸置疑的。但是,语音教学的目的并不仅仅是声、韵、调本身,而是要学会把音节连成准确、自然、流畅的语流,这自然需要进行系统的语流训练。只有坚持音素训练与语流训练相结合,充分体现语音的表现功能,才能够既为学习者打下良好的语音基础,又能够让他们形成良好的语流表达能力。

(2) 针对不同学习者的特点进行教学的原则

对外汉语语音教学的对象主要是来自世界各地的成年人。这一特点决定了语音教学的针对性必须包括两个方面:一是要针对成年人语音学习的生理和心理特点,二是要针对学生的母语和汉语的不同特点进行教学设计。这就要求我们把汉语与学习者母语的语音系统进行充分的比较,找出两者之间的相似和相异之处,以便能够充分利用学习者母语的语音特点。我们不应抽象地设想某一语言的发音困难,比如英国人、法国人、德国人、日本人或朝鲜人等等,他们在学习汉语语音时的困难是不同的。长期以来,对外汉语教学界十分重视汉外语音系统的比较研究,取得了相当丰富的成果。比如说,通过比较我们看到,外国学习者在汉语语音方面的困难,一般来说,首先是声调,其次是声母,再次是韵母。但阿拉伯语的学生在韵母上的困难更大一些。因为阿语的元音比较简单,而且必须同辅音在一起才能构成音节,辅音却可以没有元音而独立构成音节。这一点恰恰与汉语相反。再进一步看,《汉语拼音方案》采用的是拉丁字母,阿拉伯语字母是阿拉米亚字母,因而汉语学生比起其他使用拉丁字母的学生来,就又增加了熟悉字母的任务。我们只有在充分比较的基础上,深刻认识外国学习者汉语语音的困难所在,才能在语音教学设计时有的放矢。

(3) 不同的教学阶段与不同的教学目标相互适应的原则

我们知道,在一定的教学单位里,过高的目标会使人丧失信心,过低的目标又使人不能满足。因此我们应根据不同的教学对象提出侧重点不同的教学要求,根据不同的教学阶段提出不同高度的教学要求。赵金铭提出简化音系教学的思想,就是这一原则的具体体现。

针对初级阶段音素教学过细过严的状况,赵金铭主张,开始阶段的语音教学,不必太苛求,应采取粗线条的办法较为妥当。开始阶段的语音教学要简化,整个的语音教学可采用"蛛网式"教法，先拉线，即给经过简化、适合外国人学习的声、韵、调系统；以后再织网，即不断地正音、巩固。一个粗糙的、但基本准确的语音网，必须首先在学生的头脑中建立起来，如果有有效的技能训练方法，这一点是不难做到的。语音教学是一个相当长的过程，对学生的语音要求应贯彻始终，不能只管一个语音阶段，各个阶段都要管语音。从语音教学的全过程来看，教授和训练字音以外的语音表达方式，即掌握汉语的韵律，其重要性并不亚于声、韵、调的教学。鉴于语音是要反复训练的，故而音素教学不宜过细，也不应要求过高，应力求把语音系统最简单、最基本的内容教给学生，使其掌握。在这种思想指导下，他提出了一个对声母和韵母进行简化的语音教学系统，具有重要的参考价值。

2. 语音教学的微技巧

在长期的汉语语音教学中，广大对外汉语教师经过自己的实践，摸索出了一整套的语音教学微技巧。应当说，这些微技巧在主要依靠口耳相传的传统语音教学模式中发挥了积极的作用，是值得我们吸收和借鉴的。下面，我们把这些教学微技巧做一个简单的介绍。

（1）演示法

主要通过直观手段体现发音部位、发音方法。如使用形象的板书、借助实物、利用演示等。例如，教 p、t、k、q、c、ch 这些送气音时，可以在嘴前放一个小纸片，展示送气的效果。

（2）对比法

对学生的母语与汉语的语音系统中相近似的音素进行比较，或对汉语语音系统内的各个音素进行比较，找出差别。比如把汉语的 h 与英语的 [h] 进行比较；把汉语中的 z、c、s 和 zh、ch、sh 进行比较，等等。

（3）夸张法

把平时说话时的发音部位与发音方法适当夸张，造成清晰、形象的效果。例如把轻声音节轻而短促的特征放大等。

（4）手势法

借助手势辅助展示口腔发音时的运动过程和状态是一个很有效的方法。

（5）拖音法

延长音程导出新音是教舌尖元音的一种简易有效的办法。

（6）带音法

用一个已经学过的发音部位相近的音素带出另一个新的音素。这是发音教学中用得最多的一种方法。比如，用 i 带发 u，用 o 带发 e，用 sh 带发 r 等。

（7）分辨法

通过听觉、视觉来甄别一个音素发音的正误，例如不断成对地发［p］音和［b］音，只要学生能够昕辨出其中清浊的差异所在，一般是不难模仿准确的。

（8）固定法

突出容易模仿的一点，然后固定其发音部位的方法，可以收到一定的效果。

（9）模仿法

模仿法是语音教学中最基本的方法，有直接模仿和自觉模仿两种形式。模仿法必须同其他方法配合使用才能收到好的效果。

上述介绍的9种教学微技巧，并非语音教学的全部。需要说明的是，这些微技巧并不是万能的，某些技巧或许只与某些特定的音素或语音特征相适应。随着计算机和多媒体技术的日渐成熟与普及，汉语语音教学手段的现代化已成为我们需要考虑的一个重要问题。在现代教育技术的平台上，汉语语音教学手段必将会得到进一步的改进和提高。

3. 声调教学改革

长期的教学实践告诉我们，声调是汉语语音教学的难点和重点所在。一方面，汉语是一种声调语言，不同于大多数西方的语调语言；而另一方面，世界上有声调的语言也不少，如北欧的挪威语、瑞典语，非洲东部的班图语以及美洲的大部分印第安语等都是声调语言，但各种声调语言的性质并不相同。大多数声调语言的声调只限于高、中、低的差别。像汉语这样每个音节都有固定的声调，不但有高低之分，而且有升降曲折之别的却很少见。上述两方面都显示出汉语声调的突出特点，它给外国人汉语语音学习带来了很大的困难，甚至有学者认为，"洋腔洋调"形成的关键，并不在声母和韵母，而在声调和比声调更高的语音层次。声调因此而成为绝大多数外国学生学习和掌握汉语语音的最大障碍。声调教学也因此成为语音教学改革探索的重点。

总的来说，目前声调教学存在着三个薄弱的方面：一是教学计划薄弱，表现在语音教学尤其是声调教学缺乏层次性和有序性上；二是教材薄弱，我们一直缺乏一部实用性强的、能够突出汉语声调语言特色的、以声调和语调训练为中心的基础汉语教材；三是教学手段薄弱，我们目前对于声调的特征只是采用五度标记法来标明四个声调的调型，所以大多数教师在教学过程中往往采用手势来帮助学生认识和理解汉语声调的调型特征。这种教学手段固然比较形象，能发挥一定的作用，但是这种方法并不能说明汉语声调最本质的问题。有学者认为，声调的性质取决于音高的变化，而音高的变化决定于声带的松紧。这应当是进行声调教学改革的突破口。要搞好声调教学，提高声调教学的效果和效率，必须在教学计划、教材和教学方法、教学手段等各个方面进行全方位的改革，并以此为动力，推动汉语语音教学乃至整个汉语教学的改革进程。

第二节 汉语词汇与词汇教学

汉语词汇研究与词汇教学，是对外汉语教学系统中一个极为基础的环节。对外汉语词汇教学的基本任务是培养外国学生识词、辨词、选词、用词的能力。围绕这一基本目标，我们应当深入研究汉语词汇系统和词义系统的基本结构及基本特征，并从语言对比的角度把握汉语同其他语言在词汇和词义系统上的联系与区别。应当看到，对外汉语词汇研究与词汇教学研究，虽然取得了一些研究成果，但是对这些研究成果的系统化还不够，特别是对已有成果的整理和应用转化不足，这方面我们还有相当艰苦的工作要做。

一、现代汉语词汇系统的基本特征

（一）现代汉语词汇系统的构成要素及其切分

1. 词和语素

我们认为，对外汉语词汇教学首先要教会学习者"识词"。那么，对汉语来说，什么是"词"呢？根据语言学的一般定义，词是语言的建筑材料，是有固定语音形式的、最小的、能自由运用的意义单位。所谓自由运用，是指能独立回答问题或充当句子成分，汉语的实词大多如此。例如："我明天不去北京"，这句话中的"我""明天""不""去""北京"都是词，如果把其中的"明天"拆开，成为"明"和"天"，那么，"明"和"天"在这句话中就不是词，而是语素。语素是最小的音义结合体，是最小的有意义的语言单位。它同一词的根本区别在于不能自由运用。例如"人"和"民"是两个语素，合在一起为"人民"，是一个词；拆开来，"人"既是语素也是词，我们可以说"人来了"，但"民"只是语素而不是词，我们不能说"民来了"。词和语素的关系非常复杂，它是汉语词汇教学首先遇到的一个难题。

2. 汉语词汇系统的构成

词汇是一个语言系统的词语总汇。汉语的词汇是一个非常庞大的系统。我们可以从各个不同的角度对汉语词汇进行系统构成的划分。从内容上讲，我们可以把词汇分为基本词汇与一般词汇。基本词汇是指语言系统中那些反映人们最基本的日常生活所必需的事物、行为和性状等概念的词汇。这些词汇所反映的概念，在人类语言中是普遍存在的。比如，人类生活的衣、食、住、行，自然界的风、雨、雷、电，人类认知世界的真、善、美、假、丑、恶，等等。基本词汇往往也是一个语言系统中最具活力的成分。因此在第二语言教学中，基本词汇具有特别重要的研究和教学价值。从形式上讲，词汇由词和熟语构成。熟语包括成语、俗语、谚语、歇后语、惯用语等。汉语熟语一般具有特定的形式和特殊的文化渊源，是外国学生汉语词语学习的难点之一。从来源上讲，汉语词汇由历史传承词语、新造词语、方言词语、古语词语、行业词语、外来词语等各个部分组成。

3. 汉语词的构成

从汉语词内部的结构关系讲，现代汉语词首先可以分为单纯词和合成词。单纯词就是由一个语素构成的词。由于现代汉语是从古代汉语发展而来，在双音节词（包括多音节词）占主导地位的格局下，仍保留了一部分的单音节词。这些单音节词都是单纯词，单音节单纯词形成的是"一个音节一个语素一个汉字"的基本格局，例如"钱""人""跑""哭""难""大"等。汉语里也有少数多音节单纯词，它们往往是联绵词，或双声（如"仿佛""流连""澎湃"等）或叠韵（如"犹豫""灿烂""彷徨"等），这些词的两个音节拆分后各自没有独立的意义。

合成词是由两个或两个以上的语素构成的词。在合成词中，语素有两类，一类是词根，是词的主要意义基础；一类是词缀，是附加在词根上的构词成分。词根与词根组合构成复合词，这是汉语词的主体；词根与词缀组合构成派生词，由于汉语词缀有限，因而形成的派生词也就不多。

从语法关系上看，汉语复合词同汉语短语具有一致的结构关系，这是汉语结构的一个显著特点。根据汉语复合词内部词根与词根的关系，我们可以把复合词分成以下几种类型：

（1）陈述型

后词根陈述前词根，如：体察、神交、手软、面善。

（2）支配型

前词根表示动作行为，后词根表示动作行为支配的对象、方式等，如：打针、看病、埋头、出席。

（3）偏正型

前词根限制、修饰后词根，后词根是复合词的中心，如：花园、海浪、山峰、人心。

（4）补充型

前词根表示动作行为，后词根表示结果或趋向等，如：解决、提高、说服、摧毁。

（5）联合型

前后两个词根具有相同、相近、说明，如：重复、反正、解释、尺寸。

（6）重叠型

同一语素重叠而成，如：妈妈、常常、连连、刚刚。

汉语派生词的词缀一般是从词根语素虚化而来，不同的人对语素虚化把握的尺度不同，特别是那些组合、类推能力强的语素，究竟是看作词根语素还是词缀语素，有时会产生不同的理解。这也是汉语词汇教学面临的一个难题。

复合词是汉语词汇系统中最主要的结构方式，其内部的结构关系可以作更为细致的区分。由于复合词与汉语短语有着基本一致的结构关系，因而对于理解汉语词汇的构成、短语结构和句子结构，都具有重要意义。

汉语词汇系统中的单纯词、合成词和单音词、多音词之间呈现一种交叉关系，这就给外国学生的"识词"造成了相当的困难。

（二）汉语词汇成分在切分上的困难

对外汉语词汇教学的特殊性之一，是来自词汇成分在切分上的困难。这种困难表现在动态和静态两个方面。

从动态的角度看，汉语书面语的一个显著特征是词语连写，也就是词与词之间在书写上没有间隔。而拼音文字的词，不仅在词典上有明确而固定的形式，就是在文本中也是前后有间隔的，词与词之间界限分明。而汉语的书面语是词语连写的，呈现在读者面前的一串文字中，词与词之间的界限是潜在的而不是表层的，它需要读者在对句子的分析与解读中建构词与词之间的关系。这种词语连写的书面语习惯无疑给大多数外国学生，尤其是母语为拼音文字的学生认读汉语词语带来一定的困难。对于外国学生而言，要在一个连续不断的字符串上，至少在语言心理上要切分出一个一个的词，这的确是一件相当不易的事。这是汉语词汇教学所必须正视的一个现实问题。

如果说汉语书面语词语连写所带来的困难还是表层的和技术性的话，那么汉语词汇系统本身所存在的一定成分之间的相互纠葛，就是词汇切分困难所形成的深层的、带根本性的原因。汉语词汇系统内部的种种纠葛，来自以词为中心的各种成分在一定程度上的交叠。帮助外国学习者认识和了解这些交叠现象非常重要。

汉语词汇系统的内部纠葛首先来自语素和词的某种交叠。虽然能否自由运用是区分词和语素的最基本标准，但由于汉语词汇来源的复杂性，要一清二楚地分别出每一个语素每一个词，并不那么容易。汉语语素可分为成词语素和非成词语素两类。成词语素在文本中就有两种解读：或独立成词组合为短语，或是语素组合为词。例如

"白"这个语素,在"白布"这个字串中是词,在"白菜"这个字串中是语素。它们都表现为一个书写符号——汉字"白",这种"一个音节一个语素一个汉字"的构词格局是相当普遍的。甚至像"葡萄"这样的字串,在"我吃葡萄"中是词,在"我喝葡萄酒"中又是语素。汉语这种词、语素和汉字之间纠集交叉的关系的确给外国学生的汉语词汇学习带来了困难。

其次,汉语词汇系统的内部纠葛还来自词和短语的部分交叠。汉语中的单纯词与语素有交叠现象,而合成词中的部分复合词又与短语难以分清,这就是汉语词汇系统左右为难的局面。比如,我们把"鸡蛋"看作词而把"鸭蛋"看作短语,我们又把"白面"看作短语而把"白粉"看作是"词",显然这种系统内部的交叠现象是难以为外国学生所理解和接受的。

对外国学生进行汉语词汇教学,一个重要的前提是要充分认识、理解和把握汉语词汇结构的基本特点,即以语素为基础,按照汉语短语结构的基本规则构词,从而使形成的复合词在结构上与短语保持一致性。这种一致性,一方面给汉语词汇学习带来词义理解上的便利,另一方面它也给汉语词的辨识带来了困难。如何挖掘这种一致性特征的有利因素,如何克服它所带来的不利方面,是汉语词汇教学所要解决的一个重要理论课题。

二、汉语词义的内部系统性

(一)汉语词义系统的构成要素

1. 词的概念意义和附加色彩

词是最小的能自由运用的音义结合体,音是词的形式,义是词所反映的内容。一般来说,一个实词其完整的词义应当由概念意义和附加色彩两部分构成。

词义是人们对外部世界的客观事物或现象进行主观感知、认识并加以概括而在意识中所形成的一种反映。这种反映,首先要以事物或现象的客观性为基础,从而形成词的概念意义。其次,这种反映也会体现人们对事物或现象感知、认识和概括的主观性特征,从而形成词的附加色彩。比如,有人在他人不知道的情况下拿走别人的财物并占为己有,这是人类社会常见的一种客观现象。面对这种客观现象,人们普遍会采取鄙视的主观态度。那么,这种客观现象与主观态度综合起来,反映在汉语中就形成词义——"偷",而反映在英语中就形成词义——"steal"。

词的附加色彩主要是指附加在概念意义之上的感情色彩、形象色彩、语体色彩、时代色彩、外来色彩、方言色彩等等。在概念意义相同的情况下,准确把握各个词的附加色彩，是对外汉语词汇教学的重要任务之一。

感情色彩是指词所体现出的人们喜怒哀乐等主观态度的褒贬差异，这种主观态度往往与词的概念意义融为一体。比如，同为让人离开的概念意义，"走"和"滚"所附加的感情的强弱程度不同。形象色彩是指词所概括的客观事物或现象是否具体生动可感。比如"水果"是抽象的概念，无具体形象；而"苹果""梨"等就可唤起生动的形象，因而形象色彩强。

语体色彩是指某词适用于某种特定的交际范围或特定的文体。语言的符号性决定了不同的词语之间具有或口头或书面、或庄重或随意、或典雅或诙谐等不同的表现风格。词语的这种差异往往为第二语言学习者所不易察觉和掌握。比如"爸爸"和"父亲"，都指上一辈直系亲属中的男性，但"爸爸"是口语词，用于面称，"父亲"是书面语词，一般不用于面称。

词的概念意义和附加色彩构成了词义的完整系统。对一个词的掌握程度如何，关键是看对这个词的词义系统的各个方面把握得如何。

2. 词的基本义和转义

从词的概念意义来看，有的词只有一个概念意义（即一个义项），这就是单义词。比如"海岸""麻雀"等。有的词可以表示两个或两个以上互有关联的概念意义（即多个义项），这就是多义词。比如"配角"有两个概念意义：①戏剧、电影等艺术表演中的次要角色；②比喻做辅助或次要工作的人。词汇系统中越是基本的、常用的词，越可能是多义词。

一个多义词中最常用、最主要的概念意义是词的基本义。词的基本义往往是其转义产生和发展的基础。语言系统的矛盾之一来自符号的有限性和语义的无限性，随着人们认知范围的不断扩大，对客观世界和主观世界探索的不断深入，语言系统在比喻、引申等认知方式的推动下，使旧有词的意义适当增加，形成一个词承担多个概念意义而成为多义词的现象。例如："寄"的基本意义是①"托人递送"义，在此基础上产生了②"寄托、托付"义，后引申为③"依附于某人、某地"，再引申为④"认的（亲属）关系"，如"寄父"等。"寄"的这些义项，其基本义和转义的发展脉络是相当清楚的。

在对外汉语词汇教学中，分清楚多义词的基本义和转义，对外国学生更快更好地掌握汉语词汇的词义系统是至关重要的。

（二）汉语词义系统的联系与区别

对外汉语词汇教学的重要任务不仅是要教给学习者识词的能力，而且还要教给他们辨词的能力。由于汉语词汇在书面上不仅是音义结合体，而且还有汉字字形的区别作用。因此要辨词，就要在音、形、义三个层面进行。

1. 同音词

在音的层面，主要辨别的是同音词。同音词是指在声韵调三个方面都完全相同的词。现代汉语的声母、韵母和声调所组成的有效音节只有 1200 多个，而汉语的语素（汉字）多达五六万，通用汉字（语素）也有六七千。因此，在汉语词汇系统中必然存在相当多的同音词，即使在双音节词占主导地位的现代汉语词汇系统中，也存在相当数量的双音节同音词。在《汉语拼音词汇》所收的 59100 多个词中，同音词就有 5500 多个，占了近 10%。例如：案件—暗箭、年轻—年青、占有—战友、就势—旧事。

2. 同形词

在形的层面，主要辨别的是同形词。我们把同音词中那些汉字的书写形式也相同而意义完全不同的词叫作同形词。

无论是同音词还是同形词，都对外国学生快速、顺利地辨识汉语词语造成了相当的困难。尤其是同形词，它与多义词的不同更是我们应当提醒学生注意的。

3. 同义词

从义的层面来看，词语辨识的主要任务是辨析同义词。同义词是指在某一概念意义（义项）上相同或相近的一组词。

由于汉语词汇十分丰富，来源极为广泛，因此存在大量的同义词。准确把握同义词之间的词义联系和差别，特别是把握同义词。附加色彩上的差别，是学好用好汉语词语的基本功。

同义词辨析可以从词的概念意义、附加色彩和语法功能三个方面进行。

在词的概念意义方面，同义词存在着表现重点、概括范围和语意强度等不同的差别，需要我们细心琢磨和体会。比如："询问—咨询"都表示因不知道某事而打听的意思。但是，"咨询"是就某一特定的内容向专业人员或机构打听情况，而"询问"重在查询不知道的事情，这是表现重点的不同。再比如："生命—性命"都表示有生命物体的活动力，但"生命"可引申用于政治、艺术、学术等方面，范围广、抽象程度高，而"性命"一般仅指人或动物的生命体本身，这是概括范围的不同。又比如："侵犯—侵害"，都有伤害他人的意义，但是"侵犯"造成的伤害大、程度深，常用于比较正式的外交、法律方面，"侵害"的语意相对要弱一些。

同义词在概念意义方面的细微差别往往也会在语法功能方面表现出来。我们可以进一步把一组同义词的语法功能（词性、充当的句子成分、搭配的词语、形成的句法结构、要求的时体特征等等）逐一加以比较，从而得到更为细致而深入的认识。比如"希望—愿望"都表示实现目的的意思，但"希望"是名词，又是动词；而"愿望"只是名词，不是动词。

同义词辨析是一项非常浩繁而细致的工作，如何找到外国学生掌握汉语同义词的要点，选取最准确、最恰当的辨析角度，是对外汉语词汇教学所要做的一项艰巨工作。

三、汉外词汇对比与偏误，分析

对外汉语词汇教学，不仅要从汉语词汇系统内部的音、形、义三方面着眼，而且还要从汉外语言的词汇对比着眼，这是由汉语作为第二语言教学的本质特点所决定的。

我们应当看到，人类所生存和依赖的世界是同一个，人类所面对的社会生活也有许多相同的方面，再加上人类思维发展的水平和认知能力大体相同，必然使得以概念为基础的词义有相当大的共同性，各种语言的基本词汇应当是这种共同性的集中体现，不同民族语言的词义系统因此而有相同或相近的一面。同时，我们也要看到，不同民族语言的词义也存在着相当大的差异，这种差异一方面来自部分词的概念意义的不同，另一方面，即使那些概念意义相同的词，也会因附加意义的不同而形成不同的词义。汉语第二语言学习者基本上都是掌握了自己母语词汇系统的成年人，当他们面对一个新的词汇系统时，就必然要把汉语的词汇同自己母语的词汇加以对比，因此，不同语言的词汇系统，尤其是词义系统方面的差别，就会成为他们所要学习和掌握的重点与难点。

对外汉语词汇教学的一个重要基点就是要有对比意识。汉语第二语言学习者来自世界各地，他们已经掌握了各自不同的母语系统及其词汇系统。而我们的一个重要任务，就是要把汉语的词汇系统尤其是词义系统，与世界各主要语言的词汇系统和词义系统加以细致地对比，从而使外国学生能够了解汉语词汇与各自母语词汇及其词义系统的共同点和差异点所在，从而为有针对性的汉语词汇教学打下基础。20 世纪 50 年代中期兴起的对比分析理论，对我国 20 世纪 70 年代末以后的汉外对比研究产生了积极的推动作用。我国对外汉语教学界和外语教学界在汉外对比（特别是词汇对比）研究方面已经做了很多工作，汉语同其他语言（比如英语、法语、德语、西班牙语、阿拉伯语、日语、朝鲜语等）的对比研究，为汉语教学水平的提高，奠定了良好的基础。

汉外词汇对比研究，可以从整体和局部两个角度切入。整体切入的是汉语有而别的语言没有的所谓"国俗词语"；局部切入的是汉语和外语都有的所谓"对应词语"。这两方面的研究构成了汉外词汇对比研究的完整体系。

（一）汉语国俗词语研究

语言的词汇系统负载着文化信息，词汇受到民族特有的社会状况、风俗习惯、价值观念、审美情趣等等因素的影响和制约。一个民族文化中特有的部分，体现在词汇层面就是国俗词语。所谓国俗词语，就是反映本民族文化特有的概念而在别的语言中无法对译的词语，也就是说，是别的语言中很难找到与之完全对应的"非等值词语"。

梅立崇认为，可以把汉语的国俗词语分为五类：（1）名物词语：是指反映汉民族所创造的特有的物质文化的词语，例如，"华表""旗袍""元宵""四合院""麻将""京剧"等；（2）制度词语：是指反映汉民族社会特有的政治、经济、文化、军事等各方面制度的词语，例如，"离休""中顾委""包产到户""半边天""红娘"等；（3）熟语：是指基于汉民族所创造出来的特有的语言表达形式，诸如成语、惯用语、俗语、谚语、格言、歇后语等，这些俗语往往蕴涵着独特而深厚的文化渊源，富有语义的双层性；（4）征喻词语：是指在汉民族文化思想和精神基础上形成的具有象征意义和联想意义的词语，例如，"红豆""喜鹊""梅花""荷花""月亮""蝴蝶"等；（5）交际词语：是指反映汉民族在社会交往生活中所使用的表示招呼、道别、致谢、道歉、恭维、赞扬、谦敬以及禁忌等行为时所使用的词语。国俗词语是不同语言对比研究的产物，对外国学生讲解反映汉民族文化特征的汉语国俗词语，对于培养外国学生跨文化交际的能力至关重要。因此，汉语国俗词语应该成为对外汉语词汇教学的重要内容之一。

（二）汉外对应词语的比较研究

所谓对应词语，是指不同的语言中所表达的概念意义基本相同或相当的词语。例如汉语的"鱼"和英语的"fish"。应当说，不同语言的词汇系统中，对应词语是大量存在的，否则不同语言之间的翻译和交流就不能实现。但是，对应词语并非完全等值，即使在概念意义基本相同的情况下，也会存在各种细微的差别，这必然会影响第二语言学习者的词汇理解和掌握。因此，对外汉语词汇研究和教学一直特别重视不同语言之间对应词语的对比研究，也取得了不少研究成果。

汉语第二语言学习者来自世界各种母语背景，为了更有针对性地开展对外汉语教学，我们应当尽可能多地把汉语同世界上的各种语言进行对比研究，尤其是要进行对应词语的对比研究。目前来说，进一步开展好汉语同日语、韩语、英语、西班牙语、法语、德语、俄语、阿拉伯语等语言的词汇对比研究，是十分重要的。

由于历史的原因，汉语与韩国语、日本语有着悠久而密切的联系，这就形成了一种特殊的语言现象，韩国语和日本语中都存在着大量的汉字词。所谓"汉字词"，是指从汉语中借用并用汉字书写的那部分词语，它们与汉语中的对应词语"音近"而"义同"。就韩国语而言，在韩国语词汇系统中，汉字词约占一半以上。"汉字词"大多是韩国语和汉语词汇中的基本词汇，在这些汉字词中，中韩同形词又占有非常大的比重，其中有词义基本相同的（如"纪念"），也有词义部分相同的（如"安宁"），还有词义完全不同的（如"告诉"）。这种复杂现象，一方面给韩国学生学习汉语词汇带来了一定的便利，同时也有一定的负面干扰作用。汉语同韩国语、日本语在词汇方面存在的种种特殊现象，在汉外词汇对比研究中具有特殊的价值。

（三）外国人汉语词汇学习的偏误

在外国人汉语学习的过程中，词语偏误的产生是大量的。由于外国人母语词汇系统与汉语词汇系统之间并非完全一一对应的，因此外国人已经掌握的母语词汇系统，会对其目的语汉语的词汇系统的学习产生干扰作用，即学习者会把目的语的词汇同其母语的词汇作不恰当的比附，从而产生词语偏误。根据鲁健骥的概括，这种词语偏误主要是由四方面原因造成。

一是母语和目的语的对应词之间在词义上互有交叉而造成偏误。这种情况往往发生在多义词中。一般来讲，两种语言中的某一对对应词，如果在词义上恰好等值，那往往是在某一个概念意义（义项）上等值，除此以外的概念意义（义项）并不等值。而外国学生并不了解这一点，而作了不恰当的扩大化的比附。比如，英语的 to know 有"知道""会"的意思，但是反过来，汉语的"知道"与"会（有能力做某事）"却是两个词。当人们问"阿里今天为什么没来？"时，说英语的学生可能回答"我不会。"这就是把"I don't know,"作了不恰当的比附的缘故。

二是母语和目的语的对应词因各自的附加色彩不同而造成偏误。一个完整的词义，不仅只有概念意义，而且还包含一整套的附加色彩。词语的附加色彩是由这个语言社团的文化精神、价值观念及语言传统决定的，它较之概念意义，是更为潜在的部分，也就更不易为外国学习者所体会和了解。英语中的"fat"在汉语中可对应"胖"和"肥"，但"胖"一般仅指人，为中性色彩；而"肥"可指衣物、动物和人，而指人时明显含贬义色彩。这种不同语言的对应词语之间在附加色彩上的差别是普遍存在的，值得我们仔细研究。

三是母语和目的语的对应词因各自的搭配关系不同而造成偏误。不同的语言有不同的表达习惯，对应词之间尽管概念意义相同，但是它们各自的词语搭配习惯不同。学习者不了解这种情况，便把母语的搭配关系套用到目的语中。例如，英语中 wear（put on）的搭配词语可以是各种衣物鞋帽等，但汉语中的对应词"穿""戴"却各有各的搭配关系,"穿衣服"和"戴帽子"不能颠倒。

四是母语和目的语的对应词因各自的用法不同而造成偏误。不同的语言有各自不同的语法规则系统,概念意义相同的对应词,在不同语言的结构系统中可能用法完全不同。例如,英语中的 to meet（见面）、to marry（结婚）都是及物动词,可以直接带宾语,说成"I met him,""I married her,"但是汉语中的"见面""结婚"却是不及物动词,要说成"我跟他见了面""我跟她结了婚"。可是,英语国家的学生常常说成"我见面他""我结婚她",可见他们还未能掌握汉语中这类动词的特定用法。

四、对外汉语词汇教学

（一）对外汉语词汇教学的目的

词汇教学是语言教学的重要组成部分。没有词汇,人们便无法表达任何事物。对第二语言学习者来讲,词汇的掌握更是第二语言能力培养的基础环节。我们认为,对外汉语词汇教学的目的,就是要培养外国学生识词、辨词、选词、用词的能力。这种能力的培养,应当从汉语词汇系统内部和汉语词汇系统外部这两个方面着手。

所谓"识词",不仅要求外国学生能够熟练地识记汉语词语的音、形、义,同时还要求学生能够在汉语不分词的书面语表达形式下具有区分词与语素、词与短语的能力。也就是说,在一组连续的字符串中,学生能够分辨出哪个字符串代表的是词、哪个字符串代表的是语素、哪个字符串代表的是短语。这种"识词"能力的培养,是汉语词汇教学第一步的任务。

所谓"辨词",就是要求外国学生能够准确把握每一个汉语词语在音、形、义各方面的相互联系和区别。一方面要能够在汉语词汇系统内部准确区分同音词、同形词、同义词以及多义词的不同义项,把握它们在概念意义、附加色彩以及句法功能等方面的差异；另一方面还要能够把汉语和学生母语的对应词语联系起来,把握对应词语之间的联系与差别。只有在熟练"识词"的基础上准确地"辨词",才能为很好地"选词用词"打下坚实的基础,才能真正达到"组词造句"的目的。

所谓"选词用词",就是要求学生能够根据具体的交际环境,从语义表现、句法要求、语用得体性等各个方面,综合权衡已经掌握的词语并最终加以选用,组词造句。可以说,学生"用词"能力的高低是汉语词汇教学效率高下的最直接、最生动的体现。

从"识词"到"辨词"再到"选词用词",构成了对外汉语词汇教学的基本任务。从对外汉语教学的总体安排来看,词汇教学仍然是非常薄弱的一个环节。一方面,词汇教学不像语音教学和语法教学那样有自己相对独立、完整的教学过程和课程体系，它基本上处于一种附庸的地位和零散的状态，它没有自己相对独立、完整的教学过程和课程体系，在教学实践中，一般除了生词表外，再没有什么特别针对词汇教学特点和任务而设立的课程和训练环节。这种情况的产生，恐怕也与我们长期以来缺乏对词汇教学的目的和任务的明确认识有关。尽管近年来有人已经在开展集合式强化词汇教学实验研究，但总体来说，汉语词汇教学的目的、任务、课程体系和训练方法等一系列问题，都还有待于我们作更为深入的探索。

（二）汉语词汇统计与词汇等级大纲

汉语同其他语言一样，其总的词汇最多达几十万，可谓浩如烟海。而一个语言能力正常的汉族成年人，一般个人的词汇量也有数万之多。对外汉语词汇教学首先要解决的一个基本理论问题是，在基础汉语教学中应该教哪些词语。这就是汉语词汇统计分析与词汇等级大纲制定的问题。

1. 汉语词汇统计

20世纪80年代以来，随着计算机技术应用水平的提高，我国语言学界集中开展了不少有关汉语词汇的计量研究课题，例如，"中小学文科教学七千词表""信息处理用现代汉语五千词表""现代汉语常用词词频词典""现代汉语常用词库"等。这些课题的研制成功，为面向对外汉语教学的现代汉语词汇统计工作的进一步开展奠定了基础。

我国对外汉语教学界长期以来一直致力于现代汉语词汇的统计与分析。北京语言大学先后完成了《外国人实用汉语常用词表》《报刊词语三千六百条》《现代汉语频率词典》《对外汉语教学常用词表》《北京口语调查》等研究课题。其中，最具代表性的研究成果当属《现代汉语频率词典》。

《现代汉语频率词典》不仅对汉语词汇的使用频率给出了系统的描述，而且还第一次对汉语词汇的使用度进行了统计分析。这一成果，对于对外汉语词汇教学的理论研究和实践操作，都具有重要的参考价值。

2. 词汇等级大纲

汉语词汇统计与分析，为对外汉语词汇教学进一步的理论探索打下了坚实的基础。20世纪80年代后期，对外汉语教学界提出了《汉语水平等级标准和等级大纲》的研究工作。中国对外汉语教学学会制定了《汉语水平等级标准和等级大纲》，国家汉语水平考试委员会办公室考试中心制定并出版了《汉语水平词汇与汉字等级大纲》。其中，词汇等级大纲共收词8822个，包括：甲级词1033个，乙级词2018个，丙级词

2202个，丁级词3569个。该大纲依据现代汉语的动态性字词频度统计，同时又根据教学的实际需要，进行必要的专家干预而形成。其主要作用是：（1）为初中等和高等汉语水平考试命题提供依据；（2）作为我国对外汉语教学总体设计、教材编写、课堂教学和教学测试的重要依据；（3）作为我国少数民族汉语教学及中小学语文教学的重要参考；（4）作为编制汉语水平四级通用字典及其他辞书编纂的框架范围。

《现代汉语频率词典》和《汉语水平词汇与汉字等级大纲》在对外汉语词汇研究、教学、测试、工具书编纂等方面，发挥了积极的作用，也产生了深远的影响。

第三节　汉语语法与语法教学

对外汉语教学的基本目的是要教给学习者运用汉语进行社会交际的能力。而这种能力构成的核心之一便是对现代汉语语法系统地掌握。如何让外国学习者尽快掌握汉语语法系统的基本特征，获得汉语语法规则的系统知识和运用能力，是对外汉语教学最基本和最核心的任务之一。长期以来，面向对外汉语教学的语法研究和语法教学研究，一直是汉语语言学家和汉语教学工作者关注的一个焦点，也是取得研究成果最多、最为系统的一个领域。

一、现代汉语语法的基本特点

（一）语法

语法主要是指语言中组词造句的一整套规则，在成句的基础上，还有一套连句成篇的规则。这两个层面的规则组合在一起，便成为语言系统的语法规则。

不同的句子在连接成段（篇）的时候有不同的选择要求，它是语法规则在篇章层面的表现。从对外汉语语法教学实践来看，仅仅教给外国学生组词造句的规则是远远不够的。我们主张对外汉语教学语法应当包括连句成篇的语法规则。

（二）现代汉语语法的基本特点

对外汉语教学作为一种第二语言教学，其最根本的特质在于教学对象为来自世界各地的成年外国人。他们已经完全掌握了自己母语的语法系统，便会用自己母语的眼光来观察、认识和理解汉语语法系统。这就要求我们能够对现代汉语语法的基本特点有一个比较清楚的认识，从而能够在对外汉语语法教学中面对不同的教学对象而做到心中有数、有的放矢。

一般来说，现代汉语语法的基本特点表现在以下几个方面：

1. 语法形态比较少

从世界语言类型的角度看，汉语是一种分析型语言，它对语法范畴（性、数、格、时、体、态）的表达，一般不依靠或不必强制性地依靠固定的句法形态（如动词变位、词尾等）。比如，汉语的名词没有"性"的范畴差别，而法语的名词就有阴性、阳性之分，而且要用不定冠词 une/un 或定冠词 la/le 来分别。再如汉语中的代词"我"，不管它做主语、宾语还是定语，形态上没有差别，而法语相应的代词却有"格"的变化，写成"je""me""moi""mon/ma"等。再看动词，汉语也是没有形态变化的，而法语的动词有许多变位形式来表达不同的时体特征，例如 avoir（有）单就一般现在时就随人称变化有下面这几种形式：ai（第一人称单数）、as（第二人称单数）、a（第三人称单数）、avons（第一人称复数）、avez（第二人称复数）、ont（第三人称复数）。现代汉语中能被看作是真正意义上的形态成分，除了"了""着""过"等少数时体成分外，几乎没有什么形态成分。现代汉语是一种形态比较少的语言，因此有些外国学习者误认为汉语没有语法。这一点，在对外汉语语法教学中应当受到特别的重视，汉语不是没有语法，而是有一套完整的、不完全相同于印欧语言系统的语法。

2. 词序对语义表达具有重要作用

汉语语法关系的表现，一般不依靠印欧语言那样的形态标志手段，也不依靠日语那样的格助词，而是在很大程度上依靠词序的变化。相同的词语，不同的组合排列顺序，就会表现出不同的语法关系和语义关系。

3. 虚词是重要的语法手段

汉语里有大量的虚词，比如介词、连词、副词、助词、语气词等等。这些虚词在语法关系和语义关系的表达中起着重要的作用。尤其是汉语的副词，不仅数量多，而且相互联系紧密，差别细微，是汉语语法研究和语法教学的一大难点和重点。比如："再""还""又"这三个副词，它们都有表示"重复"的意义，但它们的语义相互交叉、纠缠，十分复杂，难以让外国学生准确理解、全面掌握，汉语的虚词不仅意义复杂，而且用法灵活，何时必用、何时可用可不用，有各种条件的制约。汉语虚词的隐现是一个非常令人头疼的问题，比如"的"的隐现、"了"的隐现等问题，一直是汉语语法教学的难点。

4. 词法和句法具有高度的一致性

我们知道，现代汉语双音节词占主导地位，这些双音节词一般又都是由单音节语素组合而成的复合词。而由词组合成的短语，在结构上一般又往往与复合词具有平行一致的关系,这就使许多短语,尤其是陈述、支配、补充型的短语,加上一定的语调就自然实现为句子。这种句法现象便是人们提出"词组本位"思想的基础。

5. 主题比主语更为突出

汉语的主语与印欧语言的主语不是同一的概念。印欧语的主语往往与谓语有性、数、人称等一致的语法关系,因而充当主语的成分是有一定限制的,甚至要有所谓的形式主语。而汉语则不同,各种语义角色,比如施事、受事、与事、工具、方所、时间等,只要能成为被陈述的对象都可以占据主语的位置,几乎没有什么语法关系的限制。

二、语法教学的基本内容

总体说来,对外汉语语法教学的基本内容,应当围绕培养外国学生组词造句、连句成篇这个基本目标来进行,也就是要问答语法教学教什么的问题。一般来说,汉语语法教学的基本内容,应当是语素、词、词组、句子和语篇这五级语法单位。这其中,词、短语和句子是语法教学最基本和最核心的内容。

(一) 语素

在过去大部分的对外汉语教材或课堂教学中,人们并不重视语素在汉语语法教学中的价值,而是把词当作最低一级的语法单位。随着语法教学研究的不断深入,人们逐渐认识到语素在汉语语法教学中具有独特的价值,因而有学者开始强调语法教学要向语素层面延伸。一方面,由于大量的汉语词汇是由有限的常用语素通过复合法或派生法构成,并且这些常用语素有的本身就是单纯词。例如:山+水—山水、学+者—学者。另一方面,汉语的复合词又同大部分的短语具有基本一致的语法关系,例如:心软—心慈手软。这就为在有限的语素和有限的构词法基础上较快地扩大学生的词汇量,让学生较为透彻地理解汉语的句法规则提供了有利的条件。因而我们认为,把语素教学纳入汉语语法教学的系统之中应当是十分必要的。我们目前对于汉语语素如何进入语法教学体系尚缺乏较为具体而系统的研究成果可以利用,因而还需要进一步的研究。

(二) 词

词是语法教学的核心内容之一,是组词造句的基础,因此有人主张"词本位"。在词层面,主要的教学内容应当是词类问题。词类问题应当包含三个既相互联系又相互区别的方面:词类划分、词性确定和兼类词的辨认。词类是划分词在句子中的功能类别。根据王还先生主编的《对外汉语教学语法大纲》,汉语的词可划分为名词、代词、数词、量词、形容词、动词、助动词、副词、介词、连词、助词、叹词和象声词共13类。词性是确定某一个词的功能类别，如："人民"是名词，"热爱"是动词，"永远"是副词，由于汉语的词没有形态变化，很多词所能担当的句法功能并不单一，因此词性的确定就一直成为语法研究和语法教学中的一个大难题，也正因为如此，汉语的词便存在着不少兼类现象。如：名词和动词兼类（如"锁"），名词和形容词兼类（如"困难"），动词和形容词兼类（如"滑"），名词、动词和形容词兼类（如"便宜"），形容词和副词兼类（如"实在"），动词和介词兼类（如"比"），介词和连词兼类（如"跟"），如此等等。汉语词类问题是语法教学中一个不可回避的实际问题，比如在对外汉语教材或工具书中标不标词性，怎样标词性，标什么词性等，也都颇费斟酌。不同的词类有不同的语法特征，有不同的语法要求，这些对于外国学习者理解和掌握汉语的结构规律都是至关重要的。

（三）词组

在汉语语法教学体系的建构中，有不少人主张"词组本位"，足见词组在汉语语法结构系统中处于多么重要的地位。词组是词与词组合而成的语法单位，它不仅可以自由地充当句子成分，而且汉语的大多数词组加上一定的语调就实现为句子。因此，汉语的词组在整个语法系统中实际处于中心的地位。汉语词组从结构关系上看，可以分为联合词组、偏正词组、补充词组、动宾词组、主谓词组、方位词组、数量词组、介宾词组、"的"字词组、复指词组、连动词组、兼语词组、固定词组等。如果从词组的句法功能看，可以把它们分为名词性词组、动词性词组、形容词性词组等类型。研究汉语词组的结构关系、功能类型及其成句条件，特别是不同句型对不同词组的选择要求，是对外汉语语法教学的重要研究课题。

（四）句子

句子是语言里最基本的表述单位，一个句子表达一个相对完整的意思。对外汉语语法教学最直接的目的就是教会外国学习者学会说出并理解汉语的句子。对句子的组成规则、句子与句子之间的关系以及句子与语篇的关系这三方面的研究和教学，便成为对外汉语教学语法最重要的任务之一。事实上，关于句子的研究成果是最为丰富和深入的，我们可以从句子功能、句子成分和句子结构这三个方面来对汉语句子做比较全面的认识。

1. 句子功能

我们从表达功能的角度把句子分成四类，即：陈述句、感叹句、疑问句和祈使句。陈述句是说话者报道一个事实，一般用降调。如："我们去了上海。"

感叹句是说话者表达一种强烈的感情，一般用高平调或低降调。如："黄山太美了！""我可真倒霉！"

疑问句是说话者对听话者提出问题，有四个小类：（1）是非问，如："他在看书吗？"（2）特指问，如："你去哪儿？"（3）选择问，如："他读文科还是读理科？"（4）反复问，如："你昨晚有没有看球赛？"由于汉语的疑问句表达形式繁多，疑问等级差别细微，对外国学生来说，是一个十分难以把握的表达功能类别。

祈使句是说话者对听话者提出某种要求，如商量、请求、命令或警告等。如："我们明天去爬山吧。""你给我滚！""小心我告你！"

总体说来，汉语句子的功能类别由于有语调和标点符号的标示作用，基本上是清楚的。但是，有些情况下，也会发生功能错位的情况，如用疑问句的形式表达祈使句的功能等。这是在对外汉语语法教学中需要特别注意的地方。

2. 句子成分

一般的句子由主语和谓语两部分组成，它们构成句子的基本成分。而句子的连带成分则有宾语、补语、定语和状语。

主语是句子陈述的对象。在汉语中，主语是一个模糊的概念，不仅有许多句法成分都能够充当主语，而且由于汉语的主语和谓语之间实际构成的是一个"话题—述题"的表达框架，因而主语的语义角色就相当复杂。主语问题是汉语教学语法中的一个难点。

谓语是句子中对主语进行陈述的部分。汉语句子中谓语的特殊之处在于，能够直接充当谓语的句法成分，除了动词、形容词之外，还有部分名词、疑问代词、数量词组、主谓词组、介宾词组等，从而构成汉语中的特殊谓语句式，如名词谓语句、主谓谓语句等。对于外国学习者来讲，汉语句子谓语的复杂成分，是他们学习中要特别加以注意的地方。比如汉语的形容词短语可以直接做谓语，如："她很漂亮。"可是外国学生往往会加一个"是"，说成"她是很漂亮"。

宾语是动词的连带成分，表明与动作行为相关的事物。汉语句子的宾语和动词的语义关系十分复杂，有不同的语义类型：有的表示动作行为的对象（如：吃面包），有的表示动作行为的结果（如：盖房子），有的表示动作行为的处所（如：住宾馆），有的表示动作行为的工具或方式（如：打毛线），有的表示动作行为的存现主体（如：放着书）等等，都是外国学生难以理解之处。另外，汉语的双宾语也是语法教学的一个重点。

状语是句子里修饰、限制谓语的成分，因而也是谓语的连带成分。状语和谓语之间的关系基本上可以分为限制性和描写性两大类。状语的标志是结构助词"地"，

"地"的隐现问题、多项状语连用时的顺序问题，都是语法教学中的难题。更为麻烦的是，汉语里有一些语义关系，既可以用状语也可以用补语来表达，那么这时候两者的区别是什么。这样的问题，都是对外汉语语法教学所要直接面对的。

补语作为谓语的连带成分，概而言之表示动作行为产生的结果。根据形式和意义相结合的原则，我们可以把补语分为8个小类：结果补语、程度补语、趋向补语、可能补语、时量补语、动量补语、数量补语、介宾补语等。结构助词"得"是程度补语的标志。毫无疑问，补语是汉语句子成分中在形式和意义上都最为繁复的一类，也是汉语句法特点的最突出体现者。这其中，补语的语义指向问题、各个补语小类之间的相互关系问题、与其他句法结构的配合使用问题等等，都是我们汉语语法教学的重要任务。

定语作为句子里修饰、限制主语或宾语的成分，总是放在主语或宾语的前边。定语和中心语之间基本上构成限制性和描写性两种语义关系。结构助词"的"是定语的标志，它的隐现也是一个非常值得研究的问题。另外，当多项定语同时使用时，也有一个排列顺序的问题，这也是教学中的一个难题。

应当说，经过几十年的努力，人们对句子成分的描写和研究已经取得了相当丰富的研究成果，我们可以而且应当对这些成果进行系统的梳理并加以利用，为对外汉语语法教学服务。

3. 句子结构

从结构上我们可以把汉语的句子分为单句和复句两大类。单句是一个意义相对独立的句子，复句是由两个或两个以上的单句（分句）按照某种内在的逻辑关系组合起来的句子。

从汉语教学语法的角度看，句子是语法教学最中心的环节，处于语法教学的核心地位。长期以来，汉语的句子得到了较为系统而深入的研究。这集中体现在句型的统计与分析上。从20世纪70年代末开始的汉语句型统计与分析，在确定什么是句型、划分句型的标准、区分句型成分和非句型成分以及建立句型系统的依据等方面，不仅进行了深入的理论探讨，而且也做出了一些实际成果。建立一套针对对外汉语教学特点的科学而实用的句型系统，对于教材编写和课堂教学都是极为重要的。现在的问题是，仅有基于结构分类的句型系统还不够，我们还需要建立基于语义的分类系统、基于语用的分类系统等。

在结构分类的句型系统中，我们常说到汉语的特殊句式，比如：连动句、兼语句、"有"字句、"是"字句、"是……的"句、"把"字句、"连"字句、被动句、存现句、比较句、重动句、双数量句等等。这些特殊句式在汉语语法系统中具有特殊的句法、语义和语用价值，因而也是语法研究和教学的重点与难点所在。

（五）语篇

语篇是指在言语表达中有一个明确的中心思想贯穿、在结构上相互关联而意义上密切联系的一组句子组成的或大或小的段落、篇章。一个语篇中，句子与句子之间有并列、选择、总分、解说、因果等各种语义关系。结构上有直接组合和关联组合的不同，语篇内部是有层次的。

外国学生在初中级阶段对汉语句子结构的掌握可以达到较好的水平，但是在语篇的掌握方面，即使到了高级阶段也往往问题不少。这一方面是由于汉语语篇研究本身相当薄弱，拿不出多少可以直接用于教学的理论知识，也就是说我们对于连句成篇的规则和手段知之甚少；另一方面，在语法教学中，长期以来我们忽视了语篇教学，致使学生得不到系统的语篇结构和连接手段方面的有效训练。实践证明，对于外国学生尤其是高年级学生来说，汉语语篇教学的确是非常必要和重要的。汉语语篇研究和教学仍然任重而道远。

三、语法对比、偏误分析与语法习得

在对外汉语语法教学实践中，人们逐渐认识到，仅仅了解汉语语法教学的基本内容，仅仅把目光注视于汉语语法事实本身是远远不够的。更为重要的是，既要充分认识汉语语法结构系统的特点和规律，又要充分认识外国学生汉语语法学习的特点和规律，就必须进行汉外语法的对比研究，必须进行外国学生汉语语法学习的偏误分析和语法习得过程的研究，这样才能深化对教学语法研究和教学规律的认识，扩大教学语法的研究领域，丰富教学语法的理论系统，使之更加符合汉语作为第二语言教学学科理论建设的整体要求，提高语法教学的针对性和科学性。

（一）汉外语法对比

吕叔湘先生在北京语言大学作了题为《通过对比研究语法》的学术报告。在吕叔湘先生的大力倡导之下，汉外语法对比研究逐渐成为对外汉语教学语法研究的一个崭新领域。在这之后的一段时期内，人们把汉语同英语、日语、法语、俄语、德语等主要语种，从词法、句法的各个层面进行了大量的对比研究，取得了丰硕的成果。汉外语法对比主要集中在句法结构和虚词方面。比如，有人把汉语和英语的时体表达系统进行对比；有人把汉语的能愿动词和英语的情态助动词进行对比；有人把汉语的宾语和韩国语的宾语进行对比，如此等等。这些语法对比研究，不仅进一步深化了人们对汉语语法结构系统本身内在规律的认识，而且也提高了针对不同母语学习者的教学针

对性。应当说，汉外语法对比的研究工作还远没结束，我们要做的工作还很多很多。

（二）相关语法项目比较

在对外汉语教学界，人们普遍认识到，要想对汉语语法自身的特点和规律有一个清晰的认识，除了要进行汉外语言的语法对比研究之外，还要在汉语语法系统内部进行相关语法项目的比较研究，这种比较研究是构筑科学的汉语教学语法体系的重要条件之一。汉语语法系统中存在着大量的在句法、语义或语用上既相互联系又相互区别的语法项目，真正搞清楚它们之间的相互联系与区别并非易事。比如汉语中的同义句式就是这样一个难题。

同义句式是指句子的语序不同或构造不同而表达的内容基本相同的一组句子。在语言表达中，因不同的语用需要而对它们灵活地加以选用。这对汉语母语者来讲是习焉不察的完全自动化的过程，却成为外国学生非常艰难的语言学习过程。

汉语语法系统中类似的现象是大量存在的，尤其是跟虚词相关的语法项目。比如比较句的否定形式"没有""不比"和"不如"，比如形容词做状语和做补语，比如虚词"一连"和"连连"，比如"并不""可不"和"才不"，等等，都需要我们认真比较，详加辨析，才能解决外国学生汉语语法学习中的一个个实际难题，也只有对这些相关语法项目进行了系统的比较，真正找出它们之间的联系与区别，一个科学的汉语教学语法体系才能完整地构筑起来。

（三）语法偏误和语法习得

汉语作为第二语言的语法教学，最重要的基础之一就是要掌握学习者学习汉语语法的基本规律。在对外汉语教学的起步阶段，由于科学研究的局限，我们对此认识不足，也没有做过系统的研究。从20世纪70年代末开始的病句分析，到80年代中期兴起的偏误分析，再到90年代以后逐步发展起来的汉语学习者语法习得规律研究，使对外汉语教学语法研究领域进一步扩大。

我国对外汉语教学工作者从20世纪70年代就开始了对外国学生汉语学习的病句和错句进行收集、整理与研究，积累了丰富的资料。其中，《外国人学汉语病句分析》和《汉语病句辨析九百例》是这方面的代表。外国学生掌握汉语语法规律、特点以及用法的过程是一个不断学习、不断发生错误、不断修正错误的过程，这其中必然会有大量的语法偏误产生。了解外国学生的语法偏误，会进一步理解汉语语法系统和汉语语法教学的内在规律。

外国学生学汉语时类似的语法偏误是多发的、有规律的。不同母语的学习者也会有不同的语法偏误发生。深入挖掘外国学习者掌握汉语语法系统的规律，必然会有助于汉语语法研究和教学规律的认识。

随着语言学习理论研究的不断深入和中介语语料库的建设开发，人们已不再满足于对外国学生的语法错误作一般的病句分析和偏误分析，而是开始把目光转向系统地探讨外国学生汉语语法习得顺序的研究上，人们开始探讨某一语法项目或某一语法系统，从最初出现到初步掌握再到完全掌握这个过程的内在演进轨迹和制约因素。

汉外语法对比也好，汉语内部相关语法项目的比较也好，病句和偏误分析也好，汉语语法习得顺序研究也好，都是为了更加全面更加深入地认识汉语语法的结构系统，认识汉语语法学习的内在过程和规律，从而更加科学地把握汉语语法教学的基本规律。这方面的研究还有深入的必要和相当大的挖掘空间。

第四节　汉字与汉字教学

一、现代汉字的基本属性和基本特征

我们把古今通用的字和现代白话文专用的字合称为"现代汉字"。现代汉字就是现代汉语的用字，也就是现代白话文的用字。它是对外汉字教学，尤其是基础阶段对外汉字教学的主体。从对外汉语教学的角度讲，我们首先要从世界语言和文字关系的角度把握现代汉字的基本属性特征，这是我们更好地从事对外汉字教学的基本前提。

（一）汉字是语素文字

文字是记录语言的符号体系，这是世界所有不同语言的文字所具有的共性。文字性质的认定，取决于这种文字的基本单位记录的是什么样的语言单位。世界上现存的语言有五千种左右，书写这些语言的文字也有几千种。从文字的基本单位记录的语言单位来看，世界上的文字主要有三类：（1）记录音素的是音素文字，如英文、法文；（2）记录音节的是音节文字，如日文的假名；（3）记录语素的是语素文字，如汉字。音素文字和音节文字都是表音文字，也叫拼音文字。表音文字的基本单位是字母，语素文字的基本单位是字。

来看语素文字。语素文字的代表就是汉字。汉字记录的语言单位是汉语的语素，语素是语言系统中最小的音义结合体，例如"人、飞、大、非"等汉字记录的都是现代汉语的语素。对一个语言系统来讲，语素虽然不是无限的，但肯定要比有限的几十个音素多得多。汉字作为语素文字，是用不同的字形来表示不同的语素。一方面，它

要区分读音不同的语素，例如"吃"和"喝"，另一方面它要区分读音相同的语素，例如"每"和"美"。汉语是用汉字来记录汉语的语素，因而语素的音和义就成了相关汉字的音和义，这样，汉字的形体和它所表示的语素的音和义就紧密结合在一起了，所以汉字是形音义的统一体。

（二）现代汉字的形声体系

与拼音文字相比，汉字作为一种独特的表意文字体系，根本点在于其具有一种特殊的形音义关系，这集中表现在形声字上。

现代汉字是在古代汉字的基础上历经字形、字音、字义等多方面演变而形成的，尽管如此，我们仍可在一定程度上沿用"六书"说来分析现代汉字的形体结构，这对于外国学生认识汉字、学习汉字是有益的。"六书"说是以隶变前的汉字，主要是以篆书为研究对象而建立起来的分析汉字结构体系的理论。东汉许慎著《说文解字》，总结、整理成完整而系统的"六书"说，即："一曰指事，指事者，视而可识，察而见意，上下是也。二曰象形，象形者，画成其物，随体诘诎，日月是也。三曰形声，形声者，以事为名，取譬相成，江河是也。四曰会意，会意者，此类合谊，以见指伪，武信是也。五曰转注，转注者，建类一首，同意相受，考老是也。六曰假借，假借者，本无其字，依声托事，令长是也。"这其中，形声字最为重要。

由于汉字形体的演变以及古今音的不同，已使现代汉字中很多形声字变得既不表形也不表音了，但仍然有相当多的形声字不同程度地具有表义和表音的作用。严格说来，现代汉字声旁的有效表音率在30%左右。这与拼音文字的差别是相当明显的。拼音文字的形音联系是直接的、同步的；而汉字的形音联系却是间接的、分离的。即使形声字具有一定的表音功能，那也是以认识一定数量的成字部件为前提的。比如要认识"晴"这个形声字，须以认识"青"这个声符为前提。在教学中如果我们能对形声字进行恰当的分析和归纳，弄清楚声旁字与由它组成的形声字的读音关系和常用程度，还是可以帮助外国学生更有效地认记字形的，而且也有利于了解字形与字音、字义之间的关系，从而加深对现代汉字的理解。

（三）现代汉字的基础部件与基本结构

1. 现代汉字的基础部件

现代汉字是由不同数量、不同功能的部件依不同的结构方式组合而成的。部件的数量、功能和组合方式（位置、置向、交接法），是每个汉字区别于其他汉字最重要的属性，汉字的信息量主要是由部件来体现的。现代汉字绝大多数是合体字，这就带来汉字部件的拆析与组合问题。正确引导外国学生把握汉字的基本部件和基本结构是对外汉字教学的重要环节。

我们把由笔画组成的具有组配汉字功能的构字单位叫作汉字部件。汉字部件是可以层层拆析的。一个汉字中不能再拆析的部件叫作"基础部件"。

2. 现代汉字的基本结构

现代汉字作为语素文字，在形体结构上同拼音文字最本质的区别在于：拼音文字是一维的线性结构，而汉字则是二维的方块结构。从汉字书写的角度说，它是一个从基本笔画到基本部件再到完整的汉字（独体字和合体字）的逐步生成的体系。汉字的基本笔画有"一、丨、丶、丿"，在此基础上衍化出二十多个笔画，由这些笔画构成一个个部件（偏旁部首、常用固定的书写形式和独体字），由这些基本部件通过二维组合而构成完整的汉字（主要是合体字）。这样，方块汉字就具有了非线性的排列方式，这就是汉字的基本结构。从书写程序上看，汉字的书写，要求各部件在各个汉字中均占有确定的位置，上下、左右、高低、大小，不能随意改变，各个部件之间形成一种层级关系。无疑，这对习惯于书写线性结构的拼音文字的外国留学生来说，是一个难题。

现代汉字的基础部件和基本结构是相辅相成的一对概念，结构因部件而产生，部件因结构而存在，它们在对外汉字教学中占有重要地位，尽管汉字教学有基本笔画、笔顺、部件、整字等多个层面，尽管学术界目前对基础部件和基本结构的划分意见不一，但基础部件和基本结构的教学，无疑是汉字研究和汉字教学的中心和重点所在。

二、外国人汉字认知和学习的特点与困难

对外汉字教学与对中国人进行的母语汉字教学相比，其最本质的差别在于其教学对象是外国人而非中国人。可以说，对外汉字教学的所有特点和规律，都应当与此相关。对外汉字教学，一方面要充分认识现代汉字本身的特点和规律，另一方面，也是更为重要的一个方面，就是要充分认识和把握外国人认知和学习汉语的特点和规律，这是由对外汉字教学的教学对象的特殊性所决定的。

（一）汉字文化圈内外的学习者不同的"字感"

中华文化博大精深，源远流长，曾经对许多国家，特别是东南亚和东北亚地区的许多国家产生过重要影响。这些国家在一定的历史时期内，大量吸收中华文化的营养，从而形成了以汉字为代表特征的汉字文化圈。

从学习汉语的角度讲，来自汉字文化圈的国家的学习者，由于他们在日常生活和文化教育过程中，或多或少地会接触甚至使用一些汉字，因此他们对汉字起码是不陌

生的，有的还会有一种亲近感，甚至有一定的汉字认读和书写基础。尽管这些汉字文化圈的学习者在汉字学习过程中也存在这样那样的问题，但他们所表现出来的汉字优势却是客观的。这种优势归结起来就是他们的汉字"字感"比那些非汉字文化圈的学习者要好得多。

那些非汉字文化圈的母语文字为拼音文字的学习者，初学汉字首先遇到的是汉字认知上的挑战。这种挑战首先表现在视觉系统上，要让眼睛习惯对"点、横、竖、撇、捺"的组合表示意义的方式的辨认，从而在字义和字形之间建立一种联系；其次是训练视觉记忆对这些字符的储存；另外还有手眼运动配合对字符的再现，也就是从对一维空间的线性结构记音符号的认知，转变为对二维空间的方块结构表义符号的认知。事实证明，非汉字文化圈的学习者初学汉字时，把汉字看成一种艺术，看成一幅很难懂的画儿，看成奇形怪状的图案，看成是线条的谜。因此，非汉字文化圈的学习者在汉字学习过程中，必然会表现出与中国人和汉字文化圈的学习者截然不同的认知特点。这是我们在汉字教学中必须清楚意识到的问题。

(二) 母语为拼音文字的学习者汉字认知的特点

根据王碧霞等的研究，母语为拼音文字的学习者在学习汉字时，对汉字的认知存在着三个明显的特点。

1. 由听觉感知转变为视觉感知

辨认汉字形体对母语为拼音文字的外国学习者来说是一件相当困难的事。这可以从两个方面来理解：

第一，拼音文字是表音文字，文字与语音的关系密切而直接，拼音文字的字形，为单向线性排列的视读单位，构造简单。以先左后右或先右后左的一维结构的形式呈现在读者眼前，形成的视焦映像复杂程度低。拼音文字主要依靠听觉感知。而汉字是多向行进的，由笔画构成部件，由部件通过上下、左右、内外三种基本位置排列组合而成整字，汉字因而呈三维的立体结构，投入视网膜的映像的复杂程度要比拼音文字高得多，再加上汉字表音是不直接的，汉字更多地需要视觉感知。汉字构造复杂，符号繁多，表音度低，表义度高，内含的信息量丰富，对视觉感知的要求高，母语为拼音文字的初学者显然很难达到。而拼音文字学习者在对母语的长期使用中已形成了牢固的视觉感知习惯，这种习惯与汉字的认知与学习不相适应。

第二，使用拼音文字的读者在对文字的识记中，较多地使用声音通道。汉字的识记则完全不同。汉字本身不直接携带声音，使用汉字的读者在文字加工中主要是靠识别字形来唤起字义，汉字的字形在视觉的短时记忆中起着重要的作用。

2. 汉字处理的脑机制尚未形成

大量的心理学实验证明，人脑既有对语言的综合加工能力，同时又有不同的分工，体系相异的文字在人脑中处理的途径不同，在对汉字与拼音文字的认知过程中，大脑所经历的工作程序也不相同。它表现在两个方面：

第一，性质不同的文字，人脑加工的方式和部位不同。人类大脑两半球对语言的知觉加工与记忆能力具有不对称性的特点，就脑功能的分工来说，左脑擅长加工语言素材，右脑擅长加工图形、空间刺激等，左脑对分析及次序处理工作表现出明显的优势，而右脑对整体的辨认则有较强的视觉感知能力。研究材料已证明，拼音文字是在左脑处理的，汉字具有极强的图形性，在对汉字的认知过程中，人们总是借助于对汉字的整体识别来区分不同的意义，然而汉字并不是图形文字，每个汉字包含着丰富的语义信息，因此人脑对汉字进行信息处理时，不像处理拼音文字那样只有单侧脑参与，而是左右脑并用。这说明，拼音文字的学习者在对汉字的识记过程中需要建立起一套新的与处理母语文字不同的脑机制。

第二，对文字信息进行编码时的工作程序也不同。人们学习一种文字时，要从形、音、义入手。拼音文字提供的是语音和语法形态信息。文字与语音的关系直接且密切，文字的音符固定。汉字跟语音的关系间接而松散，汉字表音的有效率低，汉字的读音对书写没有很大的启示作用，这给初学者带来一定的困难，在听、写练习中，学生接收到的语音信息需要重新经过大脑的加工，如对字形的回忆、同音字的鉴别等，才能获得对词义的理解。在汉字的识记中，大脑通过字形与音、义建立联系，即既要经过语音编码，又要经过形态编码。如前所说，汉字的表音度低，汉字的义符虽然有助于留学生对汉字的记忆，但汉字符号繁多，很难一一牢记。因为历史演变的原因，有的义符已经失去原来的意思，这在一定程度上容易造成联想的阻断，增加留学生记忆汉字的难度。

（三）外国学习者汉字学习的困难和常见书写错误

众所周知，汉字学习有"三难"，即"难读""难写""难认"。所谓"难读"是指，汉字是表义体系的文字，字形和字音的联系不是直接的，不像拼音文字那样可以拼读出来，而是需要死记硬背的。现代汉字中虽然有百分之八九十的形声字，但是，形声字的读音规律性并不强，而且要以认读声符字为基础。所谓"难写"是指，汉字笔画多，笔顺严格，部件组合的结构复杂。所谓"难认"是指，汉字总字数多达六七万，现代汉语通用字也多达六七千，其中常用字三千多个。即使要记住这三千多个不同形状而又十分相似的字，所要花费的时间和精力，无论如何也要比拼音文字多得多。

外国学习者初学汉字，既要辨认字形本身的结构，又要建立字形与字音、字义之间的联系，而记认汉字又是一种复杂的思维活动，这就是汉字所以难学难记的原因。比较地说，形、音、义三个方面，字形的掌握是初学汉字的主要难点。即使像来自日本这样的汉字文化圈国家的学习者，在学习汉字的"优势"背后同样存在着许多问题。

外国学习者，尤其是拼音文字学习者初学汉字，常犯的字形方面的错误可以归纳为笔画、部件、结构、整字等几个层面。

在笔画层面，笔画是构成汉字的最小单位。每一个汉字都由固定的笔画构成，每一个笔画有固定的书写笔顺，因而写对写好汉字的基本功在于笔画。由于外国学习者初学汉字，对汉字笔画缺乏应有的训练，因而写起汉字来常常出现笔画增减、笔形失准、笔顺颠倒等问题。

在部件层面，汉字部件是由笔画到整字的中间环节，是把握汉字结构、拆析分解汉字的基础由于汉字部件多达数百，外国学习者掌握起来有一定的难度。外国学习者汉字部件层面的书写错误是大量的，值得我们深入细致地研究。

在结构层面，汉字二维的方块结构是区别于拼音文字单向一维线性结构的本质特征之一。由于大约95%的汉字都是由2个或2个以上的部件组合而成，因而汉字的结构关系和结构类型就相当复杂。习惯于书写拼音文字的学习者，往往不能很好地把握汉字的内在结构关系，出现或混乱不清或松散不匀的结构问题。加强对外国学习者汉字结构方面的培养和训练，任务还是相当艰巨的。

在整字层面，由于汉字数量多，形音义三者的关系比较复杂，形近、音近或义近的汉字相对较多，因而导致不少写别字的现象出现。最常见的问题是形近字混用，如：干/千；计/讨；日/目；主/圭。

了解不同汉字背景的外国学习者不同的汉字"字感"，认识拼音文字学习者在汉字认知和学习方面的特点，掌握外国学习者在汉字书写方面常见的错误类型，这些都是有针对性地搞好对外汉字教学的前提条件。

三、对外汉字教学规律的探索

汉字系统本身的复杂性和外国学习者汉字认知和学习的规律与特点，决定了对外汉字教学在整个对外汉语教学过程中的重要地位。对于外国学习者来讲，汉字学习是一个相当困难而漫长的过程。拼音文字除了学习几十个字母和为数不多的一些拼写规则之外，几乎不用花费什么时间来学习文字。而汉字则不同，它不仅是一个需要专门学习的知识系统，更是一门需要专门训练的技能。它同对外汉语教学的其他方面（如语音教学、词汇教学）相互伴随，相互交叉，形成了一种错综复杂的关系。几十年来，人们一直在探讨汉字与其他语言要素之间的教学关系。从某种意义上讲，对汉字如何认识和处理，关涉到整个对外汉语教学理论体系的重大问题，这也是对外汉字教学规律探索的重要方面。

（一）对外汉字教学的教学目标

概括地说，对外汉字教学的教学目标是培养外国学习者的汉字能力。所谓汉字能力，根据施正宇在《论汉字能力》一文中的阐述，指的是用汉字进行记录、表达和交际的能力，包括写、念、认、说、查五个要素。其中，写、念、认各以汉字的形、音、义为理据依托，是成就汉字能力的基础要素，属本体范畴；说和查是以汉字的形、音、义为基础，以熟练掌握本体范畴内的各个要素为前提，是写、念、认诸要素在应用领域的延伸，属应用范畴。具体地说，写就是书写，是在向量特征的规定下正确书写符合汉字拓扑性质的字形，并使之达到正字法的要求。念，指的是根据汉字形体所提供的信息准确地念出它所承载的字音，是指根据个体字形所提供的语音信息念出一个音节或一串音节。认，是根据字形提示的意义信息辨认并区别字义与词义。说，即称说，指用已知的有关汉字形、音、义的知识来称说未知的字形，简言之，就是把字说给别人听。查，即指汉字、汉语工具书查检，使用，包括用笔画（含笔顺）、部首、拼音的排序方式进行检索、查看。

从目前汉字教学的实际来看，在写、念、认、说、查五项能力的培养中，查的能力培养是最为薄弱的环节。目前有关汉字、汉语工具书检索的教学几乎是空白点。许多外国学生都是无师自通地使用按英文字母顺序排列的拼音检字法。他们翻检以音序法排列的字典、词典相应地比较熟练。音序检索的前提是已知字音，但见形而不知音义却是学生学习过程中首先遇到的问题，音序法对此无能为力。当前急需规范音序、形序、义序的编排方式，特别是形序的取部位置和归部原则，以及字形简化、字义演变后义序的位部原则，这样才能有助于达到快速、准确检索的目的。

汉字的定序是一个急需深入研究的问题。拼音文字通过字母表确定字母的顺序，简单明确，使用方便。而汉字字数繁多，又缺少完备的表音符号，建立字序十分困难。目前最常用的字序有两种，就是部首法和音序法。部首法是传统的字序法，从汉字的字形着手，把具有相同偏旁的字归并为一部。归部有两大原则，一是据义归部，二是据位归部。对外国学习者来讲，部首法繁难得很。音序法是根据字的读音来捧定字序。当前使用最广的音序法是汉语拼音音序法。按照汉语拼音字母表里字母的顺序排列字母的先后。同音字再根据笔画数的多少，由少到多排列。笔画数相同的，按起笔的笔形横竖撇点折顺序排列。起笔笔形相同的，按照第二笔笔形，依次类推。音序法简明严谨，不会出现模棱两可的情况，使用起来比较方便。不过，使用这种查字法一定要，能读准字音，读不准字音就无法查到。这显然对外国学习者来说是相当不利的。

（二）探索语与文的相互关系

对外汉字教学在对外汉语教学的总体安排中究竟放在什么位置？怎样处理语音、词汇、语法与汉字的关系？怎样处理口语和汉字阅读的关系？什么时候教汉字、怎样教汉字效果最好？这一系列问题都是对外汉字教学需要解决的根本性问题。

1. 先语后文

对外汉语教学刚刚开始时，基本上采用"先语后文"的办法。就是在五六个月内，学生只接触拼音（威妥玛式注音法），不接触汉字，在学生掌握了几百个生词以后，才开始同时学习汉字。经过一学年的试验发现，这个方法虽然在初学阶段分散了难点，但是后期学生在学新词的同时，既要学新的汉字，又要补学旧的汉字，实际上是集中了难点。对外汉字教学借鉴祁建华的速成识字法，重新试验"先语后文"的办法，在学完七八百个单词和基本语法以后，不讲新课，停十来天，专门突击学过的单词所包含的汉字。由于汉字不是外国学生的母语文字，加上学习汉语的时间很短，因而这种方法会导致外国学生汉语生词、语法的回生，集中认写汉字也非常困难。因此，"先语后文"的方法并不适合外国学习者。

2. 语文并进

试验"先语后文"的方法后，改为"语文并进"法。即在语音阶段先教汉字的基本笔画以及笔画较少、构字能力很强的部件。从学习语法、课文开始，一方面进行听、说训练，一方面同时要求学生认、写汉字。这样做的好处是：第一，较早地教汉字，符合学生尽早接触汉字的心理需求；第二，均匀地分散学习汉字有利于学生记忆；第三，有利于把听、说、读、写看作是有机的相互促进的整体。语文并进法所带来的问题是，汉字教学完全从属于课文和单词，打破了汉字本身的系统性和内在规律，不利于学习者尽早形成对汉字的理性认识。这也说明，正确对待和处理汉字教学的相对独立性，是一个非常关键的理论问题。

3. 拼音汉字交叉出现

针对"语文并进"法的缺点，为了使汉字的出现次序符合汉字本身的系统性，对外汉字教学曾经试验过教材用拼音加汉字、使拼音与汉字交叉出现的办法。即生词与课文中只出现本课计划教授的以及已学过的汉字，其余的使用拼音。这种办法最主要的好处是可以有效地控制所出现的汉字，这显然要比课文中包含什么字就出什么字的办法好得多。但是这种方法也有问题,一是拼音汉字交叉出现并不符合汉语实际应用的需要,二是实际操作的难度比较大。

4. 听说与读写分别设课

"语文并进"必然形成"语文一体"的教学体系,就是学说什么话,就教写什么汉字,语言与文字、听说与读写同步前进。这样的教学体系,不仅不能按汉字的结构规律出汉字,而且由于汉字难学,听说训练也受到了很大影响。对外汉语教学进行了听说与读写分别设课,分开教学的实验。语音阶段(两周)只出现拼音,不出现汉字,课上除教拼音方案外,主要是听说训练。语音阶段结束后开始增加读写课,听说课和读写课的比例是3∶1。听说课教材开始以拼音为主,同时出现读写课上学过的汉字,没有学过的以拼音代替,或用拼音为生字注音,听说课后期的教材,则过渡到全部使用汉字。读写课初期的教学重点是汉字,所用的单词和句型都是听说课学过的,但教学内容不需要与听说课完全一致。后期的读写课,逐步过渡到大量阅读和写作训练。这种做法可以加强听说训练,也可以有计划地出现汉字。这种教学安排带来的主要问题是,两种相对独立的课型如何相互联系,紧密配合,如果处理不好,容易产生脱节现象。

在对外汉语教学的整体安排中,汉字教学占有如此重要的地位,它与口语教学的关系如此复杂,恐怕在世界第二语言教学领域是极为少见的。这也给对外汉语教学的理论研究提出了严峻挑战。如何准确把握汉字教学的相对独立性,同时又能把汉字教学同口语教学、听力教学、阅读教学、语法教学等有机地融为一体,的确是需要我们研究的一个重大理论问题。

(三)法国"字本位"教学法

在国际汉语教学领域,把汉字的作用推到极点并从汉字出发确立汉语教学的起点和思路的,当属法国白乐桑先生所倡导的"字本位"理论,其代表作当是《汉语语言文字启蒙》。

白乐桑先生提出:"汉语的一个重要特点是,其汉字是表意文字,个体突出,以单字为基础,可以层层构词。"他的这种"字本位"思想是以"字"为汉语的基本结构单位,认为"字"是汉语教学的起点。突出体现在字的书写、字的理据、字的扩展三个环节上。所谓字的书写,在字表中有每一个字的跟随式笔画序列字;在正文中有手写体课文字帖。所谓字的理据,包括两个方面,一是合体字的部件组合,一是古代表义性比较明显的汉字或偏旁的形体,以及所表示的意义。所谓字的扩展,作者认为是"以单个汉字为基础可以层层构词"。通过字与字的组合,让学生在学会一个一个词语的同时，学会词语的组合原则和语义的聚合群，在有限的汉字的基础上进行开放式扩展词语的能力，以及能动地把握汉语语义的能力，力求学生做到在不同的语境下仍能凭借字释词辨义。

《汉语语言文字启蒙》把这种"字本位"的思想贯彻在教材的各个方面。这本教材从介绍汉字的概貌开始，其中特别突出了汉字的笔画。正文之前，列有两个可以称之为"字本位"的"本原"表：（1）汉字偏旁表：作者从现代字典部首中选择排列了92个有意义的偏旁，用法语逐一说明这些偏旁所表示的语义类别；（2）400字字表：这400个常用字，根据作者的统计占常用字的66.27%，教材用字限制在这400字之内。作者在正课之前介绍：笔画—偏旁—常用字，这样一种排列顺序，显示了一种书写逻辑：汉字是由小到大，由部件组合而成的；同时又不是简单的书写逻辑，其主线是语义逻辑，即汉字是有意义的结构单位。这正是"字本位"思想的主旨。

我们认为，白乐桑先生的"字本位"汉语教学思想，把"汉字"放在汉语教学系统的特出位置，当作汉语教学的起点和一种思路，是对汉字和汉语教学特殊关系的一种尝试。作为西方学者所提出的这种教学思想和思路，其中合理的成分，应当值得我们吸收与借鉴。

第六章

第二语言习得研究

第二语言习得研究是一块新开垦的处女地。本书认为应把以拉多发表的《跨文化语言学》为标志的对比分析研究,作为第二语言习得研究的起点。这样算来,第二语言习得的研究至今已有几十年的历史。

第二语言习得研究除了第二语言习得理论,侧重从学习者的内部机制探讨第二语言是如何习得的以外,主要还包括三个方面:第一个方面是对语言习得过程和学习者语言特征的研究,这部分又先后出现了对比分析、偏误分析、运用分析和话语分析几种模式,也就是从最初只是对目的语的研究发展到后几种模式对学习者中介语的研究;第二个方面是对第二语言学习者个体因素的研究,研究学习者生理、认知和情感方面的个体因素对语言习得的影响;第三个方面是对语言习得外部因素、即语言习得环境的研究,包括课堂教学的环境和社会大环境。这三方面研究的综合成果,将有助于了解第二语言习得的规律,从而揭开第二语言习得之谜。

第二语言习得研究的意义重大。第二语言习得不同于第一语言习得。对第二语言习得的研究,目的在于在一般的语言习得规律之外,探讨第二语言习得的特殊规律,建立有关第二语言习得的理论体系。教师了解学生的学习过程和学习规律,可以使"教"更好地适应"学",为学服务;学生了解学习规律,可以自觉地把握学习过程,发挥其主动性和创造性。第二语言习得规律和理论体系的研究将成为深化教学理论、促进教学改革、提高教学效率的科学依据,对第二语言的全部教学活动,从教学大纲的设计、课程的设置、教材的编写、课堂教学一直到测试评估,都将具有指导作用,从而使教学效率的提高建立在科学的基础之上。

汉语作为第二语言的习得研究,对我们更有特殊的意义。第一,我们是汉语的故乡人,对汉语习得规律的研究,我们责无旁贷。第二,西方在语言习得理论的研究方面已提出了很多假说,取得了很多成果,但这些研究主要是以西方语言为基础的,是否适合离西方语言谱系关系较远的汉语,则需要通过汉语习得的研究来进一步验证。汉语习得的研究可以检验并发展西方的有关理论和假说;汉语习得的特殊规律的探讨、汉语习得理论的建立，可以大大发展整个第二语言教学理论。第三，从事对外汉语教学的教师和研究人员，大都以汉语为母语。我们无法亲身体验汉语作为第二语言或外语的学习过程，亲身感受汉语作为第二语言的习得规律。这使我们与那些母语为非汉语的海外汉语教学界的同行们或国内英语、俄语等外语教学界的同行们相比，存在"先天不足"，如果再不研究汉语作为第二语言的习得规律，我们在教学中就难以避免"无的放矢"或"隔靴搔痒"的毛病。

第一节　第二语言习得过程研究

一、对比分析

（一）对比分析的目的

对比分析是将两种语言的系统进行共时比较，以揭示其相同点和不同点的一种语言分析方法。对比分析作为一种语言分析的方法已有久远的历史。自从有了不同语言间的接触，可以说就有了语言对比。语言对比最早是用来进行语言研究的。以我国的语法研究为例，以完成第一部语法著作、马建忠先生的《马氏文通》到黎锦熙、王力、吕叔湘、高名凯先生的语法论著，都是主要运用了汉外语言对比的方法进行汉语研究，并建立起汉语语法理论体系。

把对比分析运用到第二语言教学中来，始于20世纪40年代的美国。著名语言教育家弗赖斯就指出：最有效的教材应该是以对学习者的母语和目的语进行科学描述和仔细对比为基础。提出第二语言习得的对比分析假说并建立起对比分析的理论系统的，则是弗赖斯的学生和后来的同事拉多。拉多出版的《跨文化语言学》一书中指出：凡跟学习者的母语相似的项目，对他们就比较简单，而和他们的母语不同的项目，学起来就很困难。因此，教师如果把目的语和学生的母语进行比较，找出它们之间的差异，就会清楚地了解什么是学生学习中的难点，并为教授这些难点做好充分的准备。由于拉多的倡导，对比分析又用于对学习者的母语和目的语的体系进行比较，以预测两种语言之间的差异所造成的学习中的难点，从而在教学中采取预防性措施，建立有效的第二语言教学法。我国对外汉语教学长期以来一直没有停止过这方面的研究。比如，在汉语作为母语的语法教学或语法著作中，助词"了、着、过"的用法从来就没有成为讲授或论述的重点，常常是三言两语一带而过。因为对以汉语为母语的人来说，运用这些助词并不存在任何困难。但在对外汉语教学中通过汉外语言对比却发现：由于汉语动词的时和态的表示法与很多学习者的母语不同，学生往往把"了"误认为是过去时态的标志，成为外国学习者学习汉语的最大难点之一，也成了我们多年来教学语法研究和语法教学的一大重点。对比分析用于第二语言教学，发现了学生的难点与教学的重点；又反过来促进了对目的语的研究。

（二）对比分析的理论基础和步骤

对比分析的语言学理论基础是结构主义语言学，其心理学的理论基础是行为主义心理学和迁移理论。结构主义语言学强调对语言的结构进行客观的、静态的描写；对语言的研究只集中于语言形式方面而不注重意义方面。正因为有了这种对语言结构的细致的描述，不同语言间的共时对比才有了物质基础。

行为主义心理学，正如前面所介绍过的，把语言看成是一种习惯，习得第二语言意味着克服旧的习惯并形成一套新的习惯，而在形成新习惯的过程中，原有的习惯就会产生迁移作用。如果是负迁移则对学习产生干扰，这种干扰又分为两种：一是阻碍性的干扰，指目的语中需要学习的某一语言项目是第一语言中所没有的，第一语言中所缺少的东西在学习时就要受到阻碍，如对从没有接触过汉字的西方学生来说，汉字总是较难掌握；另一种是介入性干扰，即第一语言中的某一语言项目虽然在目的语中没有，但在学习过程中仍要顽强地介入，如西方语言中通过词形变化来表示动词"时"的概念，在汉语中本来没有，但西方学生学习汉语时仍时常出现这方面的干扰。

对比分析大体上按照以下四个步骤进行。

1. 描写。描写是对学习者的母语和目的语两个语言系统进行细致描写。

2. 选择。选择是结合偏误找出造成学习者学习困难的语言项目。

3. 对比。对比是对选择好的语言项目进行细致的分析和对比，找出共同点和不同点。

4. 预测。预测是在对比的基础上对学习者在学习过程中可能在哪些方面出现错误进行预测。

（三）对比分析在教学中的应用——"难度等级模式"

预测学习者在第二语言学习中可能出现的困难，是教学中进行对比分析的主要目的。很多语言教育学家制定了语言难度等级，以减少预测的主观性，便于对比分析在教学中的运用。这里介绍由普拉克特提出的一种分类比较简明的"难度等级模式"。该模式将难度分为六级，从零级到五级，级数愈高难度也愈大。

1. 零级

指两种语言中相同的成分，在学习中产生正迁移，而不会发生困难。如英语和汉语都是"动词+宾语"的语序，因此以英语为第一语言或母语的学习者在学习汉语的这一结构时，没有困难。

2. 一级

在第一语言中分开的两个语言项目，在目的语中合成一项。学习者可以忽略在第一语言中两个项目的区别而逐渐习惯合并后的项目。如英语中的单数第三人称代词有he 和 she 的区别，而汉语在读音中则不分，都读 tā，英语为第一语言的学习者在听、说汉语时，要忽略单数第三人称男性、女性的区别，而用同一个 tā。

3. 二级

第一语言中有而目的语中没有的语言项目，学生必须避免使用。如英语语音中的［ð］［θ］，汉语中没有，英语为母语的学生学汉语要防止其介入性干扰。

4. 三级

第一语言中的某个语言项目在目的语中虽有相应的项目，但在项目的形式、分布和使用方面又有着差异，学习者必须把它作为目的语的新项目重新习得。例如汉语和英语都有被动句，但汉语中除了有标记的由"被""叫""让"等表示的被动句外，大量的则是无标记被动句，还有像"是……的"等表示被动意义的句子。

5. 四级

目的语中的某个语言项目，在其第一语言中没有相应的项目，学习者在习得这些全新的项目时会产生阻碍性干扰。如以英语为第一语言的学习者在学习汉语的声调、汉字以及语法的"把"字句及多种补语时，都会感到一定的困难。

6. 五级

与前边的一级困难正好相反，第一语言中的一个语言项目到了目的语中分成两个或两个以上的项目，需要学生克服第一语言所形成的习惯，逐项加以区别，才能在目的语中正确使用。这是本模式中难度最高的一项。如英语动词 visit，可译为汉语中的"参观""访问""看望"三个动词，各与不同的宾语组合。"参观"的宾语只能是表示场所机构的事物，"看望"的宾语只能是人，而"访问"则指人指事物均可。学生如不了解汉语的这种区别，就会受第一语言的影响，造出"我明天参观我老师"这样的句子来。

上述"难度等级模式"可以作为进行语言对比、预测教学难点的参考。这一模式是否完全适合汉语的情况，还需要做进一步的研究。

（四）对比分析的意义与局限

对比分析盛行于20世纪50年代和60年代，它对语言学和语言教育学的研究做出了巨大的贡献。对比分析有一套严密的方法和程序，通过对不同语言的比较，使人们对语言现象的描写和研究、对语言特征的了解更为深入，从而丰富了普通语言学、具体语言学和翻译学的理论。对比分析应用于语言教学，通过目的语与学习者第一语言的对比，从两种语言的差异中发现了第一语言给第二语言教学带来的干扰，从而为第二语言教学提供了十分重要的信息：发现了学生学习的难点，揭示了教学的重点，加强了教学的针对性，便于更有效地制定大纲、设计课程、编选教材和改进课堂教学与测试。尽管60年代后期以结构主义语言学和行为主义心理学为基础的对比分析从理论上受到挑战，从研究的成果上受到批评，在西方曾一度遭到冷落，但对比分析对语言研究和语言教学研究所起的重大作用无法抹杀；对比分析对第二语言学习者可能遇到的难点和产生的错误的一定预测性以及对教学和习得中所产生问题的解释性不应否定。特别是对教师来说，对比分析仍有很大的吸引力。对比分析作为一种语言分析的方法是科学的，也是十分必要的。至于对比分析的内容则应当有所发展。近年来对比分析把研究的内容扩大到语用、文化和话语结构方面，显示了在未来的第二语言习得研究中它将继续发挥重大的作用，因而又重新得到人们的重视。在我国的语言学界和语言教育学界，对对比分析一直非常重视。

对比分析作为第二语言习得的一种研究方法，也确实存在一些局限性。

第一，对比分析的主要观点是两种语言的相同之处产生正迁移，不同之处则产生负迁移；两种语言的差异越大，干扰越大，学习的困难也就越大。实际情况并非如此，两种语言差别大，虽然掌握起来要慢一些，但干扰反而小，掌握的准确度要大。比如印欧语系学习者在掌握另一种拼音文字时母语可能产生的干扰，在他们学习汉字时决不会存在。两种语言表面上很相似，也许掌握起来要快一些，但细微差别所产生的干扰则更大，准确度更难把握。比如母语同样是声调语言的越南学生，在掌握汉语声调方面往往不如第一次接触声调语言的某些非洲学生。语言的差异与学习者可能遇到的困难之间的关系是一个复杂的问题，二者不是简单的成正比的关系。

第二，对比分析只研究第一语言（母语）对目的语学习的迁移作用，而第二语言学习者所遇到的困难和所犯的错误并不只是来自第一语言的干扰。调查研究表明，第一语言干扰所造成的错误只占学习者全部错误的33%，而且主要集中在学习者因缺乏目的语的有关知识而较多地依赖其母语的初级阶段。到中、高级阶段，第一语言迁移所引起的错误的比例还要小。事实上，学习者困难和错误的来源是多方面的。

第三，对比分析在结构主义语言学理论的影响下，只对语言的表层结构进行对比，而且主要集中于语音、词汇、语法几个方面，没有语义、语用、话语、文化等方面的比较，因此这种对比也是不全面的。

第四，对比分析最大的问题在于把学习者看作是机械刺激的对象，不重视对学习者的研究，干脆抛开学习者，只是进行目的语和学习者母语的对比，甚至根本没有涉及学习者的实际语言表现，也未涉及学习者的特点。因此有的学者就认为对比分析只是一种语言的研究，不应包括在第二语言习得研究的范围之内。

正是考虑到对比分析的局限性，沃德霍把对比分析假说分为强式和弱式两种。强式是以事前对第一语言和第二语言的对比分析为基础来预测学习者在第二语言习得中可能产生的错误，这种预测常常不能达到预期的目的；弱式则是从两种语言的相似与不同点事后解释学习者已形成的错误的原因，这样对比分析在更大范围内寻找错误的来源方面仍能发挥作用。于是，从 20 世纪 70 年代开始人们的研究重心也就转向了偏误分析。

二、偏误分析

20 世纪 60 年代末到 70 年代初，人们发现第一语言的干扰并非学习者错误产生的唯一原因，于是便开始把研究的重点从两种语言的对比转到直接研究学习者的语言本身，集中对学习者所产生的语言错误进行系统地分析研究，从而发现第二语言的习得过程。这就标志着第二语言习得研究由对比分析发展到偏误分析。70 年代在西方是偏误分析的鼎盛时期。

（一）偏误分析的理论基础和作用

偏误分析是对学习者在第二语言习得过程中所产生的偏误进行系统的分析，研究其来源，揭示学习者的中介语体系，从而了解第二语言习得的过程与规律。

首先要说明什么是偏误。科德把学习者所犯的错误分为失误和偏误两种。所谓失误是指偶然产生的口误或笔误，如本想说"甲"，但临时因紧张或是疏忽说成了"乙"。这种错误没有什么规律，即使操本族语的人也常常会发生。说话者一旦意识到马上可以自己改正，以后同样的错误也不一定再次出现。由于这类错误不反映说话者的语言能力，所以不在我们讨论的范围之内（当然不等于说对失误完全可以忽视）。偏误则是指由于目的语掌握不好而产生的一种规律性错误，它偏离了目的语的轨道，反映了说话者的语言能力和水准。比如以汉语为母语的人学习英语，常常忘记第三人称单数一般现在时动词后边要加"s"，这类错误一般学习者自己难以察觉，也不易改正，同一错误会多次重复出现。这类规律性的偏误正是中介语特征的反映，是偏误分析要研究的主要内容。

偏误分析的心理学基础是认知理论，语言学基础则是乔姆斯基的普遍语法理论。第二语言习得过程被看成是规则形成的过程，即学习者不断从目的语的输入中尝试对目的语规则做出假设，并进行检验与修正，逐渐向目的语靠近并建构目的语的规则体系。

科德是偏误分析最早的倡导者。他认为偏误分析有如下作用：

（1）通过偏误分析，教师可以了解学习者对目的语的掌握程度及其所达到的阶段；（2）通过偏误分析，研究者可以了解学习者是如何习得目的语的，有助于了解学习者在学习过程中所采取的学习策略和步骤；（3）通过偏误分析，学习者可以更好地检验对所学的语言规则做的假设。

对第二语言学习者的错误的分析研究，早在20世纪60年代就开始了。我国对外汉语教学工作者也从60年代就开始对外国学生学习汉语的病错句进行搜集、整理和研究，积累了丰富的成果（集中体现在1986年佟慧君编写的《外国人学汉语病句分析》和1997年程美珍等编写的《汉语病句辨析九百例》等书中）。但六七十年代只是把学习者的病错句与目的语的标准形式进行词汇学、句法学的对比，指出其结构上或语义上的错误所在并做出语言学的解释，而未能涉及学习者的心理因素和学习规律。中介语理论指导下的偏误分析的研究，在我国对外汉语教学界是从鲁健骥于1984年发表《中介语理论与外国人学习汉语的语音偏误分析》一文开始的。

（二）偏误分析的具体步骤和偏误的分类

科德把偏误分析分为五个步骤：

（1）搜集供分析的语料：从第二语言学习者的口头和书面表达中或听力理解中选择供分析用的语料；（2）鉴别偏误：首先要区分是有规律性的偏误还是偶然的失误（二者的鉴别并不是很容易的事情），同时还要区分是结构形式的偏误还是语用的偏误；（3）对偏误进行分类；（4）解释偏误产生的原因；（5）评估偏误的严重程度，是否影响到交际。

对偏误可以从不同的角度进行分类。传统的分类方法是按语音、词汇、语法等不同方面的偏误来分类，这是课堂教学中常用的方法，也是教师最习惯的方法。这种只着眼于语言形式的分类方法，往往会忽视语言交际方面的偏误。有的语言教育家根据偏误的严重程度分为整体性偏误和局部性偏误。前者指涉及句子总体组织结构的错误（如误用句式、误用关联词语、语序颠倒等），影响到对整个句子的理解；后者指句子的某一次要成分的错误（如某些助词、冠词的误用等），不影响对整个句子的理解。进一步分析，人们把第二语言学习者在学习过程中由于对目的语规则掌握不全面或因错误推断而造成的偏误称为语内偏误；把由于第一语言的干扰造成的偏误称为语际偏误。也有的学者认为应当区分理解偏误与表达偏误。理解偏误往往表示学习者对某一语言规则并不了解，这类偏误较为严重，需要及时纠正；表达上的偏误不一定说明对该规则不了解，可能有一些其他因素，如因交际中的快速反应而监控不够，也可能是一定的学习策略或交际策略所造成的。对学习者适当提醒就可以。同样，区别对待口语中的偏误和书面语中的偏误也是很必要的。口语交际中一般是边想边说，来不及监控，出现一些语言形式的错误是难免的；而且口语交际由于伴随非语言手段（体势语），可以减少偏误对意义表达的影响。而书面表达中的偏误是在有充分的考虑时间并在语言知识的监控下出现的，这类偏误常常反映出学习者的实际语言能力。

科德提出显性偏误与隐性偏误的分类方法。前者指那些明显的带有结构形式错误的句子，后者指语法虽然正确，但在一定的语境或交际情境中显得不恰当的句子。这种分类法强调不能只注重语言形式，要重视语言在交际中的使用。科德还根据中介语的发展过程，把偏误分为三类：

1. 前系统偏误

指目的语的语言系统形成之前的偏误。学习者正在学习和理解，但尚未掌握目的语的规则和系统，处于摸索的阶段，因此出现较多的偏误。对这些偏误，学习者无法解释，更不能自行改正。

2. 系统偏误

指第二语言习得过程中，学习者正逐渐发现并形成目的语的规则和系统，但还不能正确地运用这些规则，因而出现的规律性的偏误。学习者对偏误不能自己改正，但可以做出一些说明，解释为什么要这样使用。

3. 后系统偏误

指目的语系统形成后的偏误。学习者基本上掌握了有关的语言规则，一般能正确地运用，但有时也会用错而出现偏误。在这种情况下学习者能自己改正偏误，也能说明原因。

（三）偏误的来源

第二语言学习者偏误的来源是多方面的，是由多方面因素造成的。这里就母语负迁移、目的语知识负迁移、文化因素负迁移、学习策略和交际策略的影响、学习环境的影响五个主要方面做简略分析。

1. 母语负迁移

学习者不熟悉目的语规则的情况下，只能依赖母语知识，因而同一母语背景的学习者往往出现同类性质的偏误。对初学者来说，这是其偏误产生的主要原因之一。母语负迁移又特别体现在目的语语音的学习中，用学习者第一语言的语音规律代替目的语的语音规律是中介语语音的一大特色。如很多母语为印欧系语言的学生不分送气音与不送气音，日本学生不分 p 和 f，一些东欧国家的学习者常把"ying"发成"yin + g"等，都是受其第一语言的影响。在重音方面，汉语的双音节词或多音节词的重音往往在最后一个音节上；而英语则相反，不带前缀的双音节词的重音，大多在第一个音节上。

2. 目的语知识负迁移

学习者把他所学的有限的、不充分的目的语知识，用类推的办法不适当地套用在目的语新的语言现象上，造成了偏误，也称为过度概括或过度泛化。这类偏误一般在其母语中找不到根源，而且不同母语背景的学习者常常出现同样的偏误。如果说由于母语负迁移所造成的偏误在学习的初级阶段占优势，到中级阶段或高级阶段目的语知识负迁移造成的偏误就逐渐占了优势，这是学习者内化规则过程中所产生的偏误。表现在语音方面，如学习汉语第三声声调先降后升是学习者的一大难点，但在实际运用中读完整的第三声的机会并不多，在绝大多数情况下第三声都要变调；而学习者在看到第三声调号时，常常念出或说出的却是他们经过很大努力才掌握的全三声。

3. 文化因素负迁移

有的偏误不完全是语言本身的问题，而是由于文化差异造成语言形式上的偏误，或是语言使用上的偏误。究其原因，不外是受本国文化的影响，或是由于未能正确理解目的语文化所造成的。比如外国学生有的不了解中国人的姓名是姓在前名在后，按本民族的习惯把中国人的名误认为是姓，可能称一位叫张大年的中国人为"年先生"，或者为了表示亲密而直呼其名叫他"张"。再如有一次我在北京王府井大街碰到一位熟识的外国学生，我们交谈几句以后，他突然以"走好"向我道别，显然他把带有中国文化特点，但只有在送客时才用的"走好""慢慢走"之类的用语看成是一般的告别词语，用在很不合适的语境中。这类由于文化因素所造成的偏误，常常是语用的偏误，也是对比分析所从未涉及的。

4. 学习策略和交际策略的影响

学习者作为语言学习和语言交际的主体，不论是在学习语言的过程中或是在运用语言的过程中，都以积极的主动参与态度为克服困难、达到有效学习和顺利交际的目的采取各种计划和措施，这分别表现为学习策略和交际策略。对学习者学习策略和交际策略的研究是第二语言习得研究的一个重要课题，在本节中只是从偏误分析的角度对可能成为偏误来源的某些学习策略和交际策略做一说明。

造成偏误的学习策略主要有迁移、过度泛化和简化。迁移主要指学习者在遇到困难的情况下求助于已知的第一语言知识去理解并运用目的语，有可能由此而产生偏误；过度泛化主要指学习者采用推理的方法，把新获得的目的语知识不适当地扩大使用而造成偏误。这两类偏误实际上就是前边已经提到的母语负迁移和目的语知识负迁移。简化的策略常常指学习者故意减少他们认为的目的语的冗余部分，或者将带状语、定语成分的复杂句子，分成几个简单的句子。

造成偏误的交际策略很多，这里重点提一下回避和语言转换。回避是第二语言学习者经常采用的策略，在对某一语音、词汇或句式甚至某一话题感到没有把握时，就尽量避免使用。回避的方法可能是保持沉默不愿开口，但更多则是采取代替的办法，以简单的句式代替复杂的句式。如尽量不用"把"字句，不说"请把你的衣服给我"，而说"请给我你的衣服"。尽量不用可能补语，如不说"太多了，我吃不下"，而说"太多了，我不能吃"。代替的结果不仅不能准确地表达原来的意思，而且说出的句子也不地道。语言转换是指学习者觉得无法用目的语说清楚时，就借助于第一语言，在目的语中夹杂一两个第一语言的词，特别是当学习者知道教师或对话者也懂他的第一语言时，就更容易采取这一策略。这种夹杂着其他语言的句子也是一种偏误。

5. 学习环境的影响

除了上面所谈的属于学习者方面的因素外，外部因素也是偏误产生的原因之一。这里所说的学习环境的不良影响，主要指教师不够严密的解释和引导，甚至是不正确的示范，教材的科学性不强或编排不当，课堂训练的偏差等。很多语法点、句型也常常由于课堂训练不当而引起偏误。比如有的教师常要求学生反复进行把非"把"字句改成"把"字句（或者相反）的练习，这种脱离语境的句式变来变去，给学生的印象是用不用"把"字句所表达的意思一样，所以学生对待"把"字句常常采取回避的策略。

外部因素所造成的学习中的偏误，有的是由于我们对一些"老大难"问题特别是语法问题的研究至今尚未取得令人满意的结果，因此不论在教材中或是教师在课堂上，目前还无法把它解释得更科学、更透彻。也有一些是属于教材编者或教师的态度问题。比如有的教材粗制滥造、漏洞太多，也有的教师面对学生的提问怕丢面子，在没有充分把握的情况下轻率地给以答复，这些都形成了对学习者不利的学习环境，成为偏误的来源之一。

（四）对待偏误的态度

在如何对待学习者的偏误问题上，一直存在两种截然相反的观点。一种是完全从消极方面看待偏误。行为主义认为学习者必须通过对正确形式的强化来养成正确的语言习惯，而偏误对形成正确的语言习惯是极其有害的，必须避免出现偏误。对已出现的偏误则有偏必纠，一个也不能放过，以免养成错误的习惯。因此，像直接法、听说法等教学法，对待学生的偏误非常严格，在课堂教学中紧紧抓住学生的偏误不放，把纠正偏误作为教学的重要环节，千方百计将偏误消灭在萌芽状态之中。另一种观点如内在论则认为偏误是走向完善的路标，是学习过程中必然出现，也会自然消失的现象，就像儿童习得母语那样，到一定时候偏误就会自动克服，因此任何偏误都可以听之任之不必纠正。交际教学法为了鼓励学生大胆表达，对学生的偏误也采取能不纠就不纠的态度。这是两个极端。中介语理论和偏误分析启示我们如何正确对待学习者的偏误。

1. 对偏误的本质要有全面的认识

首先要看到偏误的积极意义，不应像对比分析那样认为偏误是由于学习者无法控制的第一语言习惯的顽强表现，把偏误看作是学习上的失败表现，是坏事；而应看作是学习者尝试过程的反映。根据中介语理论，第二语言学习者在不断地、主动积极地建构目的语规则体系。跟儿童习得母语一样，也是根据所接触到的语言输入，采取种种学习策略和交际策略，对目的语的规则做出假设并检验其正确性。当学习者的假设与目的语的体系相符时，就形成了中介语中正确的部分，当其假设与目的语体系不符时，就出现了偏误并成为中介语中错误的部分而被学习者所抛弃。因此，偏误的出现是学习过程中的正常现象，对学习者目的语系统的形成不仅是无法避免的，而且也是十分必要的。偏误反映了学习者的目的语体系即中介语的发展过程，同时也反映了学习者的学习心理过程。

其次，对偏误在交际中所产生的影响也要有实事求是的估计。对一般的第二语言学习者来说，所追求的应该是成功的，但不一定是完美的交际。前面已经谈到许多第二语言学习者可能一辈子都使用带有偏误的中介语进行交际，而且在大部分情况下是成功的交际。这固然是由于我们已经谈过的语言交际中双方相互接近和文化求同趋向，同时也说明并非所有的偏误都会对交际中的信息传达和理解产生阻碍性的影响。比如，词汇方面的偏误就比语法方面的偏误对交际的影响大；个别语音偏误对交际的影响最小，但全面性的语音和声调的偏误可能影响到信息的传达，使交际无法进行；整体性偏误比局部性偏误的影响更大。偏误的严重性不能只根据对孤零零的句子做语言学上的分析来判断，更要看到它在一定的语言环境中所起的作用，语言环境常常有利于减小偏误的影响。很多研究表明,话语缺乏流利程度对交际的影响,可能比某些偏误还要大。

因此。对偏误的正确看法应当是:偏误是第二语言习得中必然有的现象,是正常的现象,伴随习得过程的始终。学习者正是通过不断地克服偏误学会语言的。教师对学生的语言偏误,既无须视为大敌,也不应过分挑剔;重要的是鼓励学习者积极进行语言交际,不要因怕犯错误而不敢大胆地运用语言。另一方面,强调偏误的不可避免性和它对认识习得过程的意义,强调实事求是地评价偏误对交际的影响,并不意味着教师对学习者的偏误可以采取不闻不问的态度。恰恰相反,教师有责任帮助学习者改正偏误。根据中介语理论,并非所有的偏误都会自行消失,有些偏误可能产生僵化的现象。因此教师纠正学习者的偏误能加速中介语的发展,促进第二语言学习的过程。而且,绝大多数学习者是希望自己的偏误得到纠正的。

2. 利用对比分析和偏误分析

教师预先了解学习者可能产生的偏误及偏误的来源,以便在教学过程中掌握主动;从一开始就提供正确的示范,让学习者正确地模仿、记忆和运用并帮助学习者克服偏误。在对偏误的预测和研究方面,不论是偏误分析还是对比分析都能起到很大的作用。

3. 纠正学习者的偏误

既不能采取不分青红皂白有错必纠的机械态度,也不宜采取能不纠就不纠的过分宽容态度,而是首先要对偏误的性质进行分析:是整体性偏误还是局部性偏误,是理解的偏误还是表达的偏误,是口语中的偏误还是书面语的偏误,以区分轻重缓急。同时还要看偏误发生的场合,采取不同的纠正方式:在对语言形式进行训练时(如语音、词汇、句型等操练),不论是语音的还是词汇、语法的偏误都应从严纠正;在进行交际性练习时(如演讲、对话等)则应避免当场纠错,影响学习者的交际活动。可以把偏误记录下来,事后再给学习者指出。总之,纠正偏误方法要得当,不要挫伤学习者的积极性,不要因纠错而造成紧张的心理,更不能伤了学习者的自尊心(让一个国家的学生去纠正另一个国家学生偏误的做法就应特别慎重)。最好的办法是启发学生自己发现并改正偏误。

(五)偏误分析的意义与局限

1. 偏误分析在第二语言习得研究中具有很大意义

(1)偏误分析是对比分析的继承和发展。在中介语理论影响下,突破了对比分析只强调第一语言干扰的局限,指出过度泛化等语内干扰以及学习策略、交际策略和学习环境所造成的偏误,弥补了对比分析的不足,全面分析学习者偏误及其来源并形成一套科学的偏误分析方法与程序,成为第二语言习得研究中的重要部分。(2)偏误分析改变了人们对语言学习过程中所出现的偏误本质的认识。从把偏误看成是需要防范、避免的消极因素,发展到强调偏误的积极意义,把偏误看成是了解第二语言习得过程和习得规律的窗口,把偏误分析看成是中介语研究的重要手段。(3)偏误分析对习得过程和习得规律的研究丰富了第二语言教学理论,促进了第二语言教学的发展;偏误分析的具体研究成果对整个教学活动包括总体设计、课堂教学、教材编写和测试提供了积极的反馈和依据,有利于教学实践的改进与提高。

2. 偏误分析也同时存在着一些局限性

(1)正确与偏误的区分标准很难确定。人们一般都是以目的语国家说本族语者规范的语言为标准。从课堂教学的要求来看,这是可以理解的。但用来作为鉴别交际中使用语言正误的标准,则会遇到各种难以解决的复杂情况。首先,根据社会语言学的观点,语言在实际运用中会产生很多变体,这在其使用的地区常常是合法的、有效的,很难区分正误。其次,学习者学习第二语言的目的也是不同的,并非所有的人都希望达到目的语国家电台播音员的水平。从社会心理学的角度来看,有些第二语言使用者往往故意显示外国腔调,以表明自己非目的语国家成员的身份。第二语言使用者之间(特别是其母语相同的情况下)用目的语交际时,往往不愿意使用过于地道的目的语,特别是在语用和文化方面。(2)从目前对各种偏误的研究情况来看,还很不平衡。对语音、语法、词汇方面的规则研究较充分,偏误也易于辨认,这方面的偏误分析较多。而对语用和文化方面规则的研究则远远不够,这方面的偏误分析也做得很少。对语言表达的偏误分析研究较多,对语言理解的偏误则研究较少。特别是对于学习者,由于采取一定的交际策略(如回避)而造成的偏误则研究更少。研究少的原因主要还是这方面的理论探讨不够,具体进行偏误分析难度较大。(3)对偏误来源的分析本是偏误分析的一大特点,但这方面的研究并未深入下去,陷于公式化,硬套上述五个来源,对指导教学与学习实践意义不大;另一方面偏误来源的问题本身也较复杂,有时是多方面因素同时作用的结果,难于定为某一种来源;有的则是来源本来就很模糊难于说清;而且像人们习惯使用的迁移、泛化、简化等概念都有交叉,很难明确区分。(4)偏误分析的最大弱点在于只研究中介语的偏误部分,而且是横切面式的静态分析,并未研究中介语的正确部分。其结果,只能了解学习者未掌握的部分,而不能了解学习者已掌握的部分。这就割裂了中介语体系,看不到中介语的全貌及其动态的发展轨迹。这种对中介语的研究是不全面的,也无法完整地了解第二语言习得过程。

偏误分析存在局限性并不意味着它的消亡,而是促使它融入更大范围内对中介语进行分析的"运用分析"之中。

三、运用分析和话语分析

运用分析和话语分析也始于 20 世纪 70 年代。由于偏误分析的局限性愈来愈多地暴露出来，到 80 年代人们才更为重视第二语言习得运用分析与话语分析的研究。

（一）运用分析

运用分析是对第二语言学习者运用目的语的全部表现（既包括偏误部分，也包括正确部分）进行分析，从而揭示中介语的发展轨迹。迄今为止，西方学者的运用分析研究主要集中于对英语语素习得顺序的研究和对英语某些句法结构发展进程的研究。20 世纪 70 年代初开始的语素研究，可以看作是最早的运用分析研究。

中国学者在 20 世纪 80 年代大量进行偏误分析研究的基础上，90 年代初也开始了运用分析的研究，研究汉语作为第二语言的习得过程。北京语言文化大学的一批年轻学者首先成为这一领域的探索者，他们发表了一批数量虽不多但极富开创意义的成果。孙德坤首次对外国学习者采用个案跟踪法进行纵向研究，发表《外国学生现代汉语"了"(le) 的习得过程初步分析》，阐述了两个汉语作为第二语言的学习者习得助词"了"的过程和影响这一过程的因素。赵立江首次进行了纵向个案跟踪与横向规模调查相结合的研究，发表《外国留学生使用"了"的情况调查分析》，再次分析了汉语作为第二语言的学习者在习得的不同阶段对"了"的掌握和使用情况，并运用中介语理论对调查结果做了初步分析，论及对研究与教学的启示。王建勤首次通过对北京语言文化大学"汉语中介语语料库系统"的大批语料（914 条）的研究，探讨以英语为母语背景的汉语学习者群体"不"和"没"否定结构的习得全过程，发表《"不"和"没"否定结构的习得过程》，论述了从"不"和"没"否定结构习得的消长过程中所体现的习得有序性，特别从谓词否定与助动词否定习得的爆发过程所体现的习得的阶段性特征，以及从"不"和"没"的扩散过程所体现的规则习得的过渡性特征，并得出汉语否定结构的习得过程是按一定的习得顺序进行的，这一习得顺序又反映了否定结构习得的难易顺序的结论。迄今规模最大的一项对汉语肯定句式和疑问句式习得顺序的综合研究，是施家炜结合其硕士学位论文撰写所做的研究课题，并发表了《外国留学生 22 类现代汉语句式的习得顺序研究》一文。该课题研究采用了（选自北京语言文化大学"汉语中介语语料库系统"的 7611 句）语料分析、测试和问卷调查（外国留学生 162 人，中国小学生 95 人）、个案跟踪三种语料搜集手段和研究方法，对留学生 22 类现代汉语句式的习得顺序进行了全面的、横向与纵向相结合的研究，在对预期假设进行检验的基础上提出了一套"外国留学生汉语作为第二语言习得顺序理论假说",并提出"自然顺序变体理论假说",对自然顺序及其变体、习得等级、习得顺序的成因及制约因素进行了深入的探讨。

本书的这一部分之所以比较详细地介绍我国学者通过运用分析研究汉语习得过程的初步成果,一方面是为了说明尽管比起西方学者对英语习得过程的研究晚了20年,但汉语习得过程的研究课题在我国已经启动,而且出现了较好的势头,引起了对外汉语教学界的重视。正像前一阶段偏误分析的情况一样,将会出现运用分析研究的新热点。另一方面也是为了强调我国年轻一代学者的开创精神,这种精神不仅体现在他们研究的结果上,体现在他们敢于评价前人得失并敢于提出自己的观点,而且也体现在他们所采用的国外同类研究中并不多见的、对成人第二语言习得的纵向个案研究和以多项语法结构同时进行的大规模横向调查相结合的研究方法上。他们的研究触角已经伸向并勇敢地冲击这一学术领域的前沿,这显示了我国年轻一代学者的探索勇气和理论研究的潜力。可以期望今后十年中对外汉语教学界在这方面的研究将会出现更多的成果,从而影响到整个第二语言习得过程的研究。

（二）话语分析

比起对比分析和偏误分析来,运用分析在第二语言习得研究中显示了很大的优势。但运用分析也有局限性：只研究句子平面而且仍只侧重于语言结构,脱离了语境,特别是抛开了直接引起学习者语言行为的语言输入,这就无法全面地分析学习者的语言表现。很多学者认为,要全面研究第二语言的习得过程和中介语的特征,仅仅靠以研究学习者一方的语言表现为目的的运用分析还是不够的,必须进行以研究语言交际活动中双方应接的连贯表达为目的的话语分析。话语分析作为一种语言研究方法,我们在第三章第二节已经做了介绍。20世纪70年代末大力倡导把话语分析用于第二语言习得研究的是哈奇。她认为语言习得最重要的途径是语言交际,即第二语言学习者与以该语言为母语者之间的交谈,因此特别强调研究话语分析中的会话分析,尤其是说母语者提供的输入与学习者的中介语形式之间的关系。也有的学者认为不仅要研究学习者如何掌握语言形式,还要研究如何恰当地运用这些形式,因而强调研究言语行为和功能（如抱歉、邀请、埋怨等）。对语言形式和功能的重视,打开了话语分析研究的广阔领域。如与外国人谈话（foreigner talk）的话语研究,着重研究说母语者在与该语言的学习者交谈时如何调整自己的话语以及这种调整对第二语言习得的影响；连贯与衔接,研究连贯与衔接在超句子的系统中如何实现；交际策略,研究第二语言学习者在未获得目的语完整知识的情况下,为进行交际采用何种补偿策略；语境分析,研究语境对语言形式的影响；课堂话语分析,研究第二语言课堂中教师与学生以及学生之间的交互活动；话语功能分析，研究学习者如何运用已掌握的目的语句法的初步知识，在口语表达中完成话语功能；言语行为分析，研究某一言语行为是如何在语言中实现的，常根据某一功能（如抱怨）在学习者的母语和目的语中是如何实现的，来分析第二语言习得过程。这类研究又被冠以"对比话语分析"的名称，似乎又回到了本节开头的对比分析。在上述各类研究中，西方学者自70年代至今都分别取得了一些成果，但还只能算是初步的。我国学者运用话语分析进行汉语作为第二语言习得过程研究的，目前还不多。但这个问题已愈来愈引起大家的重视，不少学者开始关注这方面的研究。

以上介绍了第二语言习得过程研究从对比分析发展到话语分析的情况。除了对比分析开始于20世纪50年代以外，偏误分析、运用分析和话语分析基本上都先后开始于70年代，它们之间很难区分出不同的阶段，更不存在后者取代前者的问题。事实上每种分析模式都有其特点，它的出现都扩大了我们的视角，并在第二语言习得过程研究中做出了各自独特的贡献。非常有趣的是在最后出现的研究言语行为的话语分析中，又出现了"对比话语分析"，这不是简单的循环，而是说明这四种分析模式都在发挥着积极的作用。它们之间的关系应该说是后者包括了前者，如偏误分析仍需要对比分析来解释一部分偏误的来源；偏误既然是学习者语言运用的一部分，偏误分析在运用分析中就仍然要发挥一定的作用；而学习者的全部语言运用又必须在话语分析的考虑范围之内。总之，这四种分析模式都用来进行中介语研究，而尤以后两种模式可望成为当前和今后研究的热点。

第二节 学习者的个体因素

第二语言习得有普遍规律，同时学习者又表现出很多个体因素的特点。如果说在第一语言习得中儿童语言发展的快慢有所不同，但都经历相同的阶段，并且在一定时间内（五岁左右）都能基本上获得各自的第一语言，那么第二语言习得即使是相同年龄，在同一教室的学习者之间，也表现出明显的差异。这种差异可以说是千差万别、因人而异，直接影响到学习的成绩和最终是否能获得第二语言。因此，第二语言习得研究除了要研究共同的规律外，还要了解个体差异对习得的影响。由于语言学习活动必须通过学习者来实现，从这个意义上来说个体因素在语言习得中起决定的作用。只有充分地研究学习者的个体因素，才能真正了解第二语言的习得过程和规律，对教师来说也才能针对学习者的特点，采取有效的教学措施。

所谓学习者的个体因素,指第二语言学习者个体在习得过程中表现出的、对第二语言习得产生一定影响的生理、认知、情感等方面的特点。

一、生理因素

语言习得有关的生理因素主要是年龄。年龄对第二语言习得的影响是一个至今仍未很好解决、仍有争议的十分复杂的问题。从 2~12 岁青春期开始前,人的大脑处于语言功能侧化过程中,具有可塑性,能使儿童自然地习得母语。这一假说也被运用到第二语言学习中。第二语言学习的关键期指学习第二语言的最佳年龄段。很多学者也认为是青春期开始以前的这段时期。一旦大脑语言功能侧化完成就难以获得第二语言,因此儿童学习第二语言比成人的成功率大,特别是在语音和口语方面具有优势。过了关键期,成年人学习第二语言就比儿童速度慢,成功率降低,特别是母语的口音难以克服(有的调查发现只有 6%~8% 的成人第二语言学习者能不带母语口音),这说明成人第二语言学习很难达到说母语者的水平。西方学者的很多实验支持这一观点。但同时也有不少人反对。除了前边所谈对大脑功能侧化完成的年龄有不同的看法外,很多学者还认为儿童母语的习得也并非像人们所认为的那么快、那么容易。儿童是用数以万计的小时接触母语的情况下,才学会母语的口语,而且也没有习得全部语法结构,所掌握的词汇更是有限。如果成人也能用这么多时间学习第二语言,其学习效果未必不如儿童。即使是人们普遍认为的儿童在第二语言语音习得方面具有优势,也有实验得出与之相反的结论。因此,至今关键期仍是未被证实的假说,第二语言学习的最佳年龄段也难以通过实证来确定。而不同的实验其测量标准难以一致,不同的被试儿童与成人的应试技巧和经验相差很大(有些题型如翻译、判断句子显然不适合儿童去做),是造成实验结果不一致的主要原因。

但是较多学者是这样认为的。

第一,年龄对第二语言习得的影响是存在的,不同年龄的第二语言学习者在第二语言习得方面具有不同的优势。儿童和少年模仿能力强,短时记忆力强,学习更灵活,敢于表现自己,善于在一定的语言环境中自然而有效地习得语言,因此在获得准确、地道的语音和流利的口语方面占有优势;而他们理解、分析能力和已取得的学习经验则比不上成年人,特别是在词法和句法规则的理解方面要弱一些。成年人的自我意识增强,不愿意表现自己,不长于自然习得的方式,模仿能力和记忆能力下降,在语音和口语的掌握方面困难要大一些;但由于理解和联想能力强,长于规则的学习,在句法和词汇的学习方面、在阅读理解和写作方面特别是对较难的语言内容的理解和掌握上占有优势。因而有人认为,如果说有关键期的话,也是不同的言语技能有不同的关键期。有的关键期较短,结束于青春期前;有的则很长,能持续终生。

第二,影响第二语言习得成功与否的根本因素是学习时间的长短,而并非学习开始的早晚。学习开始得早的儿童,从总体上看并无明显优势。但即使开始得晚的成年人,只要增加学习时间也能达到规定的标准。开始学习第二语言时间的早晚,可能只对获得语音的准确程度起一定作用,因此不应片面强调开始学习第二语言的时间越早越好。

第三,正是由于个体差异的存在,学习者的生理、心理特点不一样。因此很难确定适合所有人的最佳的第二语言习得年龄段,也不宜孤立地看待年龄因素,而是要结合认知、情感等因素做综合分析研究。

第四,教师应根据不同年龄学习者的特点,采取不同的教学方法,发挥学习者的优势,克服其弱点,以达到较理想的教学和学习效果。

二、认知因素

语言习得的认知因素主要包括智力、学能、学习策略和交际策略以及认知方式。

(一) 智力

大体说来,智力是人的一种心理机能,是成功地认识客观事物和解决问题的各种心理因素的总和,是由观察力、注意力、记忆力、思维能力、想象力和创造力组成的综合能力。人的智力水平用智商来表示。智商中等的占人群中的大多数,智商高的和低的较少。一般来说,智商越高,学习效果也就越好。但不同的科目与智商的相关程度也不相同。

在第一语言习得过程中,一般认为智力不是决定性的因素。因为只要不是智障者,任何儿童都能获得自己的母语。智力对第二语言习得的影响,一直是学者们关注的问题,但至今也无定论。有的西方学者认为智力在语言学习中所起的作用在各种因素中只占16%;有的研究表明,年龄小的学习者在学习第二语言时智力因素的影响小,年龄越大影响也越大。在自然语言环境中习得第二语言,智力没有太大的影响;但在正式的课堂教学中特别是强调语言形式教学时,智力起较大作用。研究成果还进一步表明,智力与正式学习中的阅读能力、写作能力的提高以及语法和词汇的学习有较大的关系,而对听力、口语能力的影响要小得多。所有这些结论,都还有待于进一步实验和研究的验证。

尽管智力不是第二语言学习决定性的因素,但教师还是应当对学习者的这一个体因素有所了解,注意不同智商的学习者在教学方法和学习方法上的差异,特别要鼓励智力一般或较差的学习者，培养他们的自信心。

（二）语言学能

智力对第二语言习得影响较小的原因，可能在于它所包括的并不都是与语言学习特别相关的能力特征。一般是认知能力对语言学习也同样发生作用。但往往出现这样的情况：有的学生其他科目学得很好，但学外语却十分吃力。这说明第二语言习得需要一些特殊的素质。这种学习第二语言所需要的特殊认知素质叫作第二语言学习的能力倾向，也称语言学能。一般的智商测验不能准确地预测语言学能，专门用来测量语言学能的是语言学能测验。有影响的语言学能测验有三种，即《现代语言学能考试》和《初级现代语言学能考试》以及《语言学能考试》。

语言学能测验，根据卡罗尔的观点，主要考查四种能力。这种测验常采用一种人们不熟悉的语言或干脆是人造语言来进行。

（1）语音编码解码能力，主要指识别语音成分并保持记忆的能力。常采用对一种新的语言从声音辨认符号或从符号辨别声音的试题；（2）语法敏感性，指识别母语句法结构和语法功能的能力。如在试题的句子中找出与例句中某一成分具有相同语法功能的词；（3）强记能力，在较短时间里能迅速记住大量语言材料的能力，特别是强记大量新语言生词的能力。通过与之意义相配的母语单词来检查记忆是否正确；（4）归纳能力，从不熟悉的新语言的素材中归纳句型和其他语言规则的能力。

尽管还存在不少争议，但根据目前对语言学能的研究情况，很多西方学者持有如下看法：

（1）语言学能是可以分析的。上述四种能力是学习第二语言所必需的特殊能力；（2）第二语言学习者不同程度地具备这些能力。有的辨音能力强，有的语法感强，也有的善于强记或者善于归纳，因而也出现了学能方面的个体差异；（3）语言学能的差异影响到第二语言习得的速度，但学能另一方面的优势可以克服这一方面的不足，而且学能不足的方面，也能通过训练或学习的实践不断改善。

学能测验的具体设计，显然是受 20 世纪五六十年代最为流行的听说法教学的影响，强调对语言形式的掌握，特别是听说能力的培养。今天无论对语言习得过程还是对语言教学过程的研究都更为深入，语言习得理论和语言教学理论也在不断深化。因此对语言学能的理解已不仅限于掌握语法结构的语法能力，还要考虑到在一定的社会文化环境中运用语言进行交际的能力；不仅仅限于认知因素，还要结合学习者的情感因素。可见现在我们对语言学能的理解和描述还不能算是全面的。随着汉语教学的不断发展，这一课题的研究也应提到日程上来。

(三) 学习策略和交际策略

学习策略是语言学习者为有效地掌握语言规则系统，发展言语技能和语言交际能力，解决学习过程中所遇到的问题而采取的各种计划、途径、步骤、方法、技巧和调节措施。研究发现，不同学习者所采用的学习策略有很大的一致性和规律性。探讨学习策略的规律性有利于深入了解第二语言习得过程，同时对教学实践也有启发意义。

对学习策略的分类问题，西方学者从不同的角度依不同的标准提出各种各样的分类法。如可以从学习过程来分，也可以从对学习所持的原则和态度来分，甚至从学习各语言要素和言语技能的具体步骤来分。因此有的学者认为学习策略有数百种之多，难以列举。综合看来，学习策略大体上可分为认知学习策略和元认知策略两大类。认知学习策略实际上是直接影响到第二语言学习的一般性策略。

1. 认知学习策略

（1）求解。学习者对所接触到的新语言材料首先必须理解，往往是通过已有的语言知识和具体的语言情境进行猜测，并通过各种办法（如要求对话者或教师举例说明、解释或重复）证实其所做的假设；（2）推理。学习者通过原有的知识（包括第一语言知识）以及新获得的语言知识，进行概括推理或演绎推理以及分析、归纳等思维活动，以内化规则。在这一过程中可能采取会导致偏误的迁移、过度泛化和简化等具体策略；（3）实践。学习者通过大量练习或言语交际活动，从模仿、重复、记忆到运用，以熟练地掌握目的语；（4）记忆。学习一种语言离不开记忆，不论用何种方法（记笔记、朗读、复述、比较、组织、复习等），学习者必须记住所学的规则和语言材料；（5）监控。学习者发现自己的语言方面或交际方面的错误并加以纠正。

2. 元认知策略

元认知策略就是学习者通过计划、监控和评估等方式对自己的认知过程进行反思和研究。元认知可以说是对认知的认知，是一种深层次的认知活动，是学习者对自己的能力特点、对认知任务和认知策略的认知，并通过认知活动中的体验，对认知过程和认知策略进行自我监控和调节，以保证学习活动的成功。如学习者通过学习成绩的反馈发现自己学习方法的问题，通过与其他人学习策略和学习结果的对比，发现相互之间的差异，从而取长补短提高自己的学习效率。

（1）计划。根据认知活动的性质、任务和应达到的目标制订活动计划，确定认知策略。如预先了解教材的内容，确定注意的重点并进行预先演练；（2）监控。不论是听读或说写都做到自我监控，注意理解和表达是否正确；（3）评估。根据反馈的信息，自我检查和评估学习策略的运用和学习的成绩、效果；（4）调节。根据评估结果，调节学习策略和学习进度，对已出现的问题提出弥补措施。

除了上述对学习策略产生影响的认知学习策略和元认知策略以外，还有对其产生间接影响的交际策略。交际策略是学习者为顺利进行语言交际活动（即理解对话者的意图和表达自己的意思）有意识采取的计划措施或方法技巧，是语言使用者交际能力的一部分。西方学者认为一般是在交际中遇到困难，如语言知识不能应付交际需要或缺乏某一特定的语言表达手段，无法按原定计划实现交际目标时，才采用交际策略。本小节主要讨论第二语言学习者的交际策略。对第二语言学习者来说，其交际活动在一定意义上也是学习活动的一部分，可以获得把学到的语言知识付诸实践进行运用的机会，是实现培养语言交际能力这一目标所不可缺少的。能否成功地进行交际，对学习过程和学习者的情感因素会产生很大影响。各种具体的交际策略，实际上也扩充了学习者的语言表现手段。交际策略可以看作是学习策略的一部分。

3. 西方学者对学习者的交际策略也做了不同的分类

（1）回避。回避某一话题或放弃表达某一信息；（2）简化。对目的语的形式或功能加以减缩；（3）语言转换。在目的语中夹杂母语；（4）母语目的语化。用母语的语言项目或规则来表达目的语，形成母语式的目的语；（5）母语直译。将母语直接译成目的语；（6）语义替代。用比较熟悉的同义词做近似表达；（7）描述。用一段描述或解释迂回表达某一意义；（8）造词。造目的语中并不存在的词语；（9）重复。对对方听不明白的部分不断重复，希望能使对方听懂或争取时间想出别的表达方式；（10）使用交际套语。使用已经储存在记忆中的一些固定说法（如汉语的"好久不见""一路顺风"等）；（11）利用交际环境。一定的交际环境有助于意义的表达；（12）等待。一时不知如何应对，在记忆中检索；（13）体势语；（14）使用其他语言。既不是母语也不是目的语，而是用其他语种；（15）求助于对方。直接要求对方解释或重复，也可以通过停顿、眼神间接求助于对方。

其中（1）（2）两项基本上属于回避一类，即改变原来的交际目标。初学者或语言程度差的学习者常用此策略；（3）~（5）项属于依赖母语解决问题的策略；（6）~（11）项属于以目的语为基础解决问题的策略，为语言程度较高的学习者所运用；（12）~（15）项属其他类。这15类策略都反映了学习者在交际中所遇到的语言表达或理解方面的困难，不得不求助于一些策略手段，以保持交际的顺利进行。其中有一些策略显然会造成偏误，因此有的西方学者认为适当地运用交际策略固然有助于目的语的学习，但学习者过多地在交际策略上下功夫则会影响到对新的语言知识的学习，甚至错误地认为交际策略可以代替语言表达手段。教师对学习者交际策略的鼓励和培养，要紧密配合语言知识学习和语言技能的训练。

学习策略和交际策略的研究，进一步加强了对学习主体——学习者认知的认识，同时也深化了对第二语言习得过程的研究，对第二语言教学大纲的制定和教学原则的确定乃至教材的编写均有重要的参考价值；另一方面，无论是学习策略还是交际策略都是可以训练和培养的。教师不仅要教给学习者目的语知识、培养目的语能力，同时还要对其学习策略和交际策略加以指导，以收到良好的学习效果。

（四）认知方式

认知方式是人们感知和认识世界的方式，对学习者说来，也是其学习方式。认知方式存在着个体差异，这里着重讨论场独立性和场依存性、审慎与冲动、歧义容忍度等。

1. 场独立性和场依存性

场独立性是易于从整体中发现个别的认知方式，善于剖析事物和问题，把部分与整体区别开来，能集中于某一部分而不受其他部分的干扰。场依存性是易于感知事物整体的认知方式，倾向于从宏观上看事物并把事物作为一个整体来对待。这两种认知方式各有利弊，过于场独立会产生只见树木不见森林的毛病；过于场依存，容易忽视个别而不能很好地解决具体问题。因此很难说两者之间哪种方式更好，而是要取决于具体的学习任务。

在第二语言学习中，场独立性的学习者由于分析能力强，能从一定的语境中把语言项目分离出来，长于在课堂教学中有意识地学习语言形式，有场独立性的人自信心强，富于竞争性，也善于考试。场依存性的学习者则长于在自然语言环境中习得语言，他们关心别人，善于与别人交往，因而易于在交际过程中潜意识地习得语言。研究还表明儿童的场依存性倾向大一些，因而易于在自然语言环境中习得语言，与此同时其场独立性逐渐发展。成人的场独立性强，需要在正规的课堂学习环境里学习第二语言。由于第二语言学习既需要能在一定的语境中从整体上把握语言所表达的内容，又要能离开语境对具体的语言结构进行分析理解，因此这两种认知方式第二语言学习者都应具备，并根据学习的特点灵活运用。西方学者有很多实验表明场独立性的学习者第二语言学习的效果要好，有的学者就认为场独立性应成为语言学能的一个组成部分。

2. 审慎型与冲动型

这也是一组相对的认知方式。审慎型的人在学习中善于周密地思考，全面分析，反复权衡以后才做决定或反应；冲动型的人在学习中反应快捷，甚至不假思索，在没有现成答案的情况下宁愿用猜测的办法。反映在课堂中，审慎型的学习者不轻易开口，表现得冷静持重；而冲动型的学习者则非常活跃，抢着举手，但让他发言有时却尚未想好答案。两种认知方式也是各有长短。冲动型的学习者易犯错误,一般口语听说能力强;审慎型的学习者知识比较扎实,特别适应归纳法的教学,读写能力较强,但过分审慎、过慢的速度不利于参与语言交际活动,也不利于语言交际能力的培养。实践表明,冲动型的学习者易于较快地取得小的进步,而审慎型的学习者虽然在某一阶段停留的时间可能很长,但其进步的幅度要大得多。

3. 歧义容忍度

对模糊不清或有歧义的问题的接受与容忍的程度叫歧义容忍度。歧义容忍度高的人能接受与其理念和知识结构不同的观点和意见,能接受互相矛盾的内容,能恰当地处理复杂、模糊的事物。歧义容忍度低的人则拒绝那些与他们不一致的观点,对事物的看法是非白即黑,没有中间色彩,不能忍受模糊不清或有歧义的事物,对之采取回避的态度。

在第二语言学习中经常遇到歧义现象。除了目的语的结构与学习者的母语有很大的不同,一种语言的规则错综复杂,存在很多矛盾和例外现象不易掌握外,还存在两种文化的差异与冲突。在这种情况下,歧义容忍度高的认知方式会较好地处理这些问题,从而有利于第二语言的学习,西方学者有些调查也证实了这一点。但歧义容忍度过高也会导致对歧义研究分析不够,因容忍而不予深究,以致影响到对知识的吸收。另一方面歧义容忍度低,在语言学习中事事要弄个一清二楚,实际上是不可能的,结果会导致回避甚至拒绝歧义现象和自相矛盾的现象,这也是有害于第二语言学习的。理想的第二语言学习者既要能采取开放型的态度容忍歧义,同时又能探究歧义以促进语言学习。

三、情感因素

情感因素在第二语言习得中起着极其重要的作用。有的西方学者就认为其作用甚至比认知因素还要重要,是启动后者的点火机。作为个体因素中的情感因素主要指动机、态度和性格。

(一)动机

动机在情感因素中又占极其重要的地位。调查结果发现,在影响第二语言学习的诸因素中,动机占33%,学能占33%,智力占20%,其他占14%。动机是激励个体从事某种行为的内在动力,常表现为为达到某种目的而付出努力的愿望。西方学者常常将动机看作是人类为满足需要而采取行动的欲望,这种需要有生理上的,也有心理上的。生理上的需要常常是出于一种本能,而心理上的需要则包括自尊、对成功的期望、得到社会的承认等。第二语言习得的动机是推动学习者学习并达到掌握第二语言目的的一种强烈愿望，包括目的、要达到目的的愿望、对学习的态度和努力行动四个方面。只有从这四个方面进行研究，才能全面了解动机。

动机有内部动机和外部动机之分。内部动机是个体自身所产生的动力，常常来自个体对所做事情的兴趣和对其意义的认识。外部动机是外部因素作用的结果，如别人的影响、奖赏、惩罚等。内部动机能取得长远的成功，而外部动机只能取得短期的效果。对第二语言学习者来说，内部动机是非常重要的，能对学习产生持久的激励作用；但外部动力也很重要，恰当地利用外部因素的影响，把两种动机结合起来可以发挥更大的作用。动机还有近景动机和远景动机之分。近景动机是指与学习活动直接联系，具体、局部的动机，如为了应付考试或为了与同学竞争班上的好名次而临时突击，这类动机作用的范围小、时间短，但往往十分强烈。远景动机则是与长远目标特别是有社会意义的目标相联系，如有的中学生学习第二语言是为了立志将来当翻译家或外交家，或者为国家、为学术界做出某项贡献，这类动机有较深的思想基础，比较稳固，在较长的时间里发挥作用。

对第二语言学习动机的分类影响最大的是由兰伯特和加德纳所提出的融合型动机和工具型动机。所谓融合型动机是指为了跟目的语社团直接进行交际，与目的语文化有更多的接触甚至想进一步融合到第二语言社团中成为其一员。工具型动机是指把第二语言用作工具的实际目的，如查阅资料、进行研究、寻找工作、提高自己的知识水平，改善自己的社会地位等。一般认为融合型动机更为强烈，所取得的学习效果也更大。但这也不是绝对的，因为是融合型还是工具型只是根据动机中的"目的"一项来划分的，对动机的分析还应考虑到学习者的愿望、态度和努力程度。考虑到这些因素，工具型的学习者也会有强烈的动机并产生很好的学习效果。在很多情况下，第二语言学习者会同时具有这两种动机。

实际上第二语言习得除了这两种主要的动机外，还有其他类动机。如单纯是出于个人的兴趣爱好或者旅游等临时性原因，也产生一定的学习动机。由兴趣爱好或临时性因素所产生的动机比起融合型或工具型动机来，要弱得多。根据一些调查研究发现，目前把汉语作为目的语的外国学习者中，为了了解中国，即出于对中国文化和社会的兴趣而学习汉语的，占相当大的比例。如果再对在其本国学习汉语的学生特别是中小学生进行调查，估计出于兴趣动机的学习者所占的比例会更大。这在目前汉语尚未成为世界普遍使用的语言、在很多地区寻找与汉语有关的职业还不太容易、直接与中国人用汉语进行交际的机会也还不太多、特别是目前世界汉语教学的起点和所达到的程度都不高的情况下，是必然会出现的现象。问题在于仅仅出于兴趣爱好的动机，往往不能持久,特别是一旦在学习中碰到较多的困难(如汉字对某些刚开始学习汉语的外国学生来说既神秘又有趣,但学习一段时间后就会感到不堪记忆汉字的重负),兴趣也就不复存在了。这就给第二语言教学特别是汉语教学提出了如何不断激发学习动机的极其重要的问题。

第一,要充分利用学习者本身已有的动机,并不断"充电"使之进一步增强。如果学习者有为获得知识或成功而主动学习的内部动机,就应当结合奖励表扬等外部动机加以巩固;反之,如果只有奉父母或教师之命或为了考试成绩过关等外部动机,则必须启发引导学习者把第二语言学习当作自觉的需要。同样,对持有融合型动机或工具型动机的学习者,对持有远景动机或近景动机的学习者,都应当使两种动机结合起来,互相补充和支持。对于仅仅出于兴趣爱好的学习者,则更需要引导他们树立自觉的、长期的、与其理想志愿相结合的比较稳固的动机,并使当前的学习成为有意义、有价值的活动。

第二,语言是交际的工具,学习第二语言的最根本动力应是交际的需要。如果没有这种需要,学习语言仅仅是为了增加知识,学习语言的兴趣就难以持久,动机也难以保持。因此,需要从激发学习者的交际需要来增强语言学习的动机。

第三,教师的教学活动是最直接增强学习者学习动机的因素。教师要不断改进教学,使教学内容适合学生的需要、教学方法能引起学生的学习兴趣。运用启发式,使课堂教学生动活泼;加强言语交际活动,提高学生运用目的语进行交际的能力;结合语言教学进行文化因素的教学,从而进一步激发学生的学习动机。

第四,以鼓励和表扬为主,多给学习者以成功的机会并及时加以肯定。学习者了解自己的长处和取得的进步,会产生更大的积极性。对困难的学习者则应具体帮助,让他们也看到自己在前进,增强学习的信心。

第五,适当地运用竞争机制,在课堂中展开学习竞赛,激发学习者的上进心,进一步激励动机,调动学习者的积极性。

(二) 态度

态度是构成动机的主要因素之一。它是个体对某种客观事物的评价性反应,是在对事物了解的基础上产生情感上的褒贬好恶,并反映出对之采取行动的倾向性。西方学者的调查表明,学习第二语言的态度与所取得的学习成绩之间的关系高于学习其他科目的态度与成绩之间的关系。这是由于语言学习涉及更多情感因素的原因。

影响学习态度的因素,有如下几个方面:

1. 对目的语社团和文化的态度

对目的语文化、历史、社会和人民有好感，渴望有更多的了解甚至向往其生活方式和精神文明，一般来说将会形成学习该目的语的十分有利的态度；反之，由于某种原因对该目的语文化抱有反感甚至仇视的态度，则不可能有积极的学习态度。

2. 对目的语的态度

对所学的语言有好感，认为它有较大的交际用途，语音优美，结构和表达方式丰富多彩，感到学习该语言可以不断接触新的事物，学习过程本身就是一种乐趣；反之，如果觉得该语言难听，语法过难，学习很吃力，就会产生一种畏惧或厌恶的心理，采取消极应付或干脆放弃的态度。

3. 对课程和教师、教材的态度

对大多数学习者来说直接影响其目的语学习态度的还是他们在语言课堂上的感受。课程是否有意义，教材是否有趣，教学方法是否生动活泼，特别是教师的知识、经验和个人的魅力，会在很大程度上影响到学习者对第二语言学习的态度。

学习态度大体上可以分为积极态度、一般态度和消极态度三种。持积极态度者往往是因为有较强的内部动机的支撑，表现为自觉、主动、积极地学习，而且对学习本身有浓厚的兴趣；一般态度往往是因外部因素的影响改变了原来的态度，仅能要求自己把语言课程作为一般学习任务来完成，但缺乏主动和热情，缺乏兴趣；消极态度往往是因外界压力被迫地学习，不仅无自觉要求也毫无兴趣，甚至有一定的反感，认为是一种沉重的学习负担，一有机会就想放弃。消极态度与不佳的学习成绩形成了恶性循环。

一般来说学习态度一旦形成就比较稳定持久，但也不是不可以改变的。通过学校和家长的适当的教育工作，特别是与目的语文化和人民的接触和交际活动，会逐渐培养起学习第二语言的兴趣。外国留学生除了少数奉父母之命者外，能千里迢迢来我国学习汉语，一般来说都是有较强的学习动机和较积极的学习态度。问题在于，来学校以后，我们的教学安排和教师的教学活动如何进一步影响他们的学习态度。以往有很多例子说明，由于我国悠久的历史、丰富多彩的文化和良好的语言环境，一些原来持有消极态度的留学生也会对学汉语产生兴趣；但是如果教学方面滞后，也可能使原来持积极态度的学生感到失望，转向消极甚至不愿再学下去。

（三）性格

性格特征对第二语言习得的影响是公认的。个性特征是重要的情感因素。这里主要讨论内向和外向、自尊与抑制、焦虑和移情几个主要的个性特征。

1. 内向和外向

心理学把性格区分为内向和外向两种。内向性格一般不爱说话，不善于或者不愿意表达自己的思想，也表现为不爱交际、不好活动、喜欢独自学习。外向性格则热情开朗、爱说话、善交际、非常活跃。一般认为外向型性格有利于习得第二语言，内向型则不利于学习第二语言。但一些调查结果并没有明显地支持这种看法。可能是由于语言能力和语言交际能力的不同方面，需要不同的性格特征，不能一概而论。不同性格的学习者运用不同的策略处理不同的学习任务，因而各有所长，也有所短。外向型的学习者喜欢多说话，愿意交际，不怕犯错误，这就能获得较多的语言输入和输出的机会，特别有利于强调快速反应的口语能力的提高；但缺点在于不太注重语言形式的严格要求。而内向型的学习者由于不爱说话、不爱交际，可能在口语能力的提高方面慢一些，但能对语言输入进行细致的形式分析，对文化因素能做扎实的探求，在听力、阅读理解及写作能力方面钻研较深，其总体水平不一定比外向型学习者差。

教师对于不同性格的学生，一方面要针对其特点因材施教，发挥其长处；另一方面要适当地鼓励他们吸取性格对立一面的某些特点，以扬长避短、适应不同的学习任务。

2. 自尊心和抑制

自尊心是个体对自身价值的自我判断。自尊心强，即充分肯定自己存在的价值，对自己持肯定、积极的态度。个体对自己的评价往往来自主观的感觉，也从跟别人的关系中了解自己。自尊心这个词本身并无贬义。自尊心影响到人的各种行为，与第二语言习得自然也有关系。语言学习的自尊心既表现为对语言总能力的自我评价，也表现为对语言某一方面能力的自我评价。如有的学习者口语较强，他们对自己的口头表达能力充满自信，这方面的自尊心也就强一些。有些实验已表明，自尊心强的学习者第二语言口语会学得更好一些，因为他们有自信，不怕犯错误，敢于用目的语进行交际。但是，这一看法现在还不能成为定论。

与自尊心有着密切关系的是抑制。抑制是个体的一种防御外部伤害、保护自我的心理屏障。婴儿一生下来没有自我意识，甚至不能区分自我和周围世界。随着年龄的增长，自我意识逐渐形成。从青少年时期开始，自我意识进一步发展，害怕自我暴露太多而使自尊心受到伤害，于是采用抑制的方法保护自我。到了青春期随着在生理、认知和情感上受到的挫折增多，个体意识到不仅要认识自己还要认识周围的环境与社会，处理好跟环境和社会的关系，因而用于自我保护的抑制心理更为增强，而且一直发展到成年期。相对来说，自尊心强的人较为自信，自我保护的意识要弱一些；自尊心不强的人也缺乏自信，用于自我保护的抑制心理更强。

圭奥拉在研究第二语言习得过程中的抑制心理时，提出语言自我的概念，用来表示对自己语言的认同。学习一门新的语言实际上是建立一种新的语言自我，会造成对自身评价的变化。儿童的自我意识处于发展之中，有较强的可塑性，抑制较小，学习一种新的语言对儿童的自我不会造成太大的影响。过了青春期，保护自我的意识增强，也包括要保护以母语为基础的语言自我，已经形成了抑制的屏障。这时的语言自我也就有了一定的保护性。学习一种新的语言并用来进行交际会犯错误，会当众出洋相，尤其是成年人比较复杂的思想与较低的目的语表达能力形成了反差与矛盾，有时觉得十分难堪。这表明建立新的语言自我要付出相当的代价，不仅对已有的语言自我，而且对整个自我会造成伤害，因此感到很不安全，更加强了学习过程中的抑制。这也可以说明成人学习第二语言的情感因素与儿童的不同之处。过高的抑制心理显然不利于第二语言的习得，学习者和教师需要在学习过程中逐步排除这一心理屏障。

3. 焦虑

焦虑是一种性格特征。具有这种性格的人在做事之前或做事之后都可能产生对能否做好事情的焦急、担心和忧虑的情绪。这里所指的是第二语言学习中所产生的焦虑。有的研究表明，38%的学习者认为在第二语言课上比在别的课上更为焦虑。第二语言学习中的焦虑常表现为交际焦虑、考试焦虑和对负面评价的焦虑几个方面。有关焦虑与第二语言习得的关系，也有相互矛盾的调查结果。一般认为焦虑与学习态度、学习成绩呈负相关，过多的焦虑造成思想上很大的负担和压力，增强了抑制，会阻碍第二语言习得；但是，如果一点焦虑也没有，同样不利于第二语言习得。适当的焦虑会增加学习的动力和上进心。比如对考试有太重的焦虑，在平时会影响正常的学习，临场则可能现有水平也发挥不出来，难以取得好的成绩；如果一点焦虑也没有，松松垮垮，可能在考场上连题都做不完。

教师在平时要给学生适度的焦虑以促进其学习，但对焦虑过重的学生特别是性格上容易产生焦虑的学生，则应多做工作。缓解焦虑的有效办法是：事前做好充分准备，对困难有足够的估计并想出克服困难的方法和措施，能看到有利条件和已取得的成绩，对完成任务有信心。

4. 移情

移情是指设身处地领会别人的思想和感情。这是人与人交往中相互沟通、消除隔阂、达到和谐相处的必要条件。语言是达到移情的主要手段，在语言交际过程中双方都要不断做出假设，揣摩从对方输入的信息所表达的意思以及将要输入的是什么信息，同时还要时刻推测自己输出的信息是否为对方所理解。做出假设和判断就离不开移情。由于认知因素和情感因素的差异，在同一语言文化的成员之间也需要有一定的移情，理解对方的认知及情感特点和状态，才能使交际顺利进行。在两人交谈时常有这样的情况：一方的话才说出半句，另一方就心领神会，于是谈话就能愉快地、不断地继续下去；反之，如果一方的话会让另一方做出错误判断，产生种种误解，这就出现了"话不投机"的情况而使交际索然无味，甚至无法进行下去。运用第二语言进行交际，除了认知和情感方面的差异外，更存在双方在文化上的差异和语言方面的障碍，更需要双方跨出自我的疆界，运用更多的移情来理解对方的文化特点和语言结构特点。

通过实验对移情与第二语言习得的关系研究所得的结果也不一致。有的学者特别强调移情与第二语言发音能力相关，也有的学者认为移情不仅对语音，而且对词汇、语法等各个方面都是十分重要的。这一观点虽有待于实验的进一步证实，但从常理推测不是没有道理的。掌握一种新的语言、建立新的语言自我，不仅因涉及对自己的评价而影响到自尊心的问题，而且也必然涉及性格的其他方面。需要哪怕是暂时地放弃一部分自己的个性特征并建立新的个性特征。如中国人学习外语要获得地道的目的语语音，移情必须做到刻意模仿洋腔洋调，达到惟妙惟肖的地步。这对某些学习者来说并非不能而是其个性不愿这样做。同样，目的语的特殊词汇、语法结构和表达方式，对某些不善于移情的学习者来说也是难以接受的。第二语言学习需要有足够的灵活性，拆除自我保护的心理屏障，勇于接受新事物。而这些方面就需要教师采用较好的教学方法，创造条件增强学习者的灵活性，降低抑制、减少焦虑，增强其移情能力。

以上分析了个体因素中的生理因素、认知因素和情感因素。我们可以充分体会到上述诸因素在第二语言习得中的重要作用。不对这些因素进行全面的研究，就很难正确了解第二语言的习得过程与规律，在教学实践中也就心中无数。问题在于尽管西方学者对这些方面的调查研究已进行了二三十年，但所得出的结果很不一致，而且很多情况下缺乏可靠的研究手段，很难用实验方法加以证实。主要原因在于人的情感、认知等方面的特点是十分复杂的，常常是多方面的因素同时起作用，很难将单个因素，如学习策略、交际策略、认知方式、动机、态度、性格，或性格中的自尊、抑制、焦虑、移情等分离出来专门加以研究。因此在很多问题上除了根据常理推断或是凭经验而形成一定的看法外，还不能通过精确的实验达成共识，因此也就不能真正了解到这些个体因素对第二语言习得究竟产生何种影响。

我国对外汉语教学界迄今为止在这一领域中研究的最大项目为《外国人学习与使用汉语情况调查研究报告》。这是一项历时两年多、涉及89个国家1178名调查对象的研究课题。其调查的重点是学习者学习汉语的目的、就业情况、不同专业人员对基本语言技能掌握运用情况和主要困难、对语音词汇语法的掌握情况和需求、对课程内容和教材的评估与需求等。虽然除了学习的目的动机外未多涉及学习者的生理、心理因素，但这是本学科有关学习者个体情况大规模研究的首次尝试，其规模之大、调查内容之广泛，国内尚无先例。调查的资料及所得的结论对教学有很大的参考价值。其他有关学习者个体因素的分析文章如《日本人性格的若干特点对其汉语学习的影响》《学生情感与课堂教学》《日本留学生汉语学习的感知结构分析》等，都试图结合汉语的特点，从性格、情感、认知等方面研究学习者的差异。但这一领域的研究至今尚未全面展开，仍是第二语言习得研究中比较薄弱的一环。从我国对外汉语教学的实际考虑，除了对学习者的个体因素研究以外，对同一母语和文化背景的学生的群体特征的研究，对教学安排也是很有意义的。但需要注意的是群体特征的研究不能代替个体因素的研究，尤其不能从群体特征得出对学生个体因素的某种固定的看法。对教师来说个体因素的研究仍是首要任务。

第三节　语言学习环境

如果说生理、认知、情感等个体因素是第二语言习得的内部条件的话，环境则是客观存在、影响第二语言习得的外部条件。不论是第一语言或第二语言的获得，都与环境有密切的关系。在对待第一语言习得的问题上，先天论虽然特别强调先天语言得机制的作用，但这一神奇的机制也需要后天环境通过语言输入予以启动；认知论则强调人的认知能力与环境的相互作用。至于语言环境对第二语言习得的重要意义则是每个学习者都能体会到的，克拉申的输入假说也对此进行了理论阐述。可见语言习得离不开环境，已成为人们的共识；如果连最起码的语言环境都不具备，就根本不可能获得任何语言。对语言学习环境的研究已成为第二语言习得研究中一个极其重要的课题。在教学活动层面上，无论是总体设计、教材编写、课堂教学或测试评估等任何一个环节，都必须着重考虑环境因素。

语言学习环境，是一个内涵与外延较广的概念。可以说，学习者主体以外、与语言学习和运用有关的一切周围事物都是语言学习环境的一部分：从国家的政治、经济、文化、语言政策、教育政策等所形成的宏观语言环境，到使用目的语的社会大环境和课堂学习小环境。这里我们要着重讨论的还是社会环境和课堂环境。

一、社会环境对目的语学习的影响

第二语言学习，分为在目的语社会环境中和在非目的语社会环境中两种不同的情况。前面已经提到，有无目的语社会环境是第二语言教学和外语教学的主要区别。社会环境包括语言环境和人文环境两个方面，其中语言环境又包括视觉环境如报纸、杂志、书籍、电脑、广告和各种标志等和听觉（或视听结合）环境如广播、电视、电影、戏剧、录像、录音带等，特别是在该社会中广泛使用的鲜活的目的语口语是最重要的语言环境。语言环境为学习者提供了自然生动、丰富多彩、无穷无尽的语言输入和学习模仿的语言资源。人文环境则包括目的语社会的物质文明、人际交往、风俗习惯、文化历史传统和所创造的一切精神文明。人文环境除了为学习者提供自然习得目的语及相关文化因素的社会背景外，还提供了运用目的语进行交际并获得反馈的真实活动场景。因此，有无目的语的社会环境对第二语言学习有极其重要的意义。在非目的语社会环境中学习目的语，无论在语言输入、自然语言资源的提供、语言运用机会等方面，都无法与在目的语社会环境中学习相比。社会环境因素从质和量的方面直接影响到学习者语言的输入、内化和输出的习得过程，也影响到课堂教学中教师所采用的教学方法和学生所采用的学习策略，也最终影响到第二语言的学习效果。

非目的语环境中学习第二语言的不利因素，是可以通过一定方式加以弥补的。以美国的汉语教学为例，很多暑期学校都采用"沉浸法"进行短期强化教学，其中最有名的如明德暑校、印第安纳暑校及马里兰暑期中文师资培训班等，都非常重视创造一个运用中文的环境。他们想方设法使整个教学和活动场所"中国化"。学员们看到的是中国的书法、绘画、图片及艺术品，听到的是汉语广播和中国乐曲，欣赏的是中国电影和录像。除了每天上下午安排得满满的强化课程外，还让学员与以汉语为母语的教师和助教同吃、同住、同参观游览，并规定学习期间汉语是唯一的交际工具，禁止说英语。离"中国城"近的学校，一到周末就把学员拉到"中国城"去体验华人的社会环境。在暑期学校这种主要是"人造"的中文小社会环境里，虽然只学了四个或八个暑期，但学员的汉语听说技能和交际能力往往比平时正常学习一年还要提高得快。

在目的语社会环境中学习目的语，也不一定意味着社会环境因素的优势能自动地得到发挥。如果仍采用基本上是封闭式的课堂教学，没有很好地把以语言学习为主的课堂教学与社会环境中的语言习得结合起来，给学习者提供更多的接触社会环境和进行真实的语言交际的机会，即使有好的社会语言环境，也会得不到利用。我国对外汉语教学界需要进一步重视社会环境在语言学习中的作用，需要对如何利用社会语言环境优势做专门的、深入的研究。

二、课堂语言环境与第二语言学习

课堂语言环境，主要指由教师、教材和学习者相互之间所提供的目的语语言输入以及学习者用目的语进行的各种操练和交际性的语言活动环境。迄今为止不论是在目的语的环境中还是在非目的语的环境中，第二语言学习主要是依靠课堂教学进行的，第二语言的获得也主要是在课堂学习的环境中实现的。这一状况在今后相当长的时期内不会发生根本性改变，因此课堂语言环境对第二语言来说仍然是至关重要的。从20世纪60年代开始，对第二语言课堂中教师和学生行为的研究逐渐成为第二语言习得研究的一个热点问题。但是对课堂教学与学习的作用，西方学者一直有不同看法。

(一)"无关联"与"有关联"的观点

克拉申通过英语语素习得研究发现，不论学习者的年龄和母语背景如何，其英语作为第二语言的习得有一固定不变的自然习得顺序。这一习得顺序不受课堂教学的影响。课堂教授语法规则对学习者习得这些规则——指运用这些规则进行真实的交际活动没有影响（除了在运用语言过程中极其有限的、有意识的监控以外），课堂正式学到的东西也不能变成习得的东西。这是课堂正式教学与第二语言习得"无关联"的观点。克拉申认为，许多人能在完全没有课堂教授的情况下习得第二语言，同时也有许多人虽然用很长时间在课堂上学习语言结构但并不能运用这种语言，正反两方面的例子都说明课堂教学对第二语言习得不起作用，试图用课堂教授的办法使学习者掌握第二语言的结构规则，至少也是低效率的。他反对在课堂上正式教授语法规则，主张把课堂变成语言习得的场所，让学习者在课堂上尽可能多地接触体现 $i+1$ 原则的可理解输入，由他们按自然顺序通过假设和验证在有目的的交际活动中习得目的语的基本规则。

但是也有不少学者认为尽管正式的课堂教学对学习者的语言习得顺序不起作用，不能帮助他们跳过习得顺序中的任何阶段，但是获得语法结构的速度却受到正式教学的影响。他们的实验和调查证明，在课堂上教授语法的情况下，学习者的语法知识发展较快，对语法结构掌握的速度也较快，比未接受正式教学的学习者学得好。当然这种正式教学的内容要符合学习者的语言发展水平，同时还要适合其认知程度且在心理上有充分的准备接受所教的内容。这就形成了与克拉申相对的、课堂正式教学与第二语言习得"有关联"的观点。其中，沙伍德·史密斯与克拉申的观点针锋相对，认为学习先于习得，是习得不可缺少的组成部分。学习到的东西可以直接帮助习得语言，而且通过练习可以把学习来的项目转变为习得的项目。要达到能在交际中运用语言的水平，课堂教授语法规则非常必要，是培养准确、流利交际能力的高效率的办法。他认为第二语言的获得必须先明确地讲解语法规则，并有大量机会在一定的语境中练习、使用这些规则，才能将语法规则储存在长期记忆之中，从而在交际中加以运用并在交际中继续习得语言。

同样属于"有关联"观点的白丽丝托克则持比较适中的立场。她认为第二语言既可通过习得也可通过学习而获得，不同的学习者有不同的具体学习目标，需要达到不同的语言水平，这就决定了是采用正式讲授还是自然习得这两种不同的途径。白丽丝托克还认为对语言知识掌握有两种情况：一种是分析性的掌握，即对语言规则进行分析，经过分析的语言知识易于灵活运用；另一种是自动的掌握，即语言知识能迅速准确地加以运用，达到脱口而出的程度。不同的语言活动需要不同类型的知识，并通过不同的途径获得。自然习得着重流利地运用语言而不注重对语法的分析，因而习得的结果往往提高了语言运用自动化的程度，但不能灵活运用语法规则。课堂学习既重视语法的分析能力，也强调提高语言运用的自动化程度，因而最终能流利而灵活地运用语言。如果学习者的目的仅是能进行自然的口语会话，则可采用克拉申的输入理论，主要通过交际来习得第二语言；如果学习者的目的是既要进行熟练的口语会话，又要掌握书面语（要掌握经过分析且达到自动化的知识），则应从课堂正式教授语言结构开始。

（二）课堂教学的作用和局限性

对第二语言课堂教学的作用，不仅存在理论上的分歧，而且由于课堂教学的效果一直不能令人满意，因而对其作用又进一步产生了怀疑。这就需要对课堂教学的长处和不足有一个比较全面的评估。

课堂教学的优势在于以下几点：

（1）课堂教学能充分利用人们长期积累的对语言本身和语言教学的研究成果，通过教学大纲和教材的精心安排，进行集中的、有目的、有计划的教学活动，收到相对说来短期速成的效果。这是旷日持久的自然环境中的语言习得所无法比拟的；（2）课堂教学的重点往往是语言形式的掌握，课堂能有目的地提供比自然语言环境更集中、范围更广、形式更为复杂的语言形式，实际上也就提供了这一方面的语言环境，使学习者更注意语言的表达形式，有利于语言形式的掌握；（3）课堂教学强调教授语言规则，符合成人的思维特点和学习特点。很多研究证明，正式教授语言规则虽不能影响学习者习得这些规则的顺序，但可以提高习得速度，不论对儿童或是成人，不论是初学者或是高年级的学习者甚至不论有无语言环境都能收到这一效果；（4）课堂教学有经验丰富的教师的指导和帮助，可以迅速提供反馈，及时纠正错误，从而加快语言学习的速度。

三、充分利用语言环境提高学习效率

我国对外汉语教学，有得天独厚的目的语社会语言环境，也有提供良好课堂语言

环境的长期经验。现在需要研究的是，如何充分利用社会语言大环境和改善课堂语言小环境，并把两者结合起来，建立既有利于语言学习又有利于语言习得的新的教学体系。

建立新的教学体系，特别需要强调在充分利用语言环境的基础上发挥成人自然习得的作用。对外汉语教学和整个第二语言教学的特点决定了第二语言的获得主要通过正规学习的途径。但是还存在着成人语言获得的另一种途径，即自然习得。这不仅是一个理论问题，也是实践的问题。成人不仅具有自然习得语言的能力，而且实际上在第二语言学习中都或多或少地通过习得途径学到了课堂里得不到的东西，习得起着辅助正规学习的作用。比如有关目的语的基本知识、规则以及一部分言语技能主要通过学习获得，正规学习着重解决语言的准确性。而语感、地道的语音、对语言中文化因素的把握，特别是语言交际能力的获得，则主要通过习得途径。习得可以进一步解决语言的得体性和流利程度。成人接触面广，有可能从社会大环境中习得语言。成人不但靠听而且更能从阅读中习得语言，能充分利用书报杂志、电脑网络、广告新闻、广播影视及文学戏剧等各种输入渠道。问题在于，我们教师和教学理论研究者，至今在教学活动中都只考虑课堂教学这一个方面，没有把自然习得纳入整个教学体系中去，而是采取了听之任之的态度。这就使学习者的学习能力未能全部发挥，可以说我们一直在用一条腿走路。

要很好地发挥成人自然习得的作用，关键在于充分利用语言环境。新的教学法体系应突破课堂教学的框框，由课堂教学、课外活动和社会语言环境里的交际活动三个层面组成。

首先要充分发挥课堂教学的重要作用。除了知识与规则的传授和技能训练外，课堂本身也能提供习得的机会。为此，就要在课上加强交际性的教学活动并扩大输入的渠道。实践证明，通过交际性活动以及听力、泛读这样的课程，学生自然习得的东西可能比精读课要多。教师在课堂上也不必处处都讲到、讲透，有经验的教师会故意留下一些空白让学生自己去习得。课堂教学的任务之一是训练学习者如何用已掌握的知识技能去解决问题，如何培养学生在课外扩大汉语知识并提高运用汉语的能力。做到这点将大大有助于课外的自然习得。

其次是把作为语言实践的各种课外活动纳入教学计划中去，进行精心的设计安排。不论是参观游览、座谈访问还是游戏表演，都要给学生提供真实的语言交际情境，提供语言习得的机会。

再次是充分利用汉语的社会大环境，引导学生到汉语的大江大海里游泳。这是课外活动范围以外，学生在中国社会里的日常交际活动，更不为一般的教学计划所注意，但恰恰是学生自然习得汉语、提高其交际能力的最好机会。教师首先要激发起学生投身到汉语的社会环境中去的兴趣。因为有不少学生不习惯于利用目的语环境的优越条件，总把自己关闭在课堂或学校的小天地里。一个敏感的教师还可以通过学生的言语表现，发现他们在社会环境里自然习得的新的活的语言，并通过课堂教学给予肯定和巩固。教师无法完全控制学生的自然习得，但可以影响它并提高其效率。

上述三个层面所组成的是课内与课外相结合、学习与习得相结合的立体教学体系，其核心在于充分地利用汉语学习环境。

第七章

基于跨文化适应性的对外汉语词汇教学与口语教学

第一节 对外汉语词汇教学中的教学策略

一、词汇教学的基本单位

关于词汇教学基本单位的问题，学术界历来都有字、词和语素三种看法，且持有这三种看法者相互对立。我们认为，这里面固然有理论语言学界对字与词的界定尚未统一的原因，但另一方面也是更为重要的，即与对外汉语这一学科实用性的特点认识不足有关。

对于"词"的定义，不同的语言学家看法不一。王力提出，词是"语言的最小的意义单位"。这个定义明确了词的两个特点——"最小"且"有意义"，但词和语素的界限似乎无法据此加以判定。邢福义认为两个音节单位组合而成的是合成词，三个音节单位组合而成的为短语，这个定义是按音节数量的多少来作为词和短语的区分标准的。而实际上合成词并非都是双音节的，如附加式合成词"笑眯眯""红通通"等为三音节，重叠式形容词"花花绿绿""林林总总"等为四音节，两个音节单位组合而成的也可能是一个单纯词或短语，如音译词"沙发""苏打"为单纯词，"我家""白布"为偏正短语，"父母""花草"为并列短语，"淋湿""打死"为动补短语等。短语也不全是三音节的，可以是双音节的，如前例，也可以是三音节以上的多音节的，如"我家的一只小狗"。吕叔湘把词看作是"语言的最小的独立运用的意义单位"的定义着眼于"最小的独立运用的"和"意义单位"，兼顾了语法和意义两个方面，我们在据此标准划分语素、词和短语时虽仍无法保证界限的截然分明，但只能"立足于语言学界认识较为一致的理论基础之上，从较为严格的语言学角度出发，从汉语本身的特点出发决定词的切分"，因而吕先生的观点是目前相对全面合理且被学术界和多种语言教材广泛采用的一种说法。

对外汉语教学作为一门以培养学生将汉语作为第二语言进行交际为目的的学科，

具有实用性的特点。在汉字、词语和语素三者中，只有词语才是"最小的能独立运用的意义单位"，它们并非在任何情况下都是一一对应的关系，只有当一个汉字记录一个由单音节语素构成的词时，三者才是一致的。

然而这并不意味着我们可以把汉字、词和语素三者截然分开，在词汇教学中完全将汉字和语素排斥在外。虽然双音节词是现代汉语词汇的主体，但在《等级大纲》所列的1033个甲级词中，单音节词就有462个，约占45%，这说明在对外汉语学习的初级阶段，单音节词出现的比例是不容小视的，这也提示我们，在初级阶段，约半数的情况下汉字、词和语素是一致的。而大纲所列的甲级词中的双音词，如"汉语""春天"，或三音词，如"办公室""文学家"，甚至更多音节的词，如"出租汽车"，在让学生了解其基本义后若采用汉字（语素）教学的方法加以替换、扩展（如由"汉语"扩展到"英语""日语""法语"等，由"办公室"扩展到"教室""休息室"等），则不仅有助于学生理解汉语中合成词的构造方式，巩固记忆，还可达到帮助他们建立词汇关系网，扩大词汇量的目的，可谓一举多得。但一些双音节合成词，如"点心""大夫""介绍"等，由于其词义的整体性和凝固性，在教学中不对语素作具体切分而将其作为一个整体来教授，效果会更好。可见在教学中合理地将三者联系起来，针对不同词语找准不同的切入点是十分必要的。

二、词汇教学中的难点

留学生在学习的时候哪些词汇觉得最难？弄清楚这一点，对教学的开展将有很大的帮助。因此，围绕这个问题，我们对50名初级阶段的学生进行了调查。调查结果如下：74%的学生认为近义词辨析是词汇学习的难点，60%的学生表示词语搭配是词汇学习的难点，44%的学生选择了词语的语法功能是词汇学习的难点，26%的学生将离合词的用法作为词汇学生的难点，20%的学生认为词汇义是词汇教学的难点，4%的学生提出了选项以外的看法（其中2%的学生认为词语的语体色彩是词汇教学的难点，剩余2%的学生认为词语的语用功能是词汇教学的难点）。简言之，对外汉语初级阶段综合课词汇学习的三大难点按照难度由高到低的顺序分别为近义词辨析、词语搭配和词语的语法功能。

汉语中有相当一部分的近义词由于意义相近而难以辨别，从而成了学生汉语学习过程中的一大难点，并受到大多数教师的重视。在教学实践中，我们发现，对以汉语为第二语言的外国学生而言，他们的"近义词"范畴甚至比以汉语为母语者要大，从而被词典所收录，或是教师在备课时作了充分准备的近义词辨析，教师在处理时常能得心应手，但一旦涉及学生临时提出的近义词辨析时，教师则难以回答或是把握不住辨析的重点。由此看来，在对外汉语教学中，近义词的辨析对象应着眼于学生在目的语学习过程中的易混淆词，其中除了汉语本体研究中的同义词或近义词以外，还应包括意义相关甚至以汉语为母语者认为意义无关但留学生在理解过程中因种种原因产生的易混淆词。

在对外汉语词汇教学中，词语搭配和语法功能是很多学生学习起来比较困难的内容，也是较多教师公认的难点。分析起来，原因有二：一是由于对外汉语教学这一学科的教学对象为没有汉语基础的外籍学生，他们在进行词汇学习时无法与自己的心理词库相联系，因而在接触每一个具体词语时，无论是词汇义，还是词语搭配和语法功能，对他们来说都是完全陌生的。词汇义中的概念义可在教材或词典中找到（附属义可在某些有关用法的词典中找到），但词语搭配和语法功能学生却不一定都知晓，而它们却往往会对词语运用恰当与否有着很大的影响。此外，词语搭配和语法功能是教学中的难点也和对外汉语教学应用型的学科性质有关。吕必松先生曾指出对外汉语教学的目标是培养学生运用所学语言进行交际的能力，在确定培养目标和教学要求、选择教学内容和教学途径以及规定教学法原则时，都要以有利于使学生在最短的时间内最大限度地形成所需的语言交际能力为出发点。因而与汉语本体研究和教学不同，对外汉语教学重在让学生运用汉语进行交际。前文中提到，词语搭配和语法功能往往会对词语运用恰当与否有着很大的影响，而这一点却多被以汉语为母语者所忽略。这是由于以汉语为母语者在学习正规的词汇知识前已建立了一个心理词库，在学习时只需将新的知识与心理词库相对应，再进行适应调整或补充即可。而词语搭配和语法功能即使一时空白，但学习者时刻置身于汉语语境之中，掌握起来也常是自然而然，甚至无须学习的。可喜的是，词语搭配和语法功能两方面已受到了较多教师的重视，且自初三起的教材中可以发现在解释词语时针对这两方面作出的相应的说明。

部分留学生在学习词汇义时也感觉到了明显的阻碍。汉字是记录语言的书写符号系统，字义其实是汉字书写符号形体所表现出来的意义，通常仅指字的本义，而词是最小的能独立运用的语言单位。字义主要是通过书写形体来表达的，而词义则主要是通过其能指，即语音形式来表达的。但根据习惯，我们常把合成词中的语素的意义称为字义。由于合成词的词汇义与构成它的语素的意义，即习惯上称的"字义"多有联系，如果字义掌握不好，则很可能会影响到对词义的理解和记忆，因此我们说字义和词义的难度是一脉相承的。而且单音节词由于由一个汉字组成，词义和字义实则是同一的。

离合词作为汉语词汇里的一类特殊的词历来都是让学生困惑且出错率极高的。这不仅与离合词自身可"离"可"合"的特点而在运用中易出现偏误有关，而且与汉语教材对离合词的处理大多既未作单独说明，课后也无针对性的练习以巩固学习效果也是不无关系的。虽然只有4%的受调查学生指出词汇学习的难点是词语的语体色彩和语用功能，但是这两方面的内容不能忽视，因为识别和运用词语的不同语体、语用功能对留学生与中国人的交流有重要的作用（特别是对中高级学生而言）。以语体色彩为例，词语的语体色彩总的可以分为口语语体色彩和书面语体色彩，中国人依靠语感和交际中的实践，并不难理解不同语体色彩的差异，但是对外国人来说就很难辨别，常常出现"口语书用"和"书语口用"的情况；同时，也无法准确地理解中国人说话的真正含义，进而影响交流。因此，在词汇教学的时候，要对书面语和口语教学两头抓，向学生说明纯口语的用法和口语中不能用的书面语用法。考虑到学生使用的汉语教材中出现的主要是偏书面的词汇，这往往会导致学生走上街的时候，听不懂中国人说的话，产生交流甚至是文化方面的不适应，所以有必要编写专门介绍口语表达的汉语教材，选择常用的、合适的词汇作为教学的对象，系统介绍词汇意义与文化意义，引导学生恰当地使用这些词汇，最终目标仍然是培养留学生的语言文化适应性。

汉语词汇中存在大量的文化词汇，它们隐含着中国人的思维模式、生活方式与社会文化方式，留学生在学习时，常常因为无法理解其中的文化意义而遭遇理解与运用上的障碍，产生文化上的不适应，影响交流的进行。鉴于文化词汇的重要意义，早有学者提出关于文化词汇教学的建议，例如王衍军指出："在汉语本科三、四年级的课程体系中应增加一门'文化词汇'课，以加强文化词汇的教学。在教学上，应结合民族文化背景，根据语义场理论，采用多种教学策略，注重实践性，提高留学生实际应用汉语的能力。"我们认为，设立专门的文化词汇课程，或者在词汇教学中加大对文化词汇的讲解、培养学生实际运用的能力是有必要的，这有助于学生从词汇这一切入点理解汉文化，由点及面，增强对语言与文化知识的接受能力，提高对汉文化的适应水平。

三、每课时处理重点词语及一般词语的数量

留学生在课堂上对词汇的习得状况深刻地影响着他们在日常生活中运用词汇进行交际的能力。那么，在一堂课上，教师应该向学生讲授多少个词语，以保证学生既能完全理解，又可以合理运用呢？为了讨论这个问题，我们对50名负责初级综合课教学的汉语教师进行了问卷调查。经过调查，我们得到以下结果：

对负责对外汉语初级综合课教学的教师来说，58%的教师认为每课时处理3~5个重点词语较为合理，24%的教师认为每课时处理6~9个重点词语为宜，14%的教师认为每课时处理10~15个重点词语较为恰当，4%的教师认为每课时处理5个以下重点词语较为妥当。对于每课时处理的一般词语的数量，64%的教师认为10~15个较为适

宜，12%的教师认为 16~20 个较为合理，12%的教师认为 5~9 个较为恰当，8%的教师将范围扩大至 10~20 个，4%的教师认为 30 个较为合适。

调查结果表明，在每课时处理重点词语的数量上大部分对外汉语教师都主张控制在 3 个左右；在每课时处理一般词语的数量上，多数对外汉语初级综合课的教师认为 10~15 个较为适宜。

目前绝大部分国内高校每课时的时长为 45 分钟，除开导课 1~3 分钟和总结以及作业布置 1~3 分钟，总计 2~6 分钟的时间，教授新内容的时间大致为 39~43 分钟。根据我们的教学实践以及课堂观摩和调查问卷来看，讲授一个重点词语平均需 2~3 分钟，讲授一个一般词语平均需 1 分钟左右，若我们将处理重点词语及一般词语的数量、教授新内容的时间以及讲授一个一般词的时间均取其平均数，即分别按 4、12.5、41 和 1 计算，那么可以粗略地估算：$4 \times 2.5 + 12.5 \times 1 = 22.5$，即在教授新内容的 41 分钟里，大概有一半的时间用于生词的学习，剩下的一半时间用于课文的讲练，这样的安排我们认为是较为合理的。此外，将重点词语以及一般词语的处理数量分别限制在 3~5 个/课时和 10~15 个/课时也是经过教学实践证明的，较为符合学生每课时对新词接受能力的范围区间。

在对外汉语教学大纲中，对外汉语课程要求学生熟练掌握 1491 个汉字，并且还专门列出了对学生熟练掌握 2704 个生词的要求。我们分析，母语非汉语的学习者既不会运用汉语表达也不认识汉字，从这个意义上看，汉字和词的学习是同步进行的，因此在对外汉语教学大纲中，对汉字和词的掌握都列出了要求，而且教师也格外重视针对词汇量由零或接近零开始的学生的词汇教学。

结合对留学生适应性的考虑，我们从词汇教学的基本单位、词汇教学的难点以及每课时教授词汇的数量三个方面，讨论了教学的开展。需要强调的是，因为不同背景的留学生在初、中、高级阶段会呈现出不同的适应状况，因此，在教学中，一定要关注学生对词汇的认知与接受情况，并且适当地讲解词汇背后的文化含义、语用意义，培养学生根据语境得体地运用词汇的能力。

第二节 对外汉语口语教学中的教学策略

外国人来到中国，面对的首要挑战就是如何与中国人交流。"学说中国话"是外国人必须掌握的生存技能，因此，汉语口语教学的重要性不言而喻。在国内汉语教学界，口语教学研究自 20 世纪 80 年代后期起迅速发展，研究成果比较多，并且出现了在语言学理论指导下的口语特点研究、在心理学理论指导下的口语习得和认知研究、在教育学理论指导下的教学理论和方法研究。伴随着跨文化传播（交际）学在国内学界的兴起，我们认为，在跨文化的视角下研究口语教学将是一个具有创新意义的尝试。下面将结合留学生的跨文化适应性，从口语教学的原则和方法、口语教学的策略两个角度，来系统探讨教学的开展。

一、初级口语课的教学原则和方法

从对外汉语教学实际来看，初级阶段是整个教学的开始阶段，此阶段的学习对学生今后的学习具有极为重要的铺垫作用。"万丈高楼平地起"，对于将汉语作为第二语言来学习的留学生们，由于学习的是非母语，因而此阶段的教学则更不可忽视。吕必松先生指出："口头表达训练是促进语言习得的手段之一。在对外汉语教学中，过去只是在初级阶段开设一门口语课，以会话体为主，现在有些学校，虽然开设了中级口语，高级口语或类似的课程，但是对这门课的性质和任务还缺乏统一的认识，还没有形成口头表达训练的明确目标和完整体系。"那么，与教师教学密切相关的教学原则和方法也必然有待进一步研究。因此，开展有关初级口语课的教学原则和方法的研究和讨论是十分必要的。

（一）初级口语课的教学原则

1. "$i+1$"原则

这里的"i"代表留学生已有的汉语水平，"$+1$"指略高于留学生实际水平的语言输入。将二者组合在一起，则构成了对留学生来说可懂且有效的输入。根据领会教学法，我们正是通过可懂的输入习得语言的。

对教师来说，要想使课堂上对学生进行的输入是可懂而且有效的，就必须做到对学习的"i"有一个清晰明确的认识，而且随时注意随着学生学习阶段的变化，"i"也处于不断的发展变化之中。因而，教师的教学也应随之做出相应的调整。尤其在初级阶段，教师应有意识地控制课堂用语及语速。考虑到初级阶段留学生的特点，教师在课堂上应特别注意课堂用语要简单易懂，尽可能地避免使用专业语法术语，用留学生已掌握的词语和语法点来解释生词、课文，回答留学生的问题；在语速方面，教师应有意识地放慢语速，清晰、准确地发好每一个音。

2. 针对性原则

（1）教材和课堂话题的选取

欧洲文化合作委员会于20世纪70年代推出的大卫·威尼金斯的"功能大纲"或

称"意会大纲",与第二语言教学的传统大纲不同,它不是以教一定数量的词汇和结构(语法点)为主要目标,而是以交际为核心,把培养学生的交际能力作为主要目的。随着对外汉语教学的发展,对学生交际能力的培养也受到相当程度的重视,并被推到首要的地位,因而,"以交际为核心,培养学生的交际能力"也同样是我们对外汉语教学的目的。结合前面我们提到的"i+1"原则,为了交际,首先要让留学生接受输入,而课堂教学则是信息量相对集中的一种重要的输入途径。谈到口语课的课堂教学,自然离不开教材和话题的选取。对于一部优秀的教材,首先在用语上应以规范的现代汉语结合一定的语境反映社会生活的真实面貌;各课情节内容应具有吸引力,能激起学生学习的欲望;各课还应含有相应数量且有交际价值的语法结构,让学生学有所获。

(2) 针对不同的留学生,教师的教学应有所侧重

不同的教学对象,他们的自然特点、社会特点、目标需求、心理需求、学习环境和学习条件是不一样的,具体说来,他们的年龄、身份、国籍、使用的母语、背景文化、兴趣爱好、学习目的、现有水平、学习时限、对汉语及文化的适应状况等都是不同的,这就要求教师能针对这些情况各不相同的留学生展开具有不同侧重点的教学。例如针对日韩等东南亚国家的留学生,由于日韩与中国同属"汉字文化圈",因此对汉字的学习和掌握对他们来说就显得比欧美国家的留学生容易得多,而他们的性格又由于受到本国文化传统的影响,大多数比较含蓄内敛,在课堂中不太喜欢主动开口。通过对留学生进行这样的横向比较,教师在教学中就应树立起这样的观念:对欧美留学生来说,汉字的教学是一个难点,而对日韩留学生来说,启发和引导他们主动开口是一个难点。诸如此类的情况还有很多,教师在教学中都应引起足够的重视,这里不一一列举。

3. 精讲多说原则

练习是语言习得的主要途径,因而讲解和指导留学生操练必须贯彻精讲多练的原则。反映在口语教学中,则可概括为精讲多说。这里的"精讲"包括两个方面:一是指内容,即课堂上教师所讲的内容应少而精,是去粗取精的结果。教师在课堂上的讲解,最重要也是最基本的要求就是正确、简单、明了。尤其是初级阶段,由于对外汉语教学对象的汉语水平不太高,那么教学内容通俗易懂便成了一个十分需要注意的方面。关于这一点,前文"'i+1'原则"中已有相关论述。"精讲"的第二个方面是指方法,即教师应使用简单可行的方法将课堂内容讲清楚,讲透彻。为达到这一目的,在这一阶段,教师在教学中可采用一些直观的手段,如向留学生出示实物或印有实物的图片,或在讲解的同时辅以相应的形体动作帮助留学生理解等。同时,教师应多采

用启发式的教学方法。启发式的核心是充分发挥成年留学生认知能力强的特点，调动他们的积极性，训练他们用汉语思维的能力。例如留学生对某一个词的意义不能理解，此时教师不必忙于直接告诉他们，而是可以采用先以语素为单位进行拆分，然后再引导留学生逐一理解其中的语素，最后将它们合在一起的方法，或是采用设置一些语境帮助留学生根据上下文对其意义进行猜测的方法。

"多说"也包括两方面：一是指学生的"说"于教师的"讲"而言，所用的时间相对较长；二是指"说"的内容的全面性，即应该练的都要练到。大量、有效的练习可以加深学生对所学内容的理解，便于他们正确运用所学内容。

我们在组织留学生进行口语操练的同时，有两点需要注意：一是"说"应与一定的语境结合；二是"说"的目标要明确，或练习对词语的使用，或掌握对语法点的运用等。

（二）初级口语课的教学方法

口语课的教学目的是提高留学生的口头表达能力和交际能力。汉语交际既是汉语学习的目的，也是汉语学习的方法。留学生通过汉语交际活动，获得汉语交际能力是学习汉语的最佳途径。而留学生要获得汉语交际能力，不仅要接受汉语这种目的语的输入，更重要的是要将这种输入转化为自己的能用于表达和交际的语言材料。也就是说，留学生要通过对材料的理解和重组，创造性地运用自己所学的内容。

根据训练的内容，我们可将口语课的教学方法划分为语音训练、词语训练、句子训练和成段表达训练四类。根据参与练习的留学生的数量，可将口语课的教学方法划分为独白性训练和会话性训练（其中又包括两人与多人会话）两类。

"说"是语言生成能力的集中体现。生成能力是指在特定的功能意念下生成目的语的能力。"理想的教学应在确切的意念指引下，造成最接近真实的'用'的语境，学习者处于'用'语言的状态"，"把'用'当作'学'的手段，把'学'和'用'统一起来"。但是，对于处在初级阶段的留学生们，其词汇和语法储备都非常有限，因而我们对他们的要求也不应一步到位。此阶段我们应引导留学生在对单个的词语、句型操练已达熟练的程度后，进入简单的成段表达的训练阶段。下面我们将对按照训练的内容划分的几类适宜于初级阶段口语课的教学方法进行具体的论述。

1. 语音训练

口语是有声语言，无论是听还是说，都是以清晰准确的语音为前提的，语音训练的重要性是绝对不容忽视的。吕必松先生在《对外汉语教学概论》中提出了三种方法：

①以音素教学为纲；②以话语教学为纲；③音素和话语教学相结合。

以音素教学为纲是目前对外汉语教学界主要采用的方法。我们认为，这是因为这种教学方法较有利于初学者对目的语的识记。语音教学中我们可运用的具体的教学方式有图表演示、反复示范、循环模仿等教音法，独唱合唱、说读结合等练音法，夸张、对比的提示法和手势体态的演示法等纠音法等。但在教学中我们无论运用哪一种方法，采用哪一种具体方式，都应把重心放在音素的发音部位和发音方法上。

2. 词语训练

在对目前有关口语教学法的论著进行总结、概括的基础上，我们根据口语课中词语训练重点的不同，将词语训练的方法分为以下三类：

①训练单个词的形—音—义的关联的，如直接法（指物说词或根据动作说词等）、认读法（根据板书念词语等）、释义法（对指定词的意义进行阐释）。②训练对不同词的聚合、组合关系的把握的，如语素法（让学生说出一个含有与所给词相同语素的词）、替换法（用近义词替换句中的某个指定词语）、联想法（说出与指定词语相搭配的词或其反义词）。③训练母语与目的语的关联的，如翻译法（将汉语词与母语词对译）。

上述方法中直接法和认读法是两种基本方法，具有直观、通俗易懂的优点，尤其适用于零起点及稍高于该水平的留学生。释义法是词语训练中一个必不可少的方法。在这里，尤其要注意的是，在初级阶段，对于非抽象词较宜采用提供实物或利用动作帮助学生理解的方法；对抽象词来说，较宜采用设置情景，让留学生利用情景来理解的方法，而不宜采用用另一个抽象的词解释生词的方法（若在英语中有外延、内涵均与之相对应的词，对于英语水平较高的学生，也可用英语词对其做解释）。

口语课词语训练的目的是要帮助留学生建立起具有某种关联、纵横交错的词语网。对初级阶段的留学生来说，训练的目的具体表现为让他们通过课堂上对词语的学习，明确在词语网络中哪些是具有相同、相近或相反义项的词，哪些又是可以搭配使用的词，在需要时熟练自如地从中提取词语网络中的词语，并将之正确地连缀成句，直至成段，而非让他们死记硬背许多单个的词。

3. 句子训练

依据难度由浅入深的顺序，口语课的句子训练大体可分为以下三种：

(1) 机械练习

这种练习方法主要以模仿为主，模仿的内容包括句重音、语调、语速、停顿等，句式变换、对句中的词语进行替换的练习等也属此类。由于该类练习对学生要求较低，也不要求留学生必须具备一定的知识积累，因而我们认为它主要适用于零起点与学习时间在四五个月以下的学生。

（2）造句练习

即用指定的词语造句或将对话补充完整。该类练习对留学生的要求较上述第 1 类练习来说稍高，且需建立在学生具有一定的词汇和语法构成的基础之上，因而较适用于学习时间在半年左右的留学生。

（3）交际练习

包括情景问答、自由问答等。该类练习对留学生的要求是上述三类中最高的，它不仅要求留学生运用相关的语法知识将已知词语组合成句，而且必须在同时正确理解对方的话语。因而该类练习开始进行的时间应略晚于上述第 2 类。该类练习法可与第 2 类配合进行。有效的交际练习也应结合一定的情景，而非孤立地进行。加强情景会话练习，可以使学习者运用会话技巧，根据不同的情景，将学过的对话方式以及话语结构作纵向的迁移，让他们在真实的语境中，也能熟练自如地与人交际。在课堂上，教师应多运用模拟实景的方法来开展教学，尽可能地把模拟的情景和现实生活中的情景统一起来，让留学生学以致用。

4. 简单的成段表达训练

由于事件包含的命题之间具有先后、因果、推理、转折等关系，反映在语言形式即句群中也有相应的联系，这种联系的表现形式或为使用关联词语连接两个句子，或不依靠关联词语连接，而依靠句子之间的内在联系组合成句（如紧缩复句等）。一般说来，成年人用母语思维，都具有一定的条理性和逻辑性，但若使用目的语思维，或可能因为思维方式的差异，或因为对目的语的使用水平有限，所表达的内容就有可能比较混乱。因此，为提高口语能力，成段表达也是一个必须注意的方面。由于成段表达不仅涉及词语，而且涉及对语言结构系统的全盘把握，因而此项训练大多在中级阶段才开始进行。但我们更提倡在初级阶段就着手进行简单的成段表达训练，然后再逐步过渡到中级阶段较为复杂的成段表达训练。这样，留学生不会感到初级与中级的跨度过大而难以适应。简单的成段表达训练可分为以下三种：看图说话或讲故事；连句成段；复述及转述短文。

在用这三种方法进行练习时，我们应注意留学生的表达中句与句之间的顺序是否合理、恰当，尤其是语段中的连词运用得是否正确。

（三）需要注意的问题

1. 有计划、有重点地对学生进行纠错

在学生进行口语练习时我们不应轻易打断他们的话语。因为任何人在说话时都有一个组织的过程和思维连续性的问题,尤其是初级阶段的留学生,他们组织一句话需要较长的思考时间,出错率也较高,且一部分留学生口头表达的欲望还处于有待激发的阶段,因而如果此时教师多次打断他们的谈话,则不仅会打断他们的思路,甚至还可能挫伤他们的学习热情,阻碍他们今后的学习。但这也不是说我们对他们在表达中出现的错误就统统听之任之。我们在对待留学生表达中的错误时,应把握两点:一是纠正留学生常犯的错误,二是纠正留学生带有普遍性的错误。在纠正错误时适宜采用操练的方式,比如教师可先重复一遍留学生的错误或将之写在黑板上,让留学生自己辨别,然后指出正确的形式,让留学生进行操练。

2. 把握好生词和语法教学在口语课中的地位和时间比,避免出现反客为主的情况

口语课的目的就是训练留学生的口头交际能力。因而如果在口语课中补充、讲解过多的生词或语法,那么口语课则与综合课无异。不同的课型有不同的侧重点,教师应清楚地认识到这一点,并在课堂教学中有意识地突出不同课型的不同特点。

3. 适当突出"口语体"的特点,但不排斥对书面语体的学习

口头语言和口语体都可以简称为口语,因此两者常常被混为一谈。吕必松先生对此专门做了解释。他指出,口语和书面语是一种语体概念,口头语言和书面语言是一种语用概念。口头语言以口语为主,但不限于口语;书面语言以书面语为主,但不限于书面语。"我们据此进一步认为,口语应专指口头语言,至少在语言教学时如此。"以汉语为第二语言进行的交际是跨文化交际。跨文化交际的特点决定了书面语体在口语教学中有不可忽略的地位。对于交际中必需的书面语体的语言形式,包括某些出于礼貌原则而需使用的词、句子和句式,比如:"父母亲"与"爸爸妈妈"的区别,"您贵姓"和"免贵,姓×"的问答方式等,在教学中也应有所涉及,而不应采取一概排斥的态度。

4. 处理好"听""说""读""写"四项技能的关系

杨惠元先生认为,口语课应以训练口头表达能力为主,把说和听、说和读、说和写结合起来,为了说而听,为了说而读,为了说而写。说的训练、读的训练、写的训练既有所侧重又有联系,这样才可以全面有效地提高学生的交际能力。为提高留学生的口语能力,教师必然要要求他们加强阅读,扩大词汇量,接触新的句式句型,增加语言和文化知识;同时,"说"的训练也应与"听"的训练相结合,多听可以培养留学生的语感,这也正是我们强调在课堂中尽可能地使用汉语进行教学的原因之一;"写"则可以帮助留学生更有条理、有逻辑地建构"说"的框架,从而更清晰地通过"说"表达自己的思想。因此,"听""说""读""写"四项技能是紧密相关、密不可分的。教师要全面把握四者的关系,避免在教学中将它们割裂开来。

二、初级口语课的教学策略

我们着眼于语言文字运用能力的教学，从语音、成段表达这两个方面，对外汉语初级阶段综合课教学策略进行探讨。由于词汇教学在上文中已经讨论过，故本节不涉及词汇方面的内容。

（一）语音教学策略

语音作为学习一门语言不可回避的一个环节和学习语言的基础，其重要性是显而易见的。但由于汉语语音知识涵盖了声母、韵母、声调、变调、儿化、轻声、语调等各方面的内容，范围较广且内容庞杂，因而要全面熟练地掌握它并非一件易事。汉语的送气音与不送气音的对立，鼻音与边音的对立，前鼻音与后鼻音的对立，声调、变调、同一个词由于轻声和非轻声的差别可能导致词义的差别等都可能给学习者带来一定的障碍。

由于对外汉语的教学对象绝大部分是成年人，他们已经形成了某种语音系统（多为其母语语音）的发音定势，因而要准确掌握第二语言汉语的语音系统，摆脱洋腔洋调的普遍现象就更是难上加难，以至于"几十年来，外国留学生中，汉语普通话说得很标准或比较标准的，人数不多，也可以说很少"。"不少教师和学者认为，这些年来从对外汉语教学的效果看，口语表达的流利程度有所提高的同时，语音的标准性却有所下降。"如此看来，如何改变这种现状，选取合理优化的教学策略便成为对外汉语教师面临的一个迫在眉睫的问题，也是帮助留学生与中国人在交流中相互适应的重要途径。

合理的策略的选取与教学内容息息相关，因此我们有必要对汉语普通话语音的特点作出分析，以达到有的放矢地选取相应的教学策略的目的。

（二）成段表达教学策略

鉴于对外汉语教学的目的是培养学生以汉语为第二语言的交际能力，而交际绝非仅限于单个的字、词或句的运用，更重要的是成段表达。然而目前的事实是我们的汉语教学往往教到句子层面则止，而对句子与句子之间的连接和过渡却只字不提或轻描淡写，"句群教学在对外汉语教学中尚属探索阶段"是我们无法回避的事实。那么，在这样的形势之下，在把握句群的组合方式的基础上，培养学生的成段表达能力更是每一位对外汉语教师应悉心探究的一个终极课题。

之所以教师对于引入成段表达练习的时段看法差异较大，除了前文提到的目前对成段表达练习的重视远不及对拼音、汉字、词语和语法的重视外，这和汉语的句群的组合方式也是有关的。在汉语句群主要的两种方式———"意合法"和关联词语连接中，明显区别于印欧语系语言的是前者，即汉语的句群的组合不像印欧语系语言那样"严格地强调关联词和关系词的使用，常常是众多小句按逻辑和时间的顺序逐步交代，层层展开，表现为一连串的连动句和流水句"。这对习惯了使用关联词和关系词来进行句群组合的西方学生来说无疑是难以理解和运用的，他们的表达除了用词和语法错误以外，句子之间的连接也往往不符合汉语的表达习惯。

针对尚处于初级阶段的在华留学生而言，我们无疑不能在其缺乏基础的汉语语言知识的条件下就开始大量引入成段表达能力的训练，但完全回避的态度也是不可取的。我们主张把引入成段表达练习的时间安排在第一学期结束后，即学生已积累了最为基本的汉语语言知识的阶段是较为适宜的。教师应在充分认识到成段表达能力培养重要性的前提下制订合理的教学计划，有意识地随着学生对汉语语言知识能力的提高而逐渐加大对他们成段表达能力训练的力度。其实，对以汉语为第二语言的初级阶段的学习者而言，由于他们置身于目的语的环境中，这对其在日常生活中接触地道的汉语表达并逐渐习惯和学会用汉语思维是十分有利的；此外，初级阶段的学生学习汉语的积极性普遍较高，其运用汉语进行表达的欲望也较强，因此，教师如若能意识到这些有利条件，抓住这一有利时机，引导学生运用学过的词语和语法结构，围绕与日常生活密切相关的话题循序渐进地培养他们成段表达的能力，则不仅不会增加他们的学习负担，反而可以为他们中高级的学习以及交际的发展起到良好的促进作用。

第八章

国际中文教师信息素养与汉语国际教育学科建设

随着信息技术迅猛发展,社会对人们信息技能方面的要求越来越多,大数据、互联网、数字化、人工智能等技术快速与教育教学融合发展,教师信息素养备受世界关注。联合国教科委组织和世界各位研究机构先后颁布了一系列教师信息素养评价指标、体系、标准或框架。在数字化信息时代,培养一批具有信息素养的国际中文教师社会对人们从思想到行动等方面的要求也越来越高,而相关的教育受关注的程度也会随之提高。信息素养便是其中较为突出的内容。

第一节 信息素养的由来及内涵

一、信息素养的起源和发展

(一)信息素养的起源

1974年,信息产业协会主席保罗·泽考斯基在美国提出了信息素养的概念。信息素养(Information Literacy)的本质是全球信息化需要人们具备的一种基本能力。包括:文化素养、信息意识和信息技能三个层面。1989年,美国国家图书馆暨信息科学委员会主席Paul Zurkowski提出信息素养,信息素养是用来判断哪些信息有用,怎样去获取信息,如何去评价和利用所需的信息。此时的信息素养定义为"利用信息工具及信息化资源解决问题的技术和技能"。

在信息时代,信息素养越来越受到重视,被认为是人们在复杂的信息化社会生存和发展的一项关键技能,是信息社会教育和发展的重要基础。各行各业都提出了"专业+信息素养"。国际中文教师由于教学对象以及身处国度的特殊性,国际中文教师需要掌握中外信息使用及推广能力,所以如何提高国际中文教师信息素养成为汉语国际教育领域最重要最紧迫的问题之一。

(二) 信息素养的发展

信息素养这一概念提出后，其定义和内涵得到了不断的更新和发展。1974年，美国信息产业协会主席首先提出了信息素养这一全新概念，概念一经提出，便得到广泛传播和使用。世界各国的研究机构针对信息素养概念的界定、内涵和评价标准等提出了一系列新的见解。同时，成立了美国图书馆协会（ALA）信息素养总统委员会，该委员会建立了"国家信息素养论坛"，超过90个国家和国际组织加入了这一组织，论坛讨论的结果：要重视和提高人们的信息素养意识和信息能力。

1987年信息学家Patrieia Breivik将信息素养赋予了新的内涵，信息素养是提供信息的系统，是掌握、获取、存储信息的基本技能。

1989年美国图书馆协会（ALA）对信息素养的含义进行了重新概括：要成为一个有信息素养的人，就必须能够确定何时需要信息并且能够有效地查寻、评价和使用所需要的信息。

1992年，Christina Doyle在信息素养全美论坛的《国家信息素养论坛最终报告》中将信息素养重新定义，认为一个具有信息素养的人，认识完整的信息是基础，确定信息的需求是问题，确定潜在的信息源是能力。

综上所述，联合国教科文组织和世界各个研究机构先后颁布了一系列教师信息素养评价指标、体系、标准或框架。

二、信息素养概念产生的影响

信息素养在教育领域产生了很大的影响。落实信息素养教育，一方面应制定相应的标准；另一方面应有适当的社会活动加以促进。

(一) 各国纷纷制定信息素养标准

各国制定的信息素养标准不尽相同，但对于信息素养的认识和要求是一致，并国际教师信息素养相关评价框架/标准分析，详见下图8-1。目前世界上最具有影响力的标准是英国国立和大学图书馆协会（SCONUL）提出的信息素养，并出版了《信息素养的七大支柱》，目的是推动这一领域高等教育的发展，共同探讨信息素养教育的教学目标和方法，详见下图8-2。

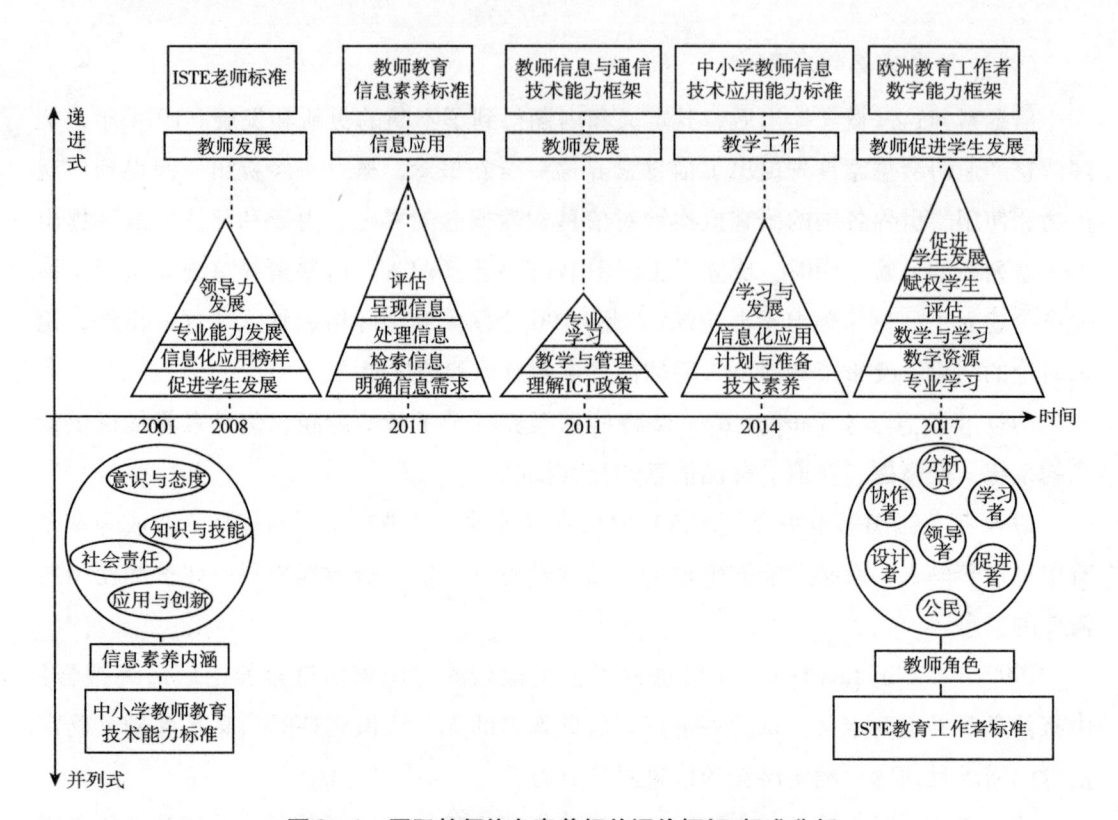

图 8-1　国际教师信息素养相关评价框架/标准分析

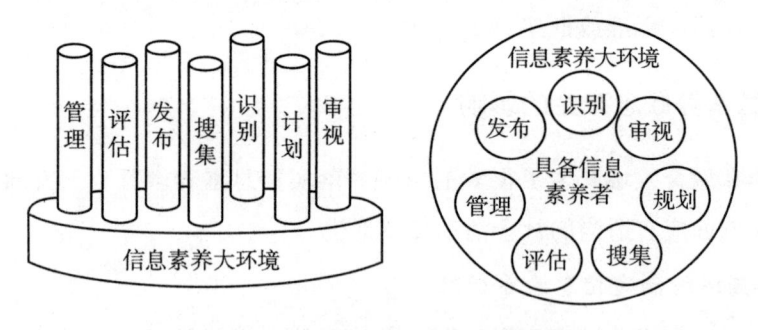

图 8-2　英国信息素养新标准模型

（二）面向 21 世纪的全球化信息素养目标

国家信息素养论坛与联合国教科文组织（UNESCO）和美国图书馆与信息科学委员会组织 23 个国家的代表在匈牙利布拉格举行了国际会议，讨论全球范围内的信息素养重要性及教育问题，相继发表了《布拉格宣言：建立一个信息素养社会》和《亚历山大宣言：信息素养与终身学习》。2016 年，中国教育创新研究院和世界教育创新峰会（WSIE）共同发布了《面向未来：21 世纪核心素养教育的全球经验》报告。美国提出了 21 世纪技能（21st Century Skills），欧盟提出了关键素养（Key Competences），澳大利亚提出了综合能力（General Capabilities），我国提出了核心素养（Core

Competencies）等理念，这些表明信息素养产生了全球化的影响，受到人们的普遍重视。

（三）中国的信息素养标准

1. 学术界高度重视
2. 中国中小学教师信息素养框架

信息素养被引入中国后，学者们高度重视，公开发表了多篇信息素养的见解，根据教育的需要又进行了拓展，并将信息素养赋予本土化，形成中国中小学教师信息素养评价指标框架，详见图8-3。目前，信息素养已经成为现代教育的一个组成部分融入各个学科教育之中，被称为信息素养教育。详见表8-1、图8-4。

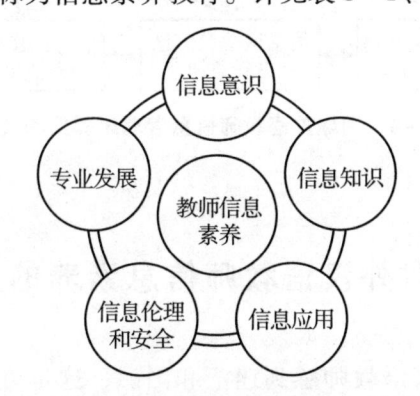

图8-3 中小学教师信息素养评价指标框架

表8-1 国际汉语教师信息素养能力评价体系

	初级阶段	中级阶段	高级阶段
信息识别能力	意识到自身缺乏的学术知识	明确检索需求	有效地完成检索
信息判断能力	明确最符合需要的信息类型	明确可获取信息的检索工具	尝试用新的检索工具获取不同类型的信息
检索规划能力	选取合适的关键词、限定项来制定检索策略	选出最合适检索方案的检索工具	根据具体检索需求不断换用检索工具
信息搜集能力	合理利用图书馆资源	获取数字或者纸媒资源全文	进行信息追踪并能与同行分享信息
信息评估能力	用适当的原则筛选合适的素材	批判性阅读，测评信息的可信度、相关性、偏重等	根据检索结果反思检索策略
信息管理能力	会使用合适的软件和方法管理数据	对信息和数据的知识产权时刻保持清醒的意识	依照学术道德引用信息并争取信息的再利用
信息发布能力	运用检索到的信息和数据解决问题，准确分析并发布数据	将新知识融入现有知识体系，实现知识体系的重构	选择合适的出版和传播渠道，提升个人学术知名度

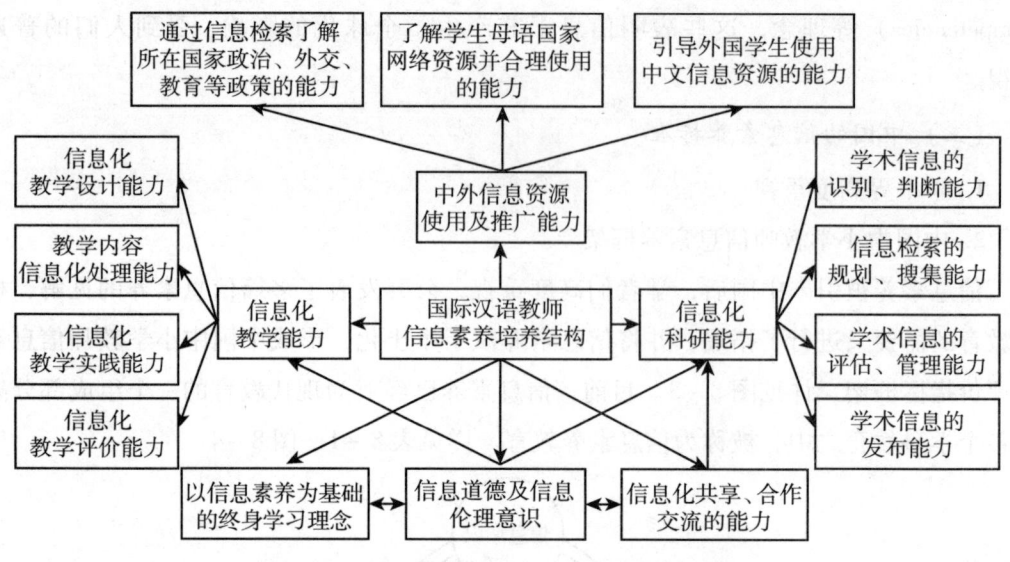

图 8-4 国际汉语教师信息素养培养结构模型

第二节 对外汉语教师信息素养的主要内容

新技术也许会使一些汉语教师感到迷茫和困惑,这是可以理解的。但我们相信,无论是多媒体汉语教学体系,还是未来的虚拟大课堂,都不会使汉语教师的职能消失。相反,我们只有对汉语教学进行更深刻、更细致、更全面的研究,才能充分把握自身的优势,发挥新技术的特长。

一、现代教育技术给汉语教学领域带来的变革

现代教育技术给教育领域带来的深刻变化表现在备课方式、授课方式、学习方式、考试方式和科研方式上。

(一)备课方式的变革

在传统的备课方式中,教师的教案大多是手写的,难免存在一些问题。

1. 不利于修改和及时更新

教案如果要修改,要么重写,要么在上面涂改,既浪费时间又不整洁,效率较低。然而在语言教学中,教师经常要根据学生的母语背景或组成情况等对教案进行修改或更新;加上课程内容也会不断更新,需及时对教案加以补充和修改,一成不变的教案很难满足现代社会对教学的要求。

2. 不利于课堂上动态、立体地变换内容

手写教案的内容是静态的、平面的。如果要在某个地方插入一幅图，只能用挂图。教学备用挂图的数量和内容都有很大局限，满足不了语言教学的需要。

而计算机备课方式除了可以解决上面的问题外，还有更多的优越性。概括地说就是灵活、便于更新，并且是多媒体的。计算机备课可分为两种方式：一是利用文字处理软件（如 Word）编写和修改教案。二是利用演示讲稿软件（如 PowerPoint）编写和修改"电子教案"。它能方便地把讲课用的大纲内容与辅助的文字、图形等相结合，制作色彩丰富、图文并茂的幻灯片，添加声音、动画等媒体信息，插入超链接，组成电子演示教学计划显示在电脑屏幕上，提高教师备课的效率。

（二）授课方式的变革

传统的教学方法是在传统的课堂上进行，教师主要采用听写和板书的方式进行教学。对于语言教学来说，形式比较单调，不仅不能及时展示语言场景，而且还要花费大量的时间进行讲解，这不利于语言学习和语言训练。计算机参与的授课方式是在有计算机技术支持的情况下进行的。根据不同的硬件设备条件，有多媒体演示教室和多媒体网络教室两类。

（三）学习方式的变革

采用传统的学习方式，学生除了上课以外，课下或看书本复习，或跟着录音机、电视学习，或与"语伴"进行练习。前两种方式都是单向交互的，即在练习中出现错误时没有相应的指导，最后一种方式虽然有指导，但往往不是很可靠（"语伴"多为普通学生，不能从留学生所犯的语言错误中发现实质问题）。

在以计算机为工具的学习方式中，学生可以通过 CCAI 课件复习和巩固课上所学内容，或通过视频点播重新聆听老师上课的实况；可以通过远程的方式学习汉语，并通过网络电话、电视会议系统与教师交流。

（四）考试方式的变革

考试方式方面，出卷方式、考试形式、阅卷方式都有可能发生变化。

手工出卷时，由于试题的难易度等不易准确把握，因此其合理性难以预料。如果将试题输入计算机，标注相关属性，建立试题库，并根据教学内容的更新对试题不断地补充和删除，当题目达到一定数量时，就可以利用题库软件随机抽取，保证每次考试题目的有效性及合理性。

传统的考试有笔试、口试等，特别是语言的口语测试很难保证其一致性、公平性。而随着科技的发展，考试方式会从有纸化发展到无纸化，从无纸化发展到无盘化（网

上进行)。人们再也不用为参加 HSK 考试而奔波于城市与城市之间,更不必等上很长时间才知道是否通过了此次考试,甚至可以在考试结束后马上领到成绩单,因为阅卷是在计算机或网上进行的,不但减少了误差,还可以做到快捷高效。

(五)科研方式的变革

传统的科研方法存在一定的不足。比如,在图书馆查阅科研文献资料时,资料往往具有滞后性,图书馆资源库的质和量也会受到学校经济条件的制约;又如,传统的语言分析和调查都是手工进行的,不但数量有限,速度和准确性也得不到保证,结果也会受到不同程度的影响。

在数字化时代,Internet 不仅是当前最大的国际互联网,也被认为是 20 世纪以来最重要的科研工具,人们可以利用在 Internet 中建立和连接的各类大型和专业数据库进行文献存储和检索,互相交流学术思想,通过 Internet 进行广泛的国际合作研究。现在,国内外许多科学技术出版社都要求以 Internet 方式(E – mail 或 FTP 等)投稿,发表学术论文或参与讨论。网上查询则可以随心所欲,不但速度快,还可以得到国内外最新的研究成果。利用计算机技术和网络技术可以对语言的变化进行动态的观测和快速、准确的分析统计,为语言教学提供更多有价值的参考信息。

二、汉语教学领域已出台相关的国家标准

国际汉语教师编制标准由国家领导小组办公室促进对外汉语属于行业标准,它规定的品质和能力,国际汉语教师应具备,并伴随着"认证测试的对外汉语教学能力"来评估的人想成为中文教师。针对信息素养和现代教育技术方面的规定分别在两个部分中涉及,其中"标准九"是专门针对信息素养的。

(一)"标准八"中的相关要求

《语文教学大纲》《教材》和《辅助材料》的总体目标是:教师应了解和掌握语文教学大纲的内容、范围和目的;熟悉汉语课堂教学的基本环节;并能根据教学实践适当选择和使用教材和辅助材料。其中"标准 8.6"规定:教师应熟悉教辅材料在汉语教学中的作用,并能有针对性地进行选择,基本概念范畴包括:

(1)教学辅助材料;(2)网络材料;(3)音频、视频材料;(4)报纸杂志、图片、卡片;(5)实物、教具;(5)多媒体教室;(6)语言实验室;(7)自助学习工具。

基本能力包括:

(1)理解各种教材在教学中的作用。(2)能够选择和使用相关的教学资源和辅助材料进行教学。(3)能正确处理好教材与辅助教材的关系,并能将两者有机结合,从

而达到最佳的教学效果。（4）可以与其他教师合作讨论辅助材料的开发、选择和整合，从而达到资源共享的目的。

（二）"标准九"中的相关要求

标准九：教师熟悉并掌握有关计算机的基本知识与操作方法，了解常用的现代化教学手段及网络技术，并能用于汉语教学实践。

1. "标准9.1"规定

教师应熟悉计算机的基本组成及相关电子设备，熟悉与汉语教学有关的常用计算机软件和多媒体教学设备，并能将其应用于实践。基本概念包括：

（1）计算机基本部件；（2）操作系统和基本操作命令；（3）常用办公软件；（4）相关电子设备；（5）软件安装与卸载程序；（6）计算机辅助教学；（7）计算机病毒；（8）课程管理系统。

基本能力包括：

（1）了解包括外接部件在内的计算机基本部件，并能根据相关参数大致判定其性能。（2）能以正确的操作命令使用计算机并指导学习者进行操作。（3）了解常见操作错误，并能进行相应的修复操作。（4）能自行安装或卸载各种常见软件。（5）熟悉并能熟练运用常见的办公软件完成教学资料的编写、制作。（6）熟练掌握至少一种汉字输入法。（7）能使用幻灯片演示软件制作和演示主要教学内容。（8）能根据教学目标、内容、对象、场景的不同，合理安排计算机辅助教学，能引导学生在中文操作系统下进行自学和互动。（9）了解计算机病毒，掌握基本的病毒预防、查杀方法。（10）能熟练使用所在地的课程管理系统。

2. "标准9.2"规定

教师应了解并掌握基本的网络知识，并能合理利用各种网络资源服务于教学。基本概念范畴包括：

（1）互联网；（2）下载、上传；（3）浏览器、搜索引擎；（4）网页、网址；（5）个人主页、博客、告示板；（6）电子邮件、论坛、聊天室；（7）视频会议、远程教学；（8）黑客、网络安全、防火墙。

基本能力包括：

（1）熟练使用电脑上网，对网上教学资源的收集和使用。（2）能够自行下载、上传各种文件和中文教材。（3）能够建立个人主页或博客，加强与学习者的沟通和交流。（4）能够及时向学生传达信息，并通过电子邮件、聊天室、视频等方式收集反馈。（5）了解常见的网络安全问题并能采取相应的措施。

第三节　信息素养与教师教育

一、汉语教师具备信息素养的必要性

（一）现代教育技术新形势下汉语教师面临的任务

现代化教学成功与否，在很大程度上取决于教师是否具备一定的信息素养。

事实上，不同学科的教学对技术的依赖程度和依赖方式差别很大。就目前的情况来看，现代媒体技术在技术学科中的应用相当普遍，效果也相当明显。原因是这些学科本身具有一定的技术含量，从事这些学科的教学人员具有掌握现代信息技术的先天优势（如物理教学、计算机教学等）。然而，对外汉语教学则是另一回事。语言是人与人之间直接或间接的交流工具。因此，语言教学离不开人的参与，人的因素在语言教学中所占的比重高于其他学科。因此，有必要科学地理解和正确把握语文教学过程中的技术因素和人的因素，并将它们有机地结合起来，从而创造出超越现有模式的教学效果。

无论是在汉语课堂上应用网络技术，还是在网络上构建虚拟的汉语教学课堂，都对网络汉语教学的发展起到了积极的促进作用，丰富了汉语教学的模式，但与此同时对汉语教师的期待更多。

未来的汉语教师应具备更高的电脑操作技能，掌握现代教育技术的基本原理，对远程教学的发展有一定的洞察力；研究新技术对语言教学理论所产生的影响，探索现代教育技术如何指导汉语远程教学，总结并发展汉语远程教学模式；开展国际性的分工合作，发挥各自的优势，共同策划、编写教材，开发和制作课件，共同组织教学，共享教学资源，成为国际远程教学的合作者；利用一切可利用的信息技术手段，建立与学生沟通的渠道，成为学生主动建构知识的帮助者和指导者。目前已经出现了汉语网络教师、汉语远程教师，他们有的在幕后策划组织远程电视会议讨论，有的在网络上定时通过语音或视频为学习者答疑解惑。随着远程教学的发展，汉语教师的职能、与学生的关系、教师队伍的结构都将发生重大变化。教学不再局限于使用教室、黑板、粉笔，这已是不争的事实。

（二）面向全球化汉语教学的形势需要

1. 信息素养是未来教师必备的素养

信息素养越来越受到世界各国的关注，并逐渐成为从小学到大学教育目标的一部

分,是教育最基本的需求。同时也被纳入人才评价体系,成为评价人才综合素质的重要指标。

人们不仅重视信息素养评估,而且还出现了检验信息素养的信息素养评估工具。

2. 信息素养是汉语教师的必备能力

各学科的信息素养教育与该学科的特点和要求有关。信息素养教育为学科培养具有信息素养的人才,从而促进学科教学理念、教学目标、教学内容、教学方法和评价的改革。

针对汉语教学领域的信息素养教育,其主要任务是培养对外汉语教师具有适应信息化社会汉语教学所必备的才能。通过信息教育,提高汉语教师的信息素养,满足信息化社会汉语教学的需要,促进汉语教学的顺利开展。实际上,在日常的教学资料等文件管理和命名方式、收发邮件时的表述方式、教学内容的呈现方式、通过网络发布信息的习惯和解答问题的态度等方面,都表现出信息素养的水平。因此,我们一定要对其充分重视,并把信息素养教育提到议事日程。作为信息时代的汉语教师,在应用信息技术开展教学和研究的时候,应该表现出应有的信息素养,担负起时代的责任。它代表的是一个有着几千年历史文明古国的形象,传播汉语教学的同时也传递出中国人的人文情怀,体现出具有时代特征的汉语教学工作者的人文面貌和技术水平,绝不可小觑。因此,培养汉语教师信息素养是信息时代发展的要求,它直接关系到教学水平和研究水平,决定着教师自身的竞争能力和生存能力。

(三) 时代的责任

从以往汉语教师资格认证对信息素养没有明确的要求,到《汉语作为外语教学能力等级标准与考试大纲》中的"语言研究与对外汉语教学理论"中补充规定"五、现代教育技术的应用",直到《国际汉语教师标准》在标准八和标准九中的具体规定,反映出时代的变化对汉语教师提出的更新、更高的要求。这是我们必须面对并加以重视的。

在现代教育技术的大背景和大环境下,汉语教师的历史责任就是要努力研究汉语教学理论和实践,利用信息技术创新教学模式和教学方法,以适当的技术手段促进教学活动的开展和教学效果的提高,创造优质和丰富的教学资源,以满足汉语教学的各种需要。中国教师的信息素养作为外语的能力是指将信息技术与教学对外汉语的课程,包括信息化教学设计的能力,信息化教学内容处理的能力,创造语言交际环境的能力,以及培养语言技能的能力,听、说、读、写、译。"对外汉语教师的信息素养是更新对外汉语教师知识结构的一个重要方面"。

我们不能仅仅维持现有的知识和技能，而应积极地投身到不断革新和成长之中。

二、信息技术与教师教育

教师信息素养教育日益受到关注，已经成为教育发展的重要内容。信息技术水平的衡量和评价标准也已经形成一定的方法。

（一）信息技术与教师教育

信息技术与教师教育已逐渐成为教育技术领域的一门专门学科。主要研究如何对教师进行信息技术培训，使教师在其所从事的领域中更好、更自觉、合理、有效地使用信息技术，最终具备信息素养。

具体研究包括：技术培训的应用，信息技术对教学效果的影响，以及应用信息技术开展成功的教学方案。

（二）教师教育的途径

信息技术在不断地发展着，各种现代教育技术理论和方法在不断涌现，除了正规的学校教育外，教师在工作中还会面临新的问题。因此，从信息素养的角度来说，具有独立学习的能力和社会责任是必要的。信息社会将伴随着技术的发展和技术应用而不断地要求教师进行学习和思考，以适应新的需要。

首先，要使教师在思想上重视，有积极的心态；其次，在实践中要不断运用新技术和新方法去探索教学理论和教学方法；最后，从责任和道德方面要求和约束自己。提升信息素养的方式有很多，如参加培训（脱产学习和非脱产学习），工作中自我学习，教师间互相交流等。

（三）信息技术与教师教育研究方法

开展信息技术与教师教育的研究方法有如下三种：

1. 经验理论

经验理论认为，科学的方法是研究人类行为的唯一正确的方法。从经验主义出发，我们可以认为外部客观世界是可以被认识、被量化的。因此，我们可以通过提供有关计算机在学校中使用情况的精确描述，了解教师教育方面实际的技术应用情况。

2. 批判理论

批判理论认为，一个群体的获益是以另一个群体的损失为代价的。因此，我们应该认识到盲目的计算机教育应用对教育的伤害，反思因技术引入教育领域而带来的一些问题。

3. 解释理论

解释理论与心理学建构理论相关。他们认为，社会科学研究的结论带有局限性。因此，要重视案例研究和专业实践性研究，倡导"参与性研究"。研究内容包括：现状调查与研究、相关政策研究、师生态度研究、教学应用研究、培训计划研究、总结与反思、计算机辅助教师教育研究等。

信息社会的发展需要教育信息化。所谓"教育信息化"，就是在教育过程中充分利用以多媒体、计算机和网络通信技术为基础的现代信息技术，促进教育的全面改革。对于对外汉语教学来说，这一信息化进程应该说是刚刚开始，任务艰巨，发展前景广阔。

第四节 对外汉语教学研究方法

科学研究是一门学科建立和发展的基础和动力。对外汉语教学作为一门新兴学科，其理论体系有待进一步完善。作为一门应用学科，它在教学实践中面临着许多需要解决的问题。加强理论研究，推进学科建设，是一项紧迫的任务。

一、学科研究的内容

对外汉语教学学科研究的范围很广，学科体系中的组成部分都是该学科研究的内容。为了应用心理学、教育学、语言学、文化学、社会学和哲学等基础理论学科所阐述的原理与规律，就需要参与对这些学科有关方面的研究。当然，学科研究的重点是这个学科的基本理论和应用研究，即中国语言学的基本理论，中国并购理论、语文教学理论和研究方法，以及应用研究的总体设计、教材编写、课堂教学、测试和评估、教学管理和教师培训。单课堂教学又分为语音、词汇、语法和汉字教学和听、说、读、写技能训练。可见这是一个从宏观研究到微观研究的十分广阔的天地。

从世界第二语言教学研究的情况来看，近几十年来研究范围有很大拓展。20世纪70年代以前集中于教学法，70年代以后转向第二语言习得研究，大大拓宽了研究范围。这期间学科研究呈现一些新的趋势。第一，是研究重点从作为语言教育学科客体的语言，扩展到作为学科主体的学习者，特别是学习者第二语言习得的心理过程和学习者的个体因素。第二，与这一变化相关，该学科的研究已经从单纯依靠语言学理论的指导扩展到心理学、教育学、心理语言学、社会语言学、文化语言学、跨文化交际学等多学科的支持。第三，对教学内容的研究，从仅局限于语言结构形式发展到对其意义和功能的研究，加强了对语用、话语以及相关文化知识的研究。第四，科研方法从定性研究转向定量研究，并提倡定性与定量相结合的研究。

国外第二语言教学研究的重点：语言学习环境，包括语言学习与社会、群体、家庭和学校的关系；语言学习的动态性，如儿童和成人失语现象的研究、语言学习中的遗忘过程的研究；语言学习过程中的社会文化因素，特别是跨文化语用研究和中介语语用研究中的社会文化因素对学习者个体因素的研究，更侧重于学习策略和学习者心理因素的研究；语言测试、语言能力的定义和测量以及教学评价，其中写作能力的评价越来越受到重视；计算机辅助语言学习；语篇分析在语言学习、语言应用和语言教学中的应用。

国内第二语言教学研究的重点：二语习得理论研究、二语习得研究方法、二语习得研究不同流派（认知/心理，社会文化观/语言学流派等）、语言迁移与二语习得（二语习得中的语际影响）、二/外语语言发展与测试、二/外语教学法、课堂（正式）二语习得研究新进展、基于语料分析的中介语研究、中介语语用研究、现代技术与语言教学。

二、学科研究的方法论原则

我们所说的科学研究方法，不仅是指具体的方法、手段和技巧，而且主要是指正确进行科学研究的理论、原则、方法和手段。它本身是一个多层次的理论体系。从应用范围来看，这个系统包括总体上、世界观意义上的根本方法、应用于各个领域的一般方法和应用于某个领域或某门科学的具体方法；从其理论的层次性来看，这个系统包括方法论学说、方法论原则和具体的方法。

方法论是在哲学层面上讨论科学方法的一般理论。它是对科学方法的高度抽象和总结。研究如何把世界观的基本观点转变为认识世界、改造世界的基本方法理论。方法论一般是指哲学方法论。最普遍、最基本、最普遍的方法是哲学方法，它适用于自然科学、社会科学和智力科学。它是一切方法的基础，也是一切方法的指导。提到哲学对科学研究的作用，也许有人会觉得太空泛、太抽象。其实作为世界观的哲学总是对科学研究起着指导作用。我们应当自觉地运用马克思主义的哲学方法——辩证唯物主义和历史唯物主义。除了作为根本方法的哲学方法外，数学等横断科学作为运用于各个领域的一般方法，也起着方法论的作用，对各学科都有方法论的指导意义。对外汉语教学的学科研究，不能封闭在自己的小圈子里，应当把握当代科学发展的趋势，汲取新的科学成果，在研究方法上以这些方法论学说为指导。

针对对外汉语教学的现状，我们应当汲取哪些方法论原则呢？

(一) 从实践出发，理论联系实践

从实践出发，为实践服务，这是学科研究的根本目的和根本方向。实践的观点是马克思主义认识论和方法论最根本的观点。对外汉语教学作为一门应用学科需要回答教学实践中出现的大量问题。因此，我们的研究课题应该来自实践，我们的研究过程也应紧紧结合教学实践，通过调查研究来进行。应用性的研究，如总体设计、教材、教法和测试等，本身就是理论与应用紧密结合在一起的，其成果又要应用到教学实践中去。即使是基础理论性的研究，如对习得过程的研究或是对汉语语言学的研究，也必须面向教学实践。强调实践观点的另一个含义是，研究结果必须在教学实践中检验，因为实践是检验真理的唯一标准。当提出一种新的教学理论和教学方法时，我们必须先让它被反映在教材或课堂教学，并通过教学实践和教学材料和课堂教学效果的评估，测试教学理论和教学方法的正确性。在我们的研究活动中，确实存在着脱离实践的现象。强调实践的观点并不意味着忽视理论的深度。科学研究不能只是现象和过程的描述或说明，而是要在研究事实的基础上，找出规律性的东西，通过揭示较深层次的规律来解决实践中的问题。在教学研究活动中我们也常常碰到一些"就事论事"的工作总结式的文章，这些文章只是罗列材料、堆砌事实，缺少分析概括，没有总结出规律来。有的虽然引用了国外或国内的一些时新的理论，但也只是生搬硬套、贴个标签而已。这样的文章很难称之为科学研究。我们并不否认总结经验是科学研究的一种最基础的方法，由经验型向科学型过渡也是一般学科发展的必由之路。但经验总结作为一种科学方法必须在对经验进行总结的基础上，反映其本质，揭示出规律并上升到一定的理论高度。我们的学科已经发展到今天，研究工作在各个领域已全面展开而且取得了一定的成果，经验总结也必须与学科总的科研水平相适应。

理论联系实践是一条方法论原则，用以指导我们的科研。在具体的研究项目中，有的可能偏重于理论探讨，有的偏重于应用研究。

(二) 提倡实验方法，实证与思辨相结合

现代自然科学因其实验方法、实验结果作为依据和实验结果有待检验而脱离了以形而上学思辨为特征的自然哲学而成为现代意义上的真正科学。从19世纪后半期开始，实验方法又从自然科学领域扩展到心理学、教育学等社会科学领域，于是科学的实证方法与哲学的思辨方法这两种性质不同的方法之间的关系，就成了科学方法论要解决的一个问题。在一段时期里，曾经有过把这两种方法完全对立起来的观点。但科学的发展使人们认识到，这两种科学方法并非水火不相容，而是相辅相成的，在科学研究中起着互补的作用。实验方法是科学发展的土壤和理论产生的源泉，实验及其结果有助于启发人们的新思想并使理论得到检验；而理性的思辨又是进行实验活动、从事科学研究不可缺少的要素。不论是对新产生的理论还是对造成实验或研究失败的理论，都需要用思辨的方法做出解释。思辨与实证在科学研究的不同阶段发挥着各自的作用，二者不能互相替代，是缺一不可的。

对外汉语教学的科学研究，同样需要这两种方法的结合。从目前研究的现状来看，首先需要大力提倡教学实验。这是因为迄今为止本学科的理论建设主要是依靠教学经验的总结和一些个人的思考，而科学实验方法则远未广泛应用到科学研究中来。我国的对外汉语教学已经积累了50年的经验，这是我们理论研究的宝贵资源。但经验一般是指在自然的状态下获得的经历与体验，这种自然发展的经验由于对各种干扰因素未加控制，因而不可能得到精确的科学数据。因此，理论研究完全依赖经验总结必然有一定的局限性。而科学实验方法则不同，它总是先有一定的假说或推论作为其思想基础或实验目标，通过精确的实验设计对非研究变量进行适当的控制，并综合运用各种方法对所得到的资料和数据进行尽可能精确的分析，从而产生比较客观的结果。而且，这一实验结果又可以为同样的实验所重复和验证。因此实验方法是科学研究最重要、最基本的方法。

（三）重视数学方法，定性研究与定量研究相结合

任何事物都有定性方面和定量方面，这是质与量的统一。对事物的理解必须是定性分析和定量分析的结合。定性分析主要是通过广泛的自然观察方式获得主观经验，没有控制变量。它强调从部分到整体的理解过程，运用综合归纳的方法发现规律，提出假设，以达到描述的目的。定量分析则主要通过焦点集中、控制变量的实验方式，获得客观的数据，强调从整体到部分，着重了解结果，进行推断，运用演绎的方法验证原有的假说。只有对事物的量的规定性进行分析，才能精确地认识事物及其规律。因此一门科学从定性分析发展到定量分析，标志着这门科学已达到比较成熟的阶段；而定量分析主要用的是数学方法，进行统计和实验。一门科学只有发展到一定阶段才具备运用数学方法的条件。随着对外汉语教学学科的发展，定量分析在研究工作中日益显得重要。不论是教学目标、教学内容、教学管理或是评估标准，都需要加以量化；一些基础性研究如汉语习得过程的研究，更离不开定量分析。但长期以来，我们在研究工作中忽视定量分析，不注意数据的搜集和统计分析，很多文章甚至根本不涉及"量"，因而显得论据不足，缺乏科学性，说服力不强。究其原因，一方面由于我国数千年的语文教育研究缺乏定量分析的传统；另一方面是由于长期以来我国高等教育文、理分家，从事人文科学研究的人往往不具备必要的数学知识，甚至缺乏对掌握数量统

计方法的兴趣。今天我们应特别提倡定量分析。但定量分析也不是万能的。在对人类活动进行实验时，变量很难控制，所得数据的真实性也会受到一定限制。而定性分析已得到了改进，减少主观因素，讲究数据的收集和分析，也运用了一定的定量方法，因而仍为人们所广泛采用。在实际操作中人们倾向于定性分析与定量分析相结合，并把介于定性分析和定量分析之间的研究方法称为描述性研究。

（四）强调系统观点，综合与分析相结合

系统论、信息论和控制论都强调研究对象是一个有机联系的整体，是一个系统。系统的结构是有序的，有一定的层次性，是按严格的等级组织起来的，同时各层次和等级之间存在着相互作用与相互转化。因为构成整体的各个部分相互联系，相互影响，与环境相互影响，所以整体（系统）不仅仅是其各部分的总和，而是大于其孤立部分的总和。系统功能不是简单的系统各组成部分功能的总和，而是大于元素功能的总和。因此，科学研究需要从系统的整体出发，从整体中把握部分。系统的有序和稳定是相对的，其动态开放性则是绝对的。系统内部及系统与环境之间一直进行物质、能量与信息的交换，以维持其正常的运动状态和发展的势头。人们可以按照预定的目标，通过信息反馈对系统进行适当的控制与调节，以实现系统目标和功能的最优化。

上述系统观点强调了综合研究、发挥系统的整体功能，反对孤立分割、静止片面的观点和方法，这反映了科学思维方式的演变。早期科学偏重于综合，近代的科学着重于分析，现代科学的发展又转向以综合为主的系统思维方式。事实上综合与分析这两种思维方式各有其长处和不足。脱离整体，精细地分析局部、细节，往往不能认识整体（因为整体不等于各部分之和），也不能认识部分，只会流于片面；反之，一味综合，不做分析，对研究对象的认识就会失之空泛。正确的思维方式应当是两者结合：综合以分析为基础和前提，分析以综合为指导和目的。这就需要从整体、从与系统的联系中分析部分，对部分的严谨分析又用来对整体、对系统进行调节和优化，从而形成"综合—分析—综合"亦即"整体—部分—整体"的公式。

这一原则运用到本学科的研究中来，首先必须把对外汉语教学学科体系看作是一个有机的整体，对其任何一个组成部分的研究都不应孤立进行，而是要在整个系统中加以观察和研究。以学科的基础理论汉语语言学的研究为例，我们不能把它仅仅看成是一种语言"本体"的研究，而是要紧密联系它在对外汉语教学学科大系统中所扮演的"客体"的角色进行研究，而且还不能脱离对"主体"即教学规律和学习者的习得规律的研究。这样的研究所产生的效果，就会远远大于对汉语进行孤立研究的效果。在汉语语言学这一子系统中，又有语音学、词汇学、语法学和文字学等要素。同样地，对这些要素的教学体系的研究也不宜孤立地进行。对外汉语教学作为一门学科的系统也体现了动态开放性，它与很多基础学科有着交叉的联系，尤其是课堂教学更不应是封闭的，而是要与社会环境相联系。课堂教学本身又应处理好"以学生为中心"和"以教师为主导"两者之间的关系。

三、学科研究的具体方法

对外汉语教学研究首先是教育研究，可以运用教育学和行为科学的研究方法。与通识教育研究不同，其具体的教学内容是语言，因此语言科学研究的一些方法也适用。这就形成了该学科研究方法的特点：多采用语言研究与教育行为科学研究相结合的方法。一般研究方法，如观察法、调查法、文献研究法、实验法、个案研究法、相关分析法等，也是本学科的一般研究方法。对比分析法、偏误分析法和话语分析法都具有语言教学研究的特点。以下是这几种方法的简要说明。

（一）观察法

观察法是科学研究和教育研究中最基本、最普遍的方法。它是指研究者根据一定的研究目的、研究提纲或观察表，用自己的感官和辅助工具去直接观察被研究对象，从而获得资料的一种方法。科学的观察具有目的性和计划性、系统性和可重复性。常见的观察方法有：核对清单法、级别量表法、记叙性描述。观察一般利用眼睛、耳朵等感觉器官去感知观察对象。由于人的感觉器官具有一定的局限性，观察者往往要借助各种现代化的仪器和手段，如照相机、录音机、显微录像机等来辅助观察。它是在自然条件下，通过有目的、有计划的观察来感知研究对象以获得实例的一种方法。你可以作为参与者或旁观者来观察它。观察范围通常从开放到逐渐缩小和集中。从事语言教学的研究者和教师正是通过课上、课下和社会实践活动，对学生或别的教师进行观察和记录。这样所获得的第一手资料，常常成为用其他方法特别是经验总结法进行研究的基础。

（二）调查法

调查法是根据一定的目的，有计划地从一定量的样本中搜集有关研究对象的资料，从而对研究对象的整体进行推断的方法。与观察法相同之处是两者都是在自然状态中获得实例。不同之处在于调查法是一种间接的观察法，因而不受时空的限制，既可以调查现状，也可以调查历史资料，可以调查国内国外的情况，有观察法和其他方法难以达到的广度。调查的具体方法有访谈法、问卷法和测试法等。本学科已成功地进行过一些大型的调查项目，如《北京口语调查》《汉语中介语语料库系统》《外国人学习与使用汉语情况调查研究报告》。

（三）文献研究法

文献法的一般过程包括五个基本环节，分别是提出课题或假设、研究设计、搜集文献、整理文献和进行文献综述。文献法的提出课题或假设是指依据现有的理论、事实和需要，对有关文献进行分析整理或重新归类研究的构思。研究设计首先要建立研究目标，研究目标是指使用可操作的定义方式，将课题或假设的内容设计成具体的、可以操作的、可以重复的文献研究活动，它能解决专门的问题，具有一定的意义。文献研究法是通过对文献资料的阅读、分析、研究以获取信息并得出一定结论的方法。常用于介绍或评述某一学术问题，如《第二语言习得研究的回顾与展望》《国外外语教学学科发展的过去和现状》等。

（四）实验法

实验法是有意识地使一个变量（自变量）发生变化，并观察对另一个变量（因变量）所产生的影响的研究方法。实验法是国外第二语言习得和教学研究的主要方法，也一直为我国心理学和教育学研究者所使用。近年来实验法也开始为愈来愈多的对外汉语教学研究者和教师们所重视。很多教师结合自己的课堂教学进行小型实验，如"外国留学生在短时记忆中理解汉语句子的实验报告"等。这种实验把科研与教学紧密结合起来，任课教师自己就可施行，简便易行，积少成多，如能蔚然成风，将会使对外汉语教学研究出现一种新的局面。当然，除了这类小型实验外，组织适当人力进行一些重点的中型或大型实验，也是十分必要的。上文已经提到，实验法的关键在于：第一，必须有作为实验目的的假说，并根据这一假说进行精确的实验设计；第二，在实验过程中对被试要进行随机抽样，要控制自变量，同时对非研究变量要进行控制；第三，对实验获得的数据和资料进行分析，对一些理论问题进行讨论并对假说进行检验。

（五）个案研究法

案例研究是对一个有限的系统，如对一个人或一件事的集中、深入、全面的研究。它经常被用于定性研究和描述性研究。就语言教学研究而言，通常是对学生或教师、学校或群体、课程或事件的纵向跟踪研究。根据马克思主义哲学有关个性与共性、个别与一般的论述，典型的个案研究有助于认识同类事物的全貌。个案研究最早用于儿童语言习得和语言人类学。有名的范例如赵元任先生于20世纪50年代初发表的、对他的孙女学说话过程的跟踪观察与研究，国内这方面的专著有《儿童语言的发展》等。可喜的是对外国留学生汉语习得过程的个案研究也已经开始，如《外国学生现代汉语"了"的习得过程初步分析》等。个案研究也是一种适合于语言教师使用的研究方法。西方学者认为随着不断增长的对语言习得和教育过程的社会因素、文化因素研究的需要，个案研究法将更为重要。这一方法的弱点除了费时费力以外，是它所得出的结论不一定具有普遍意义，因此需要与横向规模研究（即对一定规模的群体在某一相同时刻的情况的研究）相参照。

（六）相关分析法

相关分析法是对研究对象群体特征的定量分析，以研究各特征之间或多元因素之间的相互关系。比如某变量的变化与另一变量的变化之间存在的一定的规律性。相关分析通常研究两个或多个变量之间是否相关：是正相关还是负相关？相关程度如何？相关程度常用 -1.0 到 $+1.0$ 的相关系数表示。多个变量之间的关系分析也称"多元回归分析"。这种研究方法广泛应用于语言测试、语言学能、语言习得策略、语言使用心理、语言变体等课题中，以研究诸如学习态度、情感变量、语言水平、文化背景以及教师行为等因素之间的关系。如《外国留学生 22 类现代汉语句式的习得顺序研究》。

（七）对比分析法

比较方法是最常用的语言研究和语言教学和研究方法，用于两个或两个以上的语言是相同的和不同的点，两个或两个以上的语言习得规律，或教学相同的和不同的点比较研究，加深我们理解的东西，发现新的功能和新的法律。在汉语和其他语言的对比分析方面，已经有不少研究成果，但对不同语言或不同语言的学习者在语言习得或教学方面的过程或规律进行比较，像"中美儿童语文学习的比较研究"那样的研究成果，目前还太少。对比分析法有着广阔的天地，可以进行不同事物之间的共时横向比较，也可以进行同一事物的历时纵向比较；可以进行定量比较，也可以进行定性比较；可以进行专项比较，也可以进行综合比较。具体来说，比较第一语言习得和第二语言学习，学习第二语言（目标语言环境）和外语学习（没有目标语言的语言环境）比较，比较不同的母语学习者学习相同的目标语言，比较相同的语言学习者学习目的不同，不同的学习策略、不同体裁的教学方法的比较等都是很好的研究课题。

（八）偏误分析法

偏误分析是对学习者在第二语言学习的过程中所产生的偏误进行系统的分析，研究其来源，揭示学习者的中介语体系，从而了解第二语言学习的过程和规律。偏误是指第二语言学习者在使用语言时不自觉地对目的语的偏离，是以目的语为标准表现出来的错误或不完善之处。这种错误是成系统的、有规律的，反映了说话人的语言能力，属于语言能力范畴。国内的偏误分析研究始于 1984 年鲁健骥发表的《中介语理论与外国人学习汉语的语音偏误分析》，这篇文章也被视为汉语作为第二语言习得研究的开端。

偏误分析已成为第二语言习得过程研究和中介语研究的最重要的方法之一。不少对外汉语教师正在从事这方面的研究工作，成果相对说来也比较多。现在应当对这一研究方法进行总结。要避免重复研究或是同一水平上的研究，就需要与其他的研究方法如实验法、话语分析法等相结合，开创研究的新局面。

（九）话语分析法

话语分析法，即对超出句子层面的语言和语言教学的研究方法。这在语言学界和语言教学界都还是一种新的事物。它是随着对语言的语用研究、对语言习得的社会文化因素的研究以及语言教学交际性原则的研究的发展，而成为最重要的研究方法。这也反映了对语言和语言学习得更为广阔的新视野。话语分析法几乎能用于语言习得与教学的所有课题，并能带来"柳暗花明又一村"的境界。在对外汉语教学界，这一方法的运用几乎还未开始，特别需要做一些勇敢的探索。

对外汉语教学的研究方法远不止这些方法，但这些方法都适合本学科的研究。在方法论原则的指导下，综合运用这些方法，必将进一步提高学科的研究水平。

第五节 对外汉语教学学科建设的任务

一、改革和完善教学法体系

国内外汉语教学工作者普遍对目前的汉语教学成果不满意。在同一水平上，学习汉语往往比学习另一种语言需要更多的时间和精力。我们不能把汉语教学效率低完全归结于汉语本身的特点和困难以及汉语学习者水平低的客观原因。究其根本原因，可能还在于我们没有找到适合汉语特点的学习规律和教学规律，汉语作为第二语言的教学方法体系不完善，教学方法有待进一步改革。一些学者指出，当前流行的教学模式在我国对外汉语是在20世纪80年代中期定型，它反映了六七十年代的国际语言教学水平，国内外在最近的几十年的语言学、第二语言教学、心理学、语言习得的研究，语言方面的认知研究结果，未能吸收进目前的教学模式。我们的教学模式也非常简单，整个对外汉语教学领域，除了少数教师在一些教学实验，基本上根据同一模式的教学，很少有突破，很长时间的研究和探索教学方法非常沉闷。要完善教学方法体系，首先要改革教学方法。

（一）改革教学方法

首先应当研究并借鉴其他第二语言教学行之有效的原则和方法。当前第二语言教学界强调培养跨文化的语言交际能力，反映了语言作为交际工具的本质和社会对语言教学的要求。我们汉语教学尤须如此。面对"汉语难"的传统观念和当前学生汉语起点低的实际，在短短四年的大学本科教育特别是前两三年的教育中，既要学好汉语，又要进行系统的中国文学、中国历史或语言学理论的学习，是难以做到的。其结果，只能是偏重于文化知识的掌握而牺牲了语言交际能力的培养。实际上只有具备了一定的汉语交际能力，才谈得上直接用汉语来进行中国文化的学习和研究。而且，要改变汉语的"非普遍教授语言"的地位，也是特别需要强化汉语教学，特别需要培养出大批具有一定听说读写能力、能熟练地运用汉语进行交际的人才，消除人们对汉语学习的神秘感和畏难情绪。

（二）改革教学方法

我们在教学中需要处理好一系列的人际关系问题。如"以学生为中心"与"以教师为主导"的关系、语言知识教学与语言技能训练的关系、语言结构教学与语言功能教学的关系、听说教学与读写教学的关系、口语教学与书面语教学的关系、语言要素的教学和相关文化知识教学的关系、目的语和母语或媒介语的关系、语言和文学的关系等等。这些在前面所谈的教学法基本原则中都已提到，在处理这些关系时，需要客观地分析，全面地考虑，避免走极端。在不同的学习阶段，可能要突出某一方面，但仍需要兼顾另一方面，这就是我们总喜欢用"什么和什么相结合"的提法的原因。以学生和教师的关系而论，教师主宰一切，不考虑学生作为学习主体的作用是不对的。但如果只强调以学生为中心，在学校教育中不提教师的主导作用，让学生牵着教师的鼻子走恐怕也是不全面的，所以我们认为应当"以学生为中心"和"以教师为主导"相结合。更以结构与功能的关系而论，这是长期争论的问题，传统的教学方法只教语言结构，不考虑语言功能是不对的，但如果只教功能而忽视打好语言结构这一重要的基础，也无法培养语言交际能力，所以我们提"结构与功能相结合"。现在整个第二语言教学界也强调各种教学方法的融合，和各种教学原则的综合，这是教学法发展的新趋向。

（三）改革教学方法

特别是要根据汉语的特点，加强对汉语特殊法律的研究。例如，汉语声调教学的研究、汉语特殊句型教学的研究，特别是汉字教学的研究，将成为近期研究的热点。

外籍汉语教师有自己学习汉语作为第二语言的经验，他们可能比中国教师和学者对汉语教学的特点更敏感。国外一些学者认为，汉语教学的根本问题在于探索不同于语音语言（如印欧语）的教学体系。这是一个非常有洞察力的观点，这是中文教学的核心。

（四）改革教学法需要教学手段现代化

进行计算机辅助教学，运用多媒体技术，特别是大力开展网上的远程教学。我们要看到日新月异的信息传输技术的发展和教学手段、方式的现代化趋势。随着网上远程教学的开展，语言教学有可能冲破传统的教学模式，打破时间、空间的限制，成为面向全球的开放式、交互式的新型教学体系。技术手段的改革有可能引起一场新的教育革命，影响到教学内容、课程设置甚至教学原则。对此我们不但要有思想准备，而且要进行前瞻性研究。

二、加强理论研究

教学体系的建立和教学效率的提高有赖于理论的指导。加强理论研究，第一步是加强语文教学理论研究。与英语、法语、德语作为第二语言教学相比，汉语作为第二语言教学起步较晚，在教学理论研究的广度和深度上还存在一定差距。另一方面，汉语与印欧语言有许多不同的特点，对汉语教学的研究不仅可以证实，而且大大丰富了人们对语言教学规律的认识。因此，研究汉语教学理论对整个第二语言教学理论的发展具有特殊的意义。

除了教学理论的研究外，语言习得的研究也是21世纪本学科理论研究的重点。研究语言习得，是为了揭示学习规律，也是为了使我们学科更好地与心理学相结合，更好地体现跨学科的特点和学科的发展方向。

理论研究的第三个重要方面是研究汉语作为第二语言的学习和教学内容。如上所述，第二语言汉语的研究是汉语研究的一部分，但它又有许多不同于母语汉语研究的特点。

在语言学家和汉语教学界专家的共同努力下，这方面的研究已取得很多成果，反映在汉语作为第二语言的语音教学体系、词汇教学体系和语法教学体系中。这些体系还存在不少问题，教学实践又不断地提出新的问题。加强对汉语作为第二语言教学体系的研究，继续完善这一体系，是21世纪本学科理论研究的重要任务之一。作为教学内容的组成部分，除了对汉语语言结构的研究外，还包括对功能的研究和对文化因素的研究。

三、加强教师队伍建设

无论是教学工作还是理论研究工作，都需要人去做。拥有一支能够胜任教学、科研和教学科研管理工作的高素质教师队伍，是语文教学发展的最基本条件。我国教师的现状还远远不能适应新世纪语文教学发展的需要。中国存在这一问题，许多国家的海外汉语教学也面临着培养和提高本土汉语教师的任务。一些国家在长期缺课后才恢复汉语教学，汉语教师严重短缺，现有教师的素质不能满足汉语教学的需要。加强整个对外汉语教学领域的教师队伍建设已迫在眉睫。除了通过本科和研究生教育培养新一代教师外，更重要和可行的措施是在职教师培训。当前，加强对在职教师的培训势在必行。

四、在世界范围内确立学科地位

正如英、法、德语等作为第二语言教学是一门专门的学科一样，世界范围的汉语作为第二语言的教学也是一门专门的学科。目前在中国，这门学科虽已确立，但仍处于创立阶段，学科建设还刚刚开始。在海外，汉语教学是否应取得独立发展的学科资格，可能尚未形成共识。我们认为，各国汉语教学工作者和研究工作者需要进一步协调教学和科研工作，加强合作与交流，共同努力把这门学科树立起来，并把它建设好。建设一门学科需要长期不懈的努力，但提不提学科问题，有没有学科意识，对这项事业发展的影响还是大不一样的。

第六节　对外汉语教学前景展望

一、对外汉语教学与研究所取得的重大进展

近十几年来，对外汉语教学发展迅速，无论在学习人数、教学规模还是在师资队伍、教材编写等方面，都上了一个新台阶。在教学思想、教学模式及教学方法上都有了新的思路，在研究成果上更加体现了学科的特色。这首先体现在国家级的科研规划中有了对外汉语教学的席位。

对外汉语教学从所教内容来看是一种汉语教学，从教学对象来看是一种外语教学。作为一种语言教学，我们在展示对外汉语研究的走向时，就必须把它置于国家人文社会科学研究的总体框架中通盘考虑。

我们大致可以从以下几个方面来讨论:

(一) 理论建树初具规模

对外汉语教学是一门科学。科学的基础是它以简单客观的规律为基础。虽然对外汉语的教学很复杂,但也有规则可循。从理论上探索这些规律,总结几十年来国内外汉语教学的经验,从中总结出一些规律,形成自己的理论框架,是对外汉语教学走向成熟的标志。现在,对外汉语教学,初步形成了自己的理论体系,这个理论体系有基础理论和应用理论两个部分:基本理论包括语言理论、语言学习理论和跨文化交际理论和一般教育理论,应用理论指的是教学理论与教学方法、教学方法的部分是理论的本质。对外汉语教学理论是建立在综合应用语言研究、语言学习、语言教学和跨文化交际的基础上的综合性、跨学科的理论。

"对外汉语"指的是作为第二语言或外语的汉语。"对外汉语教学"是指对外汉语教学。因此,汉语作为第二语言或外语的研究与汉语作为母语的研究有很大的不同。对外汉语学习的目的是使学习者了解词语的用法、造句规则和表达方法,从而培养学习者的汉语交际能力。在内容上,不仅要说明汉语与其他语言的相似之处,更要揭示汉语的特点和学习者在学习过程中可能遇到的困难。因此,在研究方法上,语言比较分析和语言心理认知都是重要的研究方法。这种汉语研究为汉语作为第二语言或外语的教学服务。它是本学科基础理论的重要组成部分,反映了本学科的研究特点。

至于对外汉语教学学科的教学理论与学习理论研究,本来就与其他语言(此如英语)作为第二语言教学的教学理论与学习理论有共通的部分,只不过对外汉语教学的教学理论和学习理论是以汉语为依托、体现汉语特点的、具有我们自己特色的教学理论和学习理论。总的说来,对外汉语教学的理论框架虽然搭起,研究还不能说十分深入。真正称得上对外汉语教学理论研究的文章为数并不多。当然,我们不需要所有的人都去从事理论研究,但我们必须有我们自己的理论研究者。如果说一个理论研究十分薄弱的学科犹如建立在沙滩上的大厦绝不为过,我们期待着更多的对外汉语教学理论研究成果面世。

(二) 研究对象更加明确

有一个独特的研究对象是建立一个学科的前提。特殊的研究对象,是一门学科精确科学发展的必由之路,而对外汉语教学的特殊研究对象,朱德锡认为有两个方面:一方面,中国研究是对外汉语教学的基础,是一个后备力量,离开中国研究、对外汉语教学将无法前进,另一方面是对外汉语教学的研究本身,不仅是教学经验的问题。盛艳和莎莉认为对外汉语教学"有一个明确的研究对象,即对外汉语教学的内容、方法和方法"。我们对特殊的研究对象,即汉语作为第二语言或外语的研究和教学,即外国人学习和习得汉语的研究和相应的教学规律有了进一步的认识。研究的内容是汉语作为第二语言或外语的学习和教学的全过程。从"学习"的角度来看,有必要研究学习者如何学习和掌握汉语。本文从"教学"的角度,研究整体设计、教材编写、课堂教学、语言测试等教学活动。本研究的目的在于揭示作为第二语言或外语的汉语学习和教学的内在规律,从而指导教学实践。

只有研究对象明确,才能产生具有指导意义的具体研究成果。我们根据研究对象,可以分别开展学科理论研究、汉语本体研究和方法论研究。

在对外汉语教学宏观研究方面,开辟了新的研究领域,进一步明确了对外汉语教学是一种汉语教学,又是一种外语教学;确立了总体设计的理论框架;规划了学科建设的基本任务。在此基础上,对教学本身进行了广泛的、多层次的、多角度的专题研究,并进一步深化了对教学原则、教学方法和教学技巧的研究。在这期间,值得提及的是,在教学法的探讨上,不再追求理想的教学法。在教学法路子上,由探索具有中国特色的教学法路子,转到对教学原则进行深入结合实际的研究上来。这应看作是一种进步。语言教学理论是种应用理论,是学科得以存在的主要依据。它的成熟程度在某种意义上代表着这个学科的成熟程度。当然,我们还应该清醒地意识到,迄今为止,我们还没有真正找到一条全面体现语言规律、语言学习规律和语言教学规律的教学路子,世界各国的同行们都处于探索过程中,力求逐渐加深认识,不断改进研究方法,争取良好的教学质量。这是我们今后努力的方向。关于语言学习理论的研究在"十三五"期间取得了明显的进步。近年来,在外国人习得汉语的顺序和习得过程的研究方面也取得一定的进展,对学习者个体因素及学习环境的研究也已起步。

(三)研究方法已具有自身的特点

对外汉语教学的研究对象是汉语的研究和教学,因此有必要对"学什么"和"教什么"进行清楚的研究。因此,第一种是汉语本体论研究,但它在研究方法和重点上不同于一般汉语研究。

在汉语本体论研究方法方面,突出的特点是运用比较语言学的方法对外语进行比较,找出学习的难点。所谓难,就是对中国人来说容易,对外国人来说难的地方。在发音、语法和词汇方面,汉语有自己的民族特色,这往往是难点。我们更加注意研究方法的"使用"和"例外"的研究。这种从教学中发掘出来的研究课题,具有对外汉语教学本体研究的独特视角。其研究不仅推动了对外汉语教学本身,也对现代汉语研究起到了促进作用。

（四）研究领域正在拓宽语言和文化的关系，语言教学中的文化因素研究应引起重视

20世纪八九十年代，国外一般语言学研究的一个重要趋势是乔姆斯基的理论不再像七八十年代那样流行，而是出现了心理语言学、认知语言学和社会语言学的研究。关于社会文化因素在对外汉语教学中的作用的研究已经开始引起人们的关注。从一开始注重在汉语教学中引入文化背景和文化知识，然后进入跨文化交际的研究领域。开始研究不同文化背景的人在交际中遇到的问题和应对策略。这样就在一定程度上拓宽了对外汉语教学研究的领域。语言是文化的组成部分，是文化的民族形式，深入研究并在语言教学中引入语言所表现的文化内涵，是将语言知识转化为交际能力所不可缺少的必要条件口，不同的语言所包含的民族文化是有一定差异的，这种文化差异是第二语言学习的障碍之一。近年来，关于如何在语言教学中排除跨文化交际障碍的讨论，已成为人们关心的热点之一。研究的方向有两个：一个是文化对比，主要是以汉语为背景的中国文化和以英语为背景的欧美文化、以日语为背景的日本文化、以韩语为背景的韩国文化的比较；另一个是在汉语教学中注入文化内容的研究。然而，并不是所有的文化内容都与语言的学习和教学直接相关。汉语作为第二语言教学中的文化因素探讨了哪些文化因素最可能直接影响语言的学习和使用。文章认为，在语言教学中要考虑到外国学生的母语和汉语的文化差异，不能把语言课变成文化课。

（五）研究成果十分可观

对外汉语教学研究已经取得了丰硕的成果。汉语本体研究成果尤为突出，这是汉语研究专家与对外汉语教师密切配合、通力合作的结果。对外汉语教学从一个新的角度开拓了汉语研究领域，它受到汉语专家热情的关注，从理论体系、研究方法、研究视角上为对外汉语教学的汉语研究提供帮助；而对外汉语教师，掌握外国人学习汉语的特点与难点，从那些中国人习焉不察的问题中，小处着手，大处着眼，发掘带有理论价值和实用价值的研究课题，体现了学科的特色，为汉语研究作出了特殊的贡献。在汉语语音、词汇、语法、汉字、篇章、汉外对比以及与汉语教学有关的文化因素研究中，语法研究又占更大的比重，有关汉语本体研究的论文占全部论文总数的近半数，而涉及语法研究的论文尤其多。这些论文涉及以下三类内容：（1）从宏观上研究对外汉语语法教学的路子，探讨语法教学的改革。（2）针对外国人学汉语的难点，深入分析语言事实，发掘语言规律。（3）在汉语语言现象的分析与描写等方面进行了有益的探索。这种研究的势头，与20世纪80~90年代中国语言学界的语法研究不无关系。近年来，中国的语法研究异常活跃，呈现一片繁荣景象，硕果累累，新人辈出，成为

语言学科各个部门中发展最快的一个。对外汉语教学界的语法研究，有以下几个值得注意的研究特色：（1）理论和方法的多样化涉及传统语法、结构主义语法、功能语法、认知语法等。（2）体现了多角度、多层面、多侧面的研究，特别是三个平面的语法观、形式与意义密切配合交互验证的方法，深深地影响着对外汉语教学的语法研究。（3）结合汉语与外语的比较，深入发掘汉语的特点，渗透着理论的思考。

在教学研究方面，对汉语各要素教学的研究更加深入和具体。文中提出了许多新的教学理念，得出了许多有教学参考价值的结论。通识教学研究的论文可以说在研究的深度和广度上都取得了新的进展。首先，在"结构－功能－文化"的教学方法上已经达成共识。其次，进一步明确了以整体设计为主导的教学过程中的四个环节。对各语言教学环节和各语言技能训练的研究具有更强的理论深度，对教学具有更强的指导作用。针对各种语言技能从课程设置到培训，建立一套行之有效的教学规范。最后，建立并不断完善汉语水平考试制度等。研究涉及的范围分析，学生的特点和需求，描述过程的外国人学习汉语，错误的分析和中介语研究的过程中，外国人学习汉语，调查和实验的行为过程，外国人的学习汉语，观察和研究的教师和学生在课堂上的互动，等等。

近年来，对外汉语教学研究的重点开始由"教"转向"学"。学习者学习行为的过程和规律的研究直接影响着教学水平。学习规律研究中提出的若干理论、模式和假设，对促进汉语教学研究由"经验型"向"科学型"转变，将起到积极的促进作用。

二、对外汉语教学与研究的广阔前景

对外汉语教学作为国民教育的重要组成部分，在促进汉语教学、介绍中国文化、促进国际合作与文化交流方面发挥着越来越重要的作用。随着世界逐步进入信息时代，进入知识经济、经济全球化时代，随着我国经济的飞速、稳步发展和中国国际地位的日益提高，随着我国进入 WTO（世界贸易组织）、成功举办奥运会和世博会，中国全方位对外开放的格局已经形成。在这种情况下，外国人想学汉语的人越来越多。

汉语作为外语教学或第二语言教学，经过几代人的苦心造诣，苦心经营，汉语作为外语教学领域已成为世界主流。这当然是中国综合实力和国际影响力不断增强的结果。但这也要归功于汉语是我们的母语，我们对它怀着无限的爱和敬畏。

今天对外汉语教学呈现出蓬勃发展的态势，是国家繁荣昌盛的表现。党和国家高度重视对外汉语教学的发展。教育部批准北京语言大学设立以"对外汉语教学"为方向的"语言学及应用语言学"博士点，为对外汉语教学的发展找到了增长点。北京语言大学对外汉语研究中心已被教育部正式批准的"100 年人文社会科学重点研究基地"。这是对外汉语教学学科建设的一项重大举措。该基地不仅是北京语言大学的研究中心，也是全国对外汉语学科的研究中心，面向世界各地从事对外汉语教学和研究的同仁开放。

对外汉语教学作为一项全国性的事业，其重要性怎么强调都不过分，因此我们必须有一个发展的战略眼光。作为一门科学，它是以语言学和应用语言学为名的一门高等学科。作为一门科学，它应该在学术上有其科学内涵和外延，并为其学术研究设置一个系统的框架。对外汉语教学是一种跨学科研究，既包括基础理论研究，也包括应用型研究。所以对外汉语教学是一种综合性的研究。研究的最终目标是如何提高对外汉语教学质量和学习效率。对近几十年对外汉语教学研究的回顾可以归纳为以下四个方面：（1）对外汉语教学的本体论研究；（2）汉语作为第二语言的习得与认知；（3）汉语作为第二语言的教学与测试；（四）现代教育技术和现代技术手段在教学中的应用。

三、国际中文教育孕育而生后带来一系列的展望

2019年12月9日，2019年国际中文教育大会在湖南长沙开幕，来自160多个国家和地区的1000多名孔子学院和中文教育机构的代表参加大会，中共中央政治局委员、国务院副总理孙春兰出席会议并发表演讲。孙春兰指出，随着世界多极化、经济全球化、社会信息化、文化多样化的深入发展，世界各国相互联系日益加深，政治、经贸、人文等交流合作更加广泛。中国在扩大开放中深度融入世界，也为各国发展带来了机遇，到中国商务合作、学习交流、旅游观光的人越来越多。语言是沟通交流的桥梁纽带，各国对学习中文的需求持续旺盛，汉语人才越来越受到欢迎。现在很多国家将中文纳入国民教育体系，在大中小学开设汉语课程，支持企业、社会组织参与中文教育，促进中外人文交流、文明互鉴和民心相通。孙春兰强调，中国政府把推动国际中文教育作为义不容辞的责任，积极发挥汉语母语国的优势，在师资、教材、课程等方面创造条件，为各国民众学习中文提供支持。我们将遵循语言传播的国际惯例，按照相互尊重、友好协商、平等互利的原则，坚持市场化运作，支持中外高校、企业、社会组织开展国际中文教育项目和交流合作，聚焦语言主业，适应本土需求，帮助当地培养中文教育人才，完善国际中文教育标准，发挥汉语水平考试的评价导向作用，构建更加开放、包容、规范的现代国际中文教育体系。

2020年，国家增设新的学科门类"交叉学科"，这给国际中文教育带来了前所未有的机遇，能否在这一新的交叉学科门类之下设置"国际中文教育"一级学科，如何构建世界一流、中国特色的理论体系和知识体系，以更科学、更完善的学科体系支撑

国际中文教育事业的稳步发展，服务我国国家战略，满足世界各国中文教育的发展需求，是摆在国际中文教育学界学者面前的重要理论和实践问题。本书尝试就国际中文教育的学科定位、理论体系和知识体系构建提出一些思考，以期对学科建设和事业发展有所裨益。

2021年7月1日，由教育部、国家语言文字工作委员会发布的《国际中文教育中文水平等级标准》（GF0025-2021）（以下简称《等级标准》）正式实施。作为首个面向外国中文学习者，全面描绘评价学习者中文语言技能和水平的语言文字规范，《等级标准》为国际中文教育事业的发展提供了有力支撑，是未来国际中文教学资源建设遵循和参照的规范标准。

我国的国际中文教育经过70年的发展，教学资源建设取得了出版规模逐渐扩大、教材体系日益完善、海外供给能力逐步提升和数字化水平不断提高等诸多成绩。国际中文教育作为一门交叉学科，经过70年的学术传承，已形成并正在形成自己的学术研究特色，前景广阔，令人鼓舞。

参考文献

[1] 中华人民共和国教育部. 新中国对外汉语教学 70 年系列学术论坛开幕 [EB/OL]. [2020-11-27]. http://www.moe.gov.cn/s78/A01/zclm/moe_968/s8221/202011/t20201127_502115.html

[2] 李泉. 中国对外汉语教学七十年 [J]. 语言战略研究, 2019, 4（04）: 49-59.

[3] 崔希亮. 对外汉语教学与汉语国际教育的发展与展望 [J]. 语言文字应用 2010（2）: 2-11.

[4] 崔永华. 对外汉语教学学科概说,《中国文化研究》1997 春之卷.

[5] 丁安琪. 重构"汉语国际教育"学科理论体系———从"国际汉语教学"走向"汉语国际教育"[J].《国际汉语教学研究》2014 第 2 期.

[6] 党怀兴. 倡导阅读经典提高大学生的人文素质 [J]. 中国大学教学, 2010（3）: 9-11.

[7] 党怀兴. 传承汉字文明, 坚持文化自信 [J]. 人民论坛, 2017（27）: 51-53.

[8] 胡范铸、刘毓民、胡玉华. 汉语国际教育的根本目标与核心理念———基于"情感地缘政治"和"国际理解教育"的重新分析 [J]. 华东师范大学学报（哲学社会科学版）2014 第 2 期.

[9] 金立鑫. 试论对外汉语教学学科的科学属性及其内部结构 [J].《暨南大学华文学院学报》2002（1）: 19-26.

[10] 李向农、贾益民. 对外汉语与汉语国际教育：专业与学科之辨,《湖北大学学报》（哲学社会科学版）2011 第 4 期.

[11] 刘珣. 对外汉语教育学引论 [M]. 北京：北京语言文化大学出版社, 2000.

[12] 刘珣. 对外汉语教育学科初探 [M]. 北京：外语教学与研究出版社, 2005.

[13] 刘毓民. 汉语国际教育———基于传播学的分析 [M]. 华东师范大学博士学位论文, 2012.

[14] 陆俭明. 汉语国际教育专业的定位问题 [J].《语言教学与研究》2014 第 2 期, 11 – 16.

[15] 吴应辉、牟玲. 汉语国际传播与国际汉语教学研究 [M]. 北京：中央民族大学出版社, 2011.

[16] 吕必松. 我国对外汉语教学事业的发展 [J]. 语言教学与研究, 1989 (04)：6 – 25.

[17] 吕必松著. 对外汉语教学发展史上 [M]. 北京：北京语言大学出版社, 2017.

[18] 王建勤. 第二语言习得研究 [M]. 北京：商务印书馆, 2009.

[19] 杨玉玲. 汉语要素教学法：语法词汇教学篇 [M]. 北京：北京语言大学出版社, 2020.

[20] 李华编著. 汉字与对外汉语教学 [M]. 北京：民族出版社, 2019.

[21] 宋雨涵著. 对外汉语教学理论研究 [M]. 北京：北京工业大学出版社, 2018.

[22] 邱睿等著. 电视节目与对外汉语教学研究 [M]. 杭州：浙江大学出版社, 2019.

[23] 邵华编著. 对外汉语教学概论 [M]. 成都：电子科技大学出版社, 2016.

[24] 赵金铭主编. 对外汉语教学概论修订本 [M]. 北京：商务印书馆, 2019.

[25] 彭小川, 李守纪, 王红著. 对外汉语教学语法释疑201例 [M]. 北京：商务印书馆, 2019.

[26] 乐守红著. 中国传统文化传播与对外汉语教学 [M]. 长春：吉林人民出版社, 2019.

[27] 周小兵著. 对外汉语教学入门第3版 [M]. 广州：中山大学出版社, 2017.

[28] 李泉著. 对外汉语教学思考集 [M]. 北京：北京语言大学出版社, 2017.

[29] 罗艺雪, 徐亮, 李月炯著. 面向对外汉语教学的称谓语研究 [M]. 成都：四川大学出版社, 2018.

[30] 刘荣主编. 对外汉语教学论丛第3辑 [M]. 成都：四川大学出版社, 2016.

[31] 张颖, 赵艳梅, 雷敏著. 现代汉语量词研究与对外汉语教学 [M]. 成都：四川大学出版社, 2017.

[32] 陈晓宁著. 立足于对外汉语教学的类推研究 [M]. 北京：科学技术文献出版社, 2017.

[33] 齐沪扬著. 现代汉语虚词研究与对外汉语教学第7辑 [M]. 上海：学林出

版社，2018.

[34] 周新玲著．词语搭配研究与对外汉语教学［M］．上海：上海大学出版社，2016.

[35] 冯冬梅．对外汉语教学中的思维导图实践与创新［M］．成都：四川大学出版社，2017.

[36] 王尧美主编．对外汉语教学课例研究案例分析报告［M］．济南：山东大学出版社，2017.

[37] 向平著；邢福义主编．对外汉语教学的实践认知［M］．武汉：华中师范大学出版社，2018.

[38] 孙德金著；赵金铭，齐沪扬，范开泰，马箭飞总主编；世界汉语教学学会审订．对外汉语教学课程论［M］．北京：商务印书馆，2017.

[39] 魏海平，李步军，王川著．对外汉语教学课程设置及教材使用现状研究［M］．成都：四川大学出版社，2017.

[40] 辛平著．面向对外汉语教学的常用动词 V + N 搭配研究［M］．北京：世界图书北京出版公司，2018.

[41] 吴平编．对外汉语教学中的文化词语［M］．北京：世界图书北京出版公司，2012.

[42] 范丽莉，刘宇，李松梅主编．对外汉语教学理论与实践研究［M］．长春：吉林大学出版社，2017.

[43] 史有为著．寻路汉语语言习得与对外汉语教学研究［M］．北京：商务印书馆，2018.

[44] 齐沪扬主编；陈昌来，吴为善，张谊生副主编．现代汉语虚词研究与对外汉语教学第 4 辑［M］．上海：学林出版社，2017.

[45] 唐智芳著．文化视域下的对外汉语教学研究［M］．长沙：湖南师范大学出版社，2018.

[46] 李韵著．面向对外汉语教学的广义委婉语研究［M］．成都：四川大学出版社，2016.

[47] 田然著．对外汉语教学语篇语法［M］．北京：北京语言大学出版社，2017.

[48] 张林林编著．对外汉语教学的语言测试［M］．广州：广东高等教育出版社，2018.

[49] 赵学清．"六书"理论的历史回顾及其在当代的发展［J］．聊城师范学院学报（哲学社会科学版），1998（03）：91 - 95.

［50］赵学清．信息时代汉字研究的重要性［J］．山东社会科学，2008（10）：124-126．

［51］杜敏．"一带一路"背景下汉语国际传播及其特点［J］．青海师范大学学报（哲学社会科学版），2016，38（05）：134-140．

［52］李琼，杜敏．年龄因素对外语教学的影响及对海外汉语教学的启示［J］．西安外国语大学学报，2014，22（03）：76-79．

［53］巴丹，杨绪明，郑东晓，杜敏，邵明明，白乐桑，杜修平，李芳芳，汤天勇，高小平，万众，陈宏，孟凡璧，唐师瑶，史艳岚，杨一飞，朱赛萍，张海威，刘玉屏．"汉语国际教育线上教学模式与方法"大家谈［J］．语言教学与研究，2021（02）：1-14．

［54］刘荣主编．对外汉语教学论丛第2辑［M］．成都：四川大学出版社，2017．

［55］吴开秀，王静，陈永花著．汉语词汇语法专题与对外汉语教学研究［M］．成都：四川大学出版社，2018．

［56］齐沪扬主编．现代汉语虚词研究与对外汉语教学第5辑［M］．上海：学林出版社，2019．

［57］李亚男，白冰冰，王学松．《国际中文教育中文水平等级标准》音节表的构建原则及意义［J］．国际汉语教学研究，2021（03）：4-11+22．

［58］郭莉莎．对外汉语初级口语课的教学原则和方法［A］．中国应用语言学会、教育部语言文字应用研究所．第四届全国语言文字应用学术研讨会论文集［C］．中国应用语言学会、教育部语言文字应用研究所：教育部语言文字应用研究所，2005：13．

［59］赵金铭．对外汉语教学与研究前景广阔［N］．人民日报海外版，2002-07-29．

［60］金娅曦．墨西哥汉语教学现状与反思［J］．云南师范大学学报（对外汉语教学与研究版），2013，11（06）：86-89．

［61］四川大学海外教育学院［J］．中国高等教育，2012（22）：75-76．

［62］李华编著．汉字与对外汉语教学［M］．北京：民族出版社．2019．

［63］宋雨涵著．对外汉语教学理论研究［M］．北京：北京工业大学出版社．2018．

［64］邱睿等著．电视节目与对外汉语教学研究［M］．杭州：浙江大学出版社．2019．

［65］邵华编著．对外汉语教学概论［M］．成都：电子科技大学出版社．2016．

［66］赵金铭主编．对外汉语教学概论修订本［M］．北京：商务印书馆．2019．

[67] 彭小川，李守纪，王红著．对外汉语教学语法释疑201例［M］．北京：商务印书馆．2019．

[68] 乐守红著．中国传统文化传播与对外汉语教学［M］．长春：吉林人民出版社．2019．

[69] 周小兵著．对外汉语教学入门第3版［M］．广州：中山大学出版社．2017．

[70] 李泉著．对外汉语教学思考集［M］．北京：北京语言大学出版社．2017．

[71] 罗艺雪，徐亮，李月炯著．面向对外汉语教学的称谓语研究［M］．成都：四川大学出版社．2018．

[72] 刘荣主编．对外汉语教学论丛第3辑［M］．成都：四川大学出版社．2016．

[73] 张颖，赵艳梅，雷敏著．现代汉语量词研究与对外汉语教学［M］．成都：四川大学出版社．2017．

[74] 陈晓宁著．立足于对外汉语教学的类推研究［M］．北京：科学技术文献出版社．2017．

[75] 齐沪扬著．现代汉语虚词研究与对外汉语教学第7辑［M］．上海：学林出版社．2018．

[76] 周新玲著．词语搭配研究与对外汉语教学［M］．上海：上海大学出版社．2016．

[77] 冯冬梅．对外汉语教学中的思维导图实践与创新［M］．成都：四川大学出版社．2017．

[78] 王尧美主编．对外汉语教学课例研究案例分析报告［M］．济南：山东大学出版社．2017．

[79] 向平著；邢福义主编．对外汉语教学的实践认知［M］．武汉：华中师范大学出版社．2018．

[80] 孙德金著；赵金铭，齐沪扬，范开泰，马箭飞总主编；世界汉语教学学会审订．对外汉语教学课程论［M］．北京：商务印书馆．2017．

[81] 魏海平，李步军，王川著．对外汉语教学课程设置及教材使用现状研究［M］．成都：四川大学出版社．2017．

[82] 辛平著．面向对外汉语教学的常用动词V+N搭配研究［M］．北京：世界图书北京出版公司．2018．

[83] 吴平编．对外汉语教学中的文化词语［M］．北京：世界图书北京出版公司．2012．

[84] 范丽莉，刘宇，李松梅主编．对外汉语教学理论与实践研究［M］．长春：

吉林大学出版社．2017．

［85］史有为著．寻路汉语语言习得与对外汉语教学研究［M］．北京：商务印书馆．2018．

［86］齐沪扬主编；陈昌来，吴为善，张谊生副主编．现代汉语虚词研究与对外汉语教学第4辑［M］．上海：学林出版社．2017．

［87］唐智芳著．文化视域下的对外汉语教学研究［M］．长沙：湖南师范大学出版社．2018．

［88］李韵著．面向对外汉语教学的广义委婉语研究［M］．成都：四川大学出版社．2016．

［89］田然著．对外汉语教学语篇语法［M］．北京：北京语言大学出版社．2017．

［90］张林林编著．对外汉语教学的语言测试［M］．广州：广东高等教育出版社．2018．

［91］刘荣主编．对外汉语教学论丛第2辑［M］．成都：四川大学出版社．2017．

［92］吴开秀，王静，陈永花著．汉语词汇语法专题与对外汉语教学研究［M］．成都：四川大学出版社．2018．

［93］齐沪扬主编．现代汉语虚词研究与对外汉语教学第5辑［M］．上海：学林出版社．2019．

［94］马箭飞．汉语教学的模式化研究初论［J］．语言教学与研究，2004（01）：17－22．

［95］包文英．试论汉语国际教育中的公共外交意识［J］．华东师范大学学报（哲学社会科学版），2011，43（06）：100－104＋152．